本书由华中师范大学出版社提供的出版基金全额资助
2009年度湖北省社科基金项目研究成果
(项目编号211011)

基于数学意义的数学教学改革研究

胡典顺 著

华中师范大学出版社

新出图证(鄂)字10号

图书在版编目(CIP)数据

基于数学意义的数学教学改革研究/胡典顺著. —武汉:华中师范大学出版社,2011.6

ISBN 978-7-5622-4891-0

Ⅰ.①基… Ⅱ.①胡… Ⅲ.①中学数学课—教学改革—研究
Ⅳ.①G633.602

中国版本图书馆CIP数据核字(2011)第074338号

基于数学意义的数学教学改革研究

编辑室:文字编辑室　电话:027-67863220
责任编辑:袁正科　责任校对:刘　峥　封面设计:胡　灿
出版发行:华中师范大学出版社
社址:湖北省武汉市珞喻路152号　邮编:430079
销售电话:027-67863426　027-67863040　027-67861549
传真:027-67863291　邮购:027-67861321
网址:http://www.ccnupress.com　电子信箱:hscbs@public.wh.hb.cn
印刷:湖北恒泰印务有限公司　督印:章光琼
字数:270千字
开本:880mm×1230mm　1/32　印张:11.5
版次:2011年6月第1版　印次:2011年6月第1次印刷
印数:1—1000　定价:29.00元
欢迎上网查询、购书

前言

全书以数学哲学和数学教育哲学的前沿成果为背景，力图从一个新的视角——数学意义——探求数学价值，反思数学教育中存在的突出问题，探讨数学教育回归数学意义的基本路径，并分析这些基本路径的教学意蕴。

人的存在总是牵涉到意义，人是一种意义的存在，有意义的东西才能使人快乐。数学意义的问题自古希腊以来就备受关注。柏拉图指出，忘却正方形的对角线与其边之比是不可公度的这个事实，那他就不配有人的名字。他把对数学重要性的无知形容为像“猪一般”。随着新一轮数学课程改革的进行，数学意义的问题是近年来的一个热门话题。尽管有不少人对此进行了大量探索和研究，但总体上讲，大部分研究只是从一个方面，在一定范围内对数学意义进行了研究，所以研究不够系统，不够深入，不够全面。

全书的中心论题是“数学意义”。围绕“数学意义”这一中心论题，本书着重探讨了以下几个核心问题：数学的本质是什么？数学为什么是一个意义的领域？其意义体现在哪里？数学教育中，数学意义缺失了吗？如果数学意义缺失了，为什么会造成这样的状况？其深层原因是什么？这反映了怎样的数学哲学根源？数学教育中，回归数学意义的具体途径有哪些？这些途径包含着怎样的数学哲学观?

对数学意义认识不清的根源,在于没有从意义哲学、文化哲学、教育哲学,特别是数学哲学和数学教育哲学的角度对此进行深入剖析。事实上,如果回避数学本质的问题,有关数学意义的争议就不会有结果,就不会提出一种更有说服力、更令人满意的有关数学意义和本质的哲学解释。在本书中,通过对数学的传统认识、一些隐喻以及数学知识的特征的讨论,笔者认为,数学是一个复杂的多元体,数学是不断发展的,任何从数学的某些特征对数学进行的描述都是不完善的。它们要么过于狭窄,要么过于宽泛。数学是动态的、可误的、经验的与拟经验的,数学是一种文化。数学寻求理解遍及我们周围的物质世界,以及我们思想中的各种模式。数学是关于模式而不只是关于数或形的科学。

知识具有三个不可分割的组成部分:符号表征、逻辑形式和意义。在本书中,笔者提出"数学是一个意义的领域"这一观点,并将"数学意义"解释为"数学对物理世界、客观知识世界以及精神世界的一种指向"。由于人们对数学意义的认识从数学应用的角度论述得多,从人的发展的角度论述得少,即以科学的立场的研究较多,以教育的立场的研究较少。所以,在本书中,笔者从科学的立场和教育的立场两个维度对"数学意义"进行了讨论。并认为,从科学的立场来看,数学是时代的特征,数学是美妙的乐章,数学是科学的皇后、科学的仆人、科学的伙伴。从教育的立场来看,数学是具备公民资格的前提,数学是现代人的基本素质,数学培养人的优秀品质,数学教人思维,数学提升审美能力,数学促进人的终身发展等等。

调查研究表明,数学教育中数学意义缺失的现象普遍存在。无论是对数学本质的理解,还是对数学的目的、价值以及对数学教学的认识都存在偏差。在不少学生心目中,数学是一种符号游戏,是杀死脑细胞的工具,是难打败的憎恨者,从而直接导致数学学习的异化。数学学习是一个强制的过程,是一个痛苦的过程,它使学习者与知识、成绩和学习者之间互相对立等等。究其深层原因在于人们对数学以及数学教学的认识存在一些误区。在数学教学中人们往往认为:数学等于升学工具,学数学就是做题,数学是绝对真理,数学等于逻辑,数学教学应该强调公理体系,数学教学应该很抽象等等。在本书中,笔者通过结合数学哲学和数学教育哲学研究的大量成果对这些错误认识进行了剖析。

笔者认为,数学教育中的种种困惑与迷茫,都与数学意义的失落密切相关。要走出被异化的数学教育,必须回归数学意义。在本书中,笔者提出了一种新的数学教育观——走向意义的数学教育。并认为,走向意义的数学教育应该成为新的教育方向,新的教育追求。那么,数学教育如何回归数学意义呢?在论述数学的对话性、文化性和经验性,并反思数学教育中存在的种种误区的基础上,笔者提出从“数学对话”、“数学文化”、“数学经验”等方面回归数学意义。

从数学对话来看,笔者认为,意义因对话而获得,意义因对话而丰富。没有对话,就没有交流。没有交流,就没有真正的教育。数学对话有重要的教育价值。无论是从数学哲学和数学发展来看,还是从数学知识来看,数学都具有对话性。从而,在数学对话教学中,要让学生感受数学对话,重视数学交流,体现过程价值。

从数学文化来看,数学一直是文明和文化的重要组成部分。数学教育要考虑两个层次:具体的知识层次和无形的文化层次。在本书中,从数学知识教育的特点,数学知识教育的缺失以及数学知识教育的根源这三个方面，对数学知识教育进行了深刻的反思。笔者认为，由知识教育到文化教育是数学教育的必然选择。

从数学经验来看，数学具有经验性，数学经验具有重要的价值，所有的学习都涉及原有经验的迁移。从而，在数学教育中，应该回归生活世界，重视数学经验，关注数学表征。

目　录

导　　言

《普通高中数学课程标准(实验)》中,明确提出"强调本质,注意适度形式化",指出在数学教学中,要强调对数学本质的认识。然而,一线教师往往有这样的疑惑:"数学的本质"是否既可意会又能言传?维特根斯坦(Ludwig Wittgenstein)曾经断言:有意义的问题必须是能够有答案的问题。那么,数学的本质究竟是什么?弄清这样的数学哲学问题,对于澄清数学教育中的种种误区是非常有必要的。国际数学教育委员会(ICMI)主席皮埃尔·卡汉(Jean Pierre Kahane)在1990年退职时,对于数学和数学教育之间的紧密联系,感性地说了下面的话:"没有其他一门现存的科学,其学科知识在研究水平上表述或转换为用于教学的知识会如此重要。没有一门学科,其所讲授的内容与其最新成果之间的距离是如此巨大。没有一门学科,其所教所学对社会如此重要。没有一门学科,具有这样古老的传统——科学家承担着对教育问题的义务。"①人们一直把数学看做是文化的最高理想,看做是人类文化最精致的花朵之一。然而,在现实中,数学却是民主的对立物。除少数科研单位之外,人们

---

① Hyman Bass:《数学,数学家和数学教育》,《数学译林》,2006年第4期。

很少用到数学，数学几乎游离于社会之外。就数学教育的现状而言，对于“数学是什么?”“为什么要学数学?”这样的问题，很多教师未必能够回答清楚，就更不用说广大的学生了。调查表明，对于“为什么要学数学?”等问题，一些学生的认识存在许多误区。完全有必要对“数学是什么?”“为什么要学数学?”等问题进行深入探讨和深刻反省。因为，数学教育一定是建立在某种哲学思想之上，只不过人们可能没有意识到这一点。对“数学是什么?”不同的回答对应不同的立足点，表明不同的数学观。它影响数学教育中的教与学，甚至数学教育中的师生关系。

“人是理性的动物”这一经典哲学命题过多地强调了人的理性，而把人的情感、良知、想象等排除在外。费尼克斯(Phenix，P.)提出了“意义”(meaning)这一概念来置换理性概念。他从人的本质出发建构其课程哲学观，他说：“如果人性的本质在于有意义的生活，那么教育的恰当目的就是促进意义的生长。为实现这一目的，教育者需要理解那些被证明在文明发展中有效的意义的种类，并以这些意义为基础建构各学科的课程。”①那么，数学是一个怎样的领域呢?对于人类文明来说，怀特海(Alfred North Whitehead)指出，如果文明继续进步，在今后两千年内，在人类思想领域中具有压倒性的新情况，将是数学地理等问题占统治地位。希尔伯特(David Hilbert)坚定地认为，凡服从于科学思维的一切知识，只要准备发展成一门理论，就必然要受到公理方法的支配，受数学的支配。事实上，全部现代文明中有关理性认识和征服自然的部分都有赖于数学。对于

① 张华、石伟平、马庆发：《课程流派研究》，山东教育出版社，2000 年，第 135 页。

个人来说,数学是这样一种东西:她有无形的灵魂,赋予所发现的真理以生命;她唤醒心神,澄清智慧;她给我们的思想增添光辉;她涤尽我们的蒙昧与无知。教育孩子的目标应该是逐步地组合他们的知和行。在各门学科中,数学是最能实现这一目标的学科。数学是一个丰富并且诱人的领域。所以,数学是一个意义的领域。这里的意义,不仅指数学的科学意义,更是促进学生发展的意义,获得美好生活的意义。

然而,反思数学教育的现状,在某种程度上,数学教学却把学生"越教越笨",使学生成为做题的机器。有一个欧洲笑话:设在一条船上,有75头牛,32头羊,问船长几岁?许多学生说船长43岁。因为75和32这两个数,加起来为107,不会是船长的岁数,相乘相除也都不合适,因此只能相减,故得43岁。这是把学生越教越笨的典型例子。事实上,在数学教育中,忽视数学意义,缺乏对数学本质的理解和认识,强制性的灌输和死记硬背等现象经常出现,死套公式的计算教得太多,反而容易理解并能引导学生对数学和人类思维的本性有更好了解的概念,则教得太少。这不仅对数学教育毫无用处,而且使学生在心理上对数学学习产生厌恶。满堂灌输式的教学的弊病是众所周知的,受这种教学方式危害最大的是数学教育。学习是一个意义制定的过程,而不是知识的传递。

在数学教育中,数学意义为什么缺失?对数学教育的现状从哲学的角度进行审视,对于澄清一些模糊认识,纠正某些错误的认识是完全必要的。哲学思想的贫乏困扰着我国数学教育,指导我国数学教育的哲学是什么?这是值得我们深入思考的问题。因为，“任何一个深刻的教育理论都必然地反映出一定的数学观，任何一次重大的数学教育改革也都必然地依赖于哲学上深入的分析与思考”①。目前国内数学教育方面的博士论文较少涉及数学教育哲学领域。徐文彬和喻平教授通过对“中韩两国数学教育博士学位论文选题的比较与分析”研究得到结论：“韩国主要集中在4个研究领域——数学教育哲学、数学教育心理学、数学学习指导方法论和数学教材论，而我国则聚集在3个研究领域——数学课程论、数学学习论和数学教学论。韩国比较注重数学教育哲学的研究，而我国没有涉及该领域的研究，几乎是空白。”② 事实上，数学哲学与数学教育紧密联系，任何一种数学教育观念都反映了某种数学哲学思想。

当前，数学课程改革引发的“中国数学教育论争”，从表面上看是不同社会阶层（如数学家与数学教育研究者以及一线教师）之间存在着不同的认识，或者阶层内部（如数学教育研究者之间，有人认为我们只是盲目地去推崇西方的“先进理念”，并因此对自己的传统采取彻底否定的态度。③ 有人则认为新课程的许多理念、做法都是排除“两极对立”而趋向平衡的选择的结果④）存在着不同的理解。

---

① 郑毓信：《数学哲学与数学教育哲学》，江苏教育出版社，2007年，第9页。

② 徐文彬、喻平：《中韩两国数学教育博士学位论文选题的比较与分析》，《数学教育学报》，2006年第4期。

③ 郑毓信：《数学课程改革：路在何方？》，《小学青年教师（数学版）》，2006年第1期。

④ 马复：《数学课程改革：路在自己脚下》，《小学青年教师（数学版）》，2006年第3期。

近年来,关于数学课程改革争论的文章不少①。笔者认为,其深层原因是不同的数学哲学观和数学教育哲学观的差异。所以,本书选择从教育哲学、意义哲学、文化哲学等,特别从数学哲学和数学教育哲学的视角来审视数学教育。面对数学及其教育问题,我们需要回答一些本源性的问题:数学是什么?数学对学生的发展意味着什么?数学教育要塑造学生的什么品质等等。

调查表明,在数学教育中,数学意义的缺失现象普遍存在,这表现在数学教育的方方面面。正如一些学者指出的:“大多数受过教育的人都听说过爱因斯坦、海森堡和费米这些物理学家的名字,并对他们的工作也略有所知;更多的人还对古今主要的作曲家、画家和作家至少知道几个名字,作为骄傲的资本。然而有几

① 例如,郑毓信:《审思数学课程改革》,《中学数学教学参考》,2004年第1～2期。陈宁:《理性看待数学课程中一个争议较大的问题》,《中学数学教学参考》,2005年第8期。郑毓信:《关于数学课程改革的若干深层次思考》,《中学数学教学参考》,2006年第8期。张奠宙:《坚持改革方向　进行适度调整》,《中学数学教学参考》,2006年第9期。张奠宙:《陈省身先生访谈录》,《数学通报》,2005年第3期。王昆扬:《甘肃省天水地区部分中学教师座谈会记录》,《数学通报》,2005年第3期。谷丹:《关于使用新课标指导下的教材的一些感想》,《数学通报》,2005年第3期。曹一鸣:《义务教育数学课程改革及其争鸣问题》,《数学通报》,2005年第3期。张奠宙:《对〈全日制义务教育数学课程标准〉理念部分的意见》,《数学通报》,2005年第12期。齐民友:《数学教育的改革要遵循数学科学的发展》,《数学通报》,2006年第8期。郑毓信:《数学课程改革2005:审视与展望》,《课程·教材·教法》,2005年第9期。丁国忠:《数学课程改革中教师数学教学观念的转变》,《课程·教材·教法》,2006年第5期。蔡上鹤:《试谈中学数学课程改革中应该处理好的十个关系》,《中学数学》,2005年第5期。唐国庆:《对数学课程改革若干问题的再思考》,《当代教育论坛》,2005年第7期。姜伯驹:《新课标让数学课失去了什么》,《光明日报》,2005年3月16日。何小亚:《回应〈姜伯驹:新课标让数学课失去了什么〉》,《广东教育》,2006年第6期。

个能叫得出一两位本世纪一流数学家的名字，有几个能在过去的伟大天才如高斯、柯西或黎曼的名字上联系哪怕是一个简单的概念。”① 数学有两种品格，其一是工具品格，其二是文化品格。然而，在实用主义观点日趋强化的思潮中，数学的工具品格没有被人淡忘，但是，数学的文化品格却已面临被人遗忘的境况。中国的教育缺什么？中国的教育缺人文关怀，中国的教育缺个性特色，中国的教育缺理想追求。其实，教育过程是一个精神成长的过程，数学教育不仅是数学知识的传播，而且是能力的培养和理念的建立。数学教育如何体现它应有的价值？数学意义何在？笔者认为，反思数学教育的现状，实现应试教育向素质教育的转变，让学生发展能力，增添智慧，学会数学地思维，学会自主创新。在某种程度上，“数学意义的回归”是实现上述目标的一条切实可行的路径。

全书研究的视角是基于意义哲学、教育哲学、文化哲学，特别是数学哲学和数学教育哲学的一种深刻反思。赫什（Reuben Hersh）指出，在中学里批判形式主义而不涉及其哲学观，就像是在提倡从本质上进行妥协，即承认它只是教学中的一种不想给学生教“真实事物”的机会主义。因此，首先应讨论的不是“什么是最好的教学法?”而是要问一问“数学到底是什么?”为了让形式主义在教学法中失去信誉，你必须质问它的哲学基础：形式主义是怎样看待数学本质的？回避数学本质的问题，有关中学教学的争议就不会有结果。最后要使批判形式主义获得成功，必须提出一种更有说服力、更令人满意的有关数学之意义和本质的哲学解释。

---

① ［美］L·A·斯蒂恩:《今日数学》,马继芳译,上海科学技术出版社,1982 年,第 31 页。

全书分为四个部分。本书的第一部分，即第一章，从数学哲学的视角，对数学的本质进行历史的考察，结合数学的现代发展，提出一种动态的、经验的与拟经验的、文化的数学观。这是全书的基础，因为对数学本质的不同认识，体现出不同的数学教育观。或者说，有什么样的数学观，就有什么样的数学教育观。如果数学教师认为数学是一门演绎性科学，那么他就不会关心数学的实践问题，而关注数学的逻辑问题；如果教师认为数学是一门经验性科学，那么他就不会关心数学的逻辑问题，而关注数学的实践问题；如果教师认为数学是一门演绎性与经验性辩证统一的科学，那么他就会既关注数学的逻辑问题又关注数学的实践问题。本书的第二部分，即第二章，论述数学意义，主要从两个方面进行了讨论。其一，从人类文明发展的角度，即科学意义；其二，从人的发展的角度，即教育意义。在某种意义下，一线教师缺乏对数学意义的深刻认识，广大学生对于数学意义的认识就可想而知了。所以，弄清数学意义的内涵，特别是从人的发展角度认识数学意义是十分必要的。本书的第三部分，即第三章。在这一部分中，采取理论联系实践的研究方法，发放调查试卷、进行访谈以及个别谈话。实证研究表明，数学意义的缺失导致数学学习的异化。从数学哲学和数学教育哲学的角度，对数学教育进行了深刻的审视和反思。书中的“数学教育”主要指“中小学数学教育”。本书的第四部分，即第四章、第五章和第六章，提出一种新的数学教育观：回归数学意义。指出从“数学对话”、“数学文化”、“数学经验”回归数学意义，这与本书所提出的“一种动态的、经验的与拟经验的、文化的数学观”相呼应。这不仅是基于对数学本质的重新定位，对数学及其教育价值的深刻理解，更是对数学教育现状的理性反思。综上，全书研究的基本思路是：探究“数学及其知识的性质”（数学本质的探求）→回答“为什么要学数学?”

（探究数学意义）→审视“数学教育的现状”（数学意义的缺失及其原因剖析）→提出“一种新的数学教育观”（数学意义的回归，一种可能的路径）。

第一章 数学本质的探求

“数学”一词源于希腊文 μαθηματικα。在希腊语中，它意味着某种“已学会或被理解的东西”或“已获得的知识”，甚至意味着“可获得的东西”、“可学会的东西”，即“通过学习可获得的知识”。“数学”一词从表示一般的知识到专门表示数学专业，经历了一个较长的过程，直到亚里士多德时代这一过程才完成。在中国，《周礼·地官·大司徒》中已有：“三曰六艺：礼、乐、射、御、书、数。”“数”就是“数学”，这个字在甲骨文中已经出现，“数”字本身也是一个多音多义的字。后来，“算学”、“数学”两个词并用的情况一直延续了几百年，直到 1939 年才统一使用“数学”一词。

一、数学的性质

自古希腊以来，数学哲学就试图诠释“数学是什么?”这也就是所谓的“数学观”的问题。对于一般人来说，数学是计算，数学是做题，数学是公式和命题，数学是逻辑，数学是莫名其妙的符号，甚至是“七只头的怪兽”(the beast with seven heads)①。那么，数学到底

---

① Paulus Gerdes. On Culture and Mathematics Teacher Education. *Journal of Mathematics Teacher Education*，1998(1)，pp. 33～53.

是什么？

(一)哲学认识

1. 数学存在于理念世界

柏拉图(Plato)主义认为，数学研究的对象尽管是抽象的，却是客观存在的，而且是不依赖于时间、空间和人的思维而永恒存在的。数学家提出的概念不是创造，而是对客观存在的描述。世界上存在着两个世界。一个是人们可以看到、听到、摸到的，由具体事物组成的实物世界；另一个是由理智才能把握的理念世界。柏拉图认为共相是一种真实的存在，即理念论。在柏拉图那里有两种不同的存在，即经验的存在和理念的存在，前者是暂时的、变化的、复合的，后者则是永恒的、不变的、单纯的。理念是一种真实的存在，存在于永恒、不变的理念世界中。理念是一种原型，是世界的本源，是思维理性的最高显现，而经验对象则是理念的不完善的摹本。

数学对象包括数和由数组成的算式，这都是柏拉图理念世界的真实存在。它是一种独立的、不依赖于人类思维的客观存在，是永远存在于理念世界不变的东西。这种实在论的观点是柏拉图主义的数学哲学思想的核心。数学对象是没有时间性的，是非时空性、非精神性的，它是一种先天的知识。那么这种先天的知识是如何被人们认识的呢？柏拉图认为只能通过“对先天的回忆”才能得到实现。也就是说，我们永存的灵魂曾居住在天堂并且在其早期生活中直接地注视着这些形式，但是当我们来到世上之后，却忘记了这一切，因此我们所学习的东西只不过是把忘记的东西回忆起来，于是恰当的教育方式就是所谓苏格拉底(Socrates)的提问的方式。

柏拉图主义在数学实践中有很大的影响。许多卓越的数学家认为，数学是独立于人类思维活动的客观存在，这与柏拉图的看法是一致的。数学哲学家赫什指出,一个典型的“正在工作的数学家”在工作日是个柏拉图主义者,在星期天则是个形式主义者。换言之,当他在做数学时,他确信正在研究一种客观的实在,正在试图决定它的性质。但是,当被问及数学实在的哲学含义时,他能够用来防身的最简单的遁词却是:他根本不相信数学的实在性。其实,许多数学家都有类似的感觉:在战壕里大家都是柏拉图主义者。但是每当数学家聚集在一起的时候,辩论又继续下去了:数学是发明还是发现?

日本数学家小平邦彦说:“数学的实在这种东西是存在的。物理的实在我们会觉得是能够触摸看到的,但仔细想想,根本上并不知道。中子、质子并不能触摸看到。还有那可疑的基本粒子,什么寿命是几百万分之一秒等,不使用花多少亿美元建造的大型加速器就不知道它是否存在。在这个意义上,我认为物理的实在是比数学的实在更清楚明白的实在,这种想法已经有些可笑了。我想是否是在根本上有某种数学的实在,而在其上搭载着所有的自然现象。我总有见到那种东西的感觉。”①对于许多数学家来说,数学定理是发现的而不是发明的。因为,当他们证明新定理时,觉得不是自己想出来的,只不过感到偶尔发现了早就存在的定理。发现与发明的区别只要将数学与音乐比较一下就很清楚。例如,第九交响曲是贝多芬(Ludwig van Beethoven)想象出来的,而不是他找到的。也就是说,贝多芬是发明而不是发现。与此相反,数学的重要定理,即使一个数学家没有发现它,后来一定会有另一个数学家找到它,所以定理在被找到之前已存在于某处了。也就是说,数学的实在是外在于我们的,我们的作用就是发现或观察它,我们证明的定理,只不过是

---

① [日]伊东俊太郎:《小平邦彦访谈录》,《数学译林》,1998年第3期。

我们的观察笔记。哥德尔(Kurt Godel)根据自己的经验,为实在论观点作了有力的辩护。他说,"在我看来,假设有这种对象(类或概念)存在,正如有物理物体存在,是一样合理的,有差不多同样多的理由相信它们存在。它们对于获得一个令人满意的数学体系之必要性,正如物理物体对于一个令人满意的关于我们的知觉的理论之为必要一样"①。所以,许多数学家做数学时,感觉有一个真实的世界有待发现,那就是数学的世界,它比物质现实中的偶然事件更永恒,更真实可靠。对于他们来说,素数和行星同样的真实。

当然,柏拉图的"认识即回忆"、"现实世界是理念世界的幻影"等观点,数学家是很少接受的。所以,所谓数学中的柏拉图主义者,只不过是主张或认为数学对象如自然数、点、线、面是客观存在的东西而已。总之,柏拉图主义者是这样一些人,他们认为数学就是发现独立于数学家的活动和思想之外而存在的结构的真理。而一些不具有柏拉图主义思想的人则认为,数学是一种数学家起着更有创造性作用的活动。

2. 数学对象是抽象的存在

与柏拉图的观点不同,亚里士多德(Aristotle)对数学的观点不是以一个外界的、独立的、不可观察的知识体的理论为基础的,而是以从实验、观察和抽象所获得的知识所构成的经验实际为基础。亚里士多德通过批判柏拉图的数学哲学观点,建立了自己的数学哲学。他有一句名言:吾爱吾师,但吾更爱真理。他反对将理念世界与物质世界分开,认为理念不应该离开感觉而独立存在,理念即在事物之中。所以,他不认为公理具有先验的性质,而是通过观察事

① [德]赫尔曼·外尔:《数学与自然科学之哲学》,齐民友译,上海世纪出版集团,2007年,第293页。

物得到的，是人们的一般性认识。数学是理论的科学，数学是研究数量的科学，数学对象是抽象的存在，数不是事物的本体而是属性。在他看来，一个数学家，用抽象的办法对事物进行思辨，研究存在也要用同样的方式。

从数学对象来看，数学对象是存在于可感事物中的不可感之物。“质料或是可感觉的，或是可思想的，可感觉的如青铜和木材以及那些能移动的质料。可思想的质料，内在于可感觉的质料之中，但不作为可感物，例如数学对象。”①从数学命题来看，亚里士多德认为，“既然数学中的普遍定义并不涉及在大小之外的分离的东西，它们研究数目和大小，但不是作为具有大小和可分的东西的事物，所以，原理和证明是可能涉及可感对象的，但不是作为可感对象而是作为某种性质。正如有很多原理，所涉及的只是作为运动的东西，而并不理会它们中每一个是什么或有一些什么偶性”②。从数学研究的方法来看，亚里士多德认为，“最好的办法是在个别的考察中把不可分离的东西当作是分离的，正如算术家和几何学家们所做的那样。人作为人是单一不可分的，算术家设定了人的单一不可分，然后考察人是否有作为不可分的属性。几何学家则既不把人作为人，也不把人作为不可分的，而是作为立体”③。总之，亚里士多德认为，数学对象是存在的，但它既不独立存在于可感事物之中，也不独立存在于可感事物之外，而是抽象地存在于可感事物之中的。亚里士

① [古希腊]亚里士多德：《形而上学》，苗力田译，中国人民大学出版社，2003年，第147页。

② [古希腊]亚里士多德：《形而上学》，苗力田译，中国人民大学出版社，2003年，第268页。

③ [古希腊]亚里士多德：《形而上学》，苗力田译，中国人民大学出版社，2003年，第269页。

多德的这一观点标志着人类在抽象与具体、一般与个别的关系问题上的认识大大前进了一步。

3. 数学是综合判断

康德(Immanuel Kant)认为,人的知识离不开经验,却又依靠头脑中先天的认识能力整理经验。先天的认识能力是“形式”,后天的感官经验是“材料”,用形式处理材料,能形成有普遍性、必然性的科学知识。在康德看来,我们的一切知识都从经验开始,这是没有任何值得怀疑的。尽管我们的一切知识都是以经验开始的,但它们却并不因此就都是从经验中发源的。因为很有可能,甚至我们的经验知识,也是由我们通过印象所接受的东西和我们固有的知识能力(感官印象只是诱因)从自己本身中拿来的东西的一个复合物。康德把人的先天认识能力分为感性、知性和理性三种。感性是掌握数学知识的能力,知性是掌握物理学知识的能力,理性企图超越现象世界去认识什么是“自在之物”。感性又怎样才能掌握数学知识呢?康德认为,人的先天感性直观形式有两种:时间和空间。用先天的时间观念整理关于事物的多与少的经验,便创造了数的概念。用先天的空间概念整理关于事物的形状的经验,便创造出了几何公理。也就是说,数学是人总结经验创造出来的,可是人要靠先天的直观才能把它创造出来。在康德看来,数学是思维创造的抽象实体。

对于人类知识的分析,康德以他的知识三分法代替传统知识的二分法。无论是莱布尼茨的理性论还是休谟的经验论都把知识区分为必然真理和偶然真理两类,并把前者等同于先天真理,后者等同于经验真理。在康德那里,人类的知识分为:

$$
\begin{cases}
\text{分析} \quad \text{分析命题(1)} \\
\text{综合}\begin{cases}\text{先天综合} \quad \text{先天综合命题(2)} \\ \text{经验综合} \quad \text{经验命题(3)}\end{cases}
\end{cases}
$$

对于先天和经验的区分，康德说："经验判断就其本身而言全都是综合的。若把一个分析判断建立于经验基础上则是荒谬的，因为我可以完全不超出我的概念之外去构想分析判断，因而为此不需要有经验的任何证据。说一个物体是有广延的，这是一个先天确定的命题，而不是什么经验判断。"①其实，先天的知识与经验的或后天的知识之间的区分是哲学家长期关注的问题。从历史传统上来看，理性主义哲学家主张先天知识比经验知识重要得多；而经验主义哲学家则取相反的观点。数学哲学中的一个基本问题就是，数学知识究竟是先天的还是经验的。然而，这两种知识的区分究竟是一种什么样的区分，始终没有一个清楚的解释。史蒂芬·巴克尔（Stephen Barker）指出："经验的"这个词项的意思是"根据经验的"，而"先天的"的意思是"可先于经验而得来的"。从而，我们可以将经验知识定义为"需要来自经验的证实的知识"，将先天知识定义为"不需要经验证实的知识"②。

对于分析和综合的区分，康德写道："在一切判断中，从其中主词对谓词的关系来考虑（我们在这时只考虑肯定判断，因为随后应用在否定判断上是很容易的事），这种关系可能有两种不同的类型。要么是谓词B属于主词A，是（隐藏地）包含在A这个概念中的东西；要么是B完全外在于概念A，虽然它与概念A有联结。在前一种情况下我把这判断叫分析的，在第二种情况下则称为综合的。因而分析的判断是这样的判断，在其中谓词和主词的联结是通过同一

---

① ［德］康德：《纯粹理性批判》，邓晓芒译，杨祖陶校，人民出版社，2004年，第9页。

② ［美］史蒂芬·巴克尔：《数学哲学》，韩光焘译，肖阳校，三联书店，1989年，第9页。

性来思考的，而在其中这一联结不借同一性而被思考的那些判断，则应叫做综合的判断。前者也可以称为说明性的判断，后者则可称为扩展性的判断，因为前者通过谓词并未给主词概念增加任何东西，而只是通过分析把主词概念分解为它的分概念，这些分概念在主词中已经被想到过了；相反，后者则在主词概念上增加了一个谓词，这谓词是在主词概念中完全不曾想到过的，是不能由对主词概念的任何分析而抽绎出来的。”①

对于数学命题，康德强调了其综合性。他说：“数学的判断全部都是综合的。”并且，康德通过算术和几何的两个例子进行了说明。康德是这样分析的：“虽然人们最初大约会想：7＋5＝12 这个命题是一个单纯分析命题，它是从 7 加 5 之和的概念中根据矛盾律推出来的。然而，如果人们更切近地考察一下，那么就会发现，7 加 5 之和的概念并未包含任何更进一步的东西，而只包含这两个数结合为一个数的意思，这种结合根本没有使人想到这个把两者总合起来的唯一的数是哪个数。12 这个概念决不是由于我单是思考那个 7 与 5 的结合就被想到了，并且，不论我把关于这样一个可能的总和的概念分析多么久，我终究不会在里面找到 12。我们必须超出这些概念之外，借助于与这两个概念之一相应的直观，例如我们的五个手指，或者五个点，这样一个一个地把直观中给予的五的这些单位加到七的概念上去。因为我首先取的是 7 这个数，并且，由于我为了 5 这个概念而求助于我的手指的直观，于是我就将我原先合起来构成 5 这个数的那些单位凭借我手指的形象一个一个地加到 7 这个数上去，这样就看到 12 这个数产生了。要把 5 加在 7 之上，这一点我虽然在

① ［德］康德：《纯粹理性批判》，邓晓芒译，杨祖陶校，人民出版社，2004 年，第 8 页。

某个等于 7+5 的和的概念中已经想到了，但并没有想到这个和等于 12 这个数。所以算术命题永远都是综合的。”康德说，“纯粹几何学的任何一个原理也不是分析性的。两点之间直线最短，这是一个综合命题。因为我的直的概念决不包含大小的概念，而只包含某种性质。所以‘最短’这个概念完全是加上去的，而绝不是通过分析从直线这个概念中引出来”。其次，康德认为，一切严格的数学命题都是先天的判断。他认为，纯粹数学这一概念并不包含经验性的知识，而只包含纯粹的先天知识。在康德看来，“真正的数学命题总是先天判断而不是经验性的判断，因为它们具有无法从经验中取得的必然性”①。

康德为了区分“分析的知识”与“综合的知识”，利用了“判断”(judgement)这个概念。其一，一个判断是分析的，当且仅当不需要任何东西仅仅靠思考判断中的概念以及这些概念互相结合的形式就可以使人知道这个判断是否为真。一个判断是综合的，当且仅当仅仅思考判断中的概念以及这些概念互相结合的形式尚不足以使人知道这个判断是否为真，要知道它是否为真需求助于更多的东西。其二，一个真的陈述是分析的，当且仅当这个陈述根据其逻辑形式而为真。一个假的陈述是分析的，当且仅当这个陈述根据其逻辑形式而为假。一个陈述是综合的，当且仅当它不是分析的。事实上，康德觉得上述两种说明是等价的。康德关于分析与综合判断的区别表述得如此晦涩，A·J·艾耶尔(Alfred Jules Ayer)指出：“康德并没有在区别分析命题与综合命题上提出一个直截了当的标准；他提出了两个不同的标准，这两个标准绝不是等值的。”为了避免这

① [德]康德：《纯粹理性批判》，邓晓芒译，杨祖陶校，人民出版社，2004年，第 12～13 页。

种区别的混乱，A・J・艾耶尔说:“当一个命题的效准仅依据于它所包括的那些符号的定义，我们称之为分析命题；当一个命题的效准决定于经验事实，我们就称之为综合命题。”换言之，分析命题是完全没有事实内容的。史蒂芬・巴克尔说得更简洁，“一个陈述是分析的，当且仅当不需要任何东西仅仅靠对这个陈述的理解就足以知道它是否为真。一个陈述是综合的，如果对它的理解不足以使人知道它是否为真”①。因此，“在一种意义上，分析命题是给予我们新的知识的。分析命题要求注意语言的某些用法，否则，这种用法我们可能不会意识到，并且，分析命题揭示出我们的那些断定和信念中所没有想到的涵义。但是，我们也能够看到，在另外一种意义上，分析命题可能被认为对我们的知识没有增加任何东西。因为，这些分析命题只告诉我们那些可以说是已知道的东西”②。总之，对于康德来说，数学是独立于感觉经验而可知的——数学是先天的；数学的“真”不能由对概念分析来判定——数学是综合的。

4.数学是一种约定

与柏拉图主义不同，约定主义认为数学思维是一种发明过程。约定论的观点是现代西方逻辑实证主义哲学中的看法之一。这种观点认为，数学的公理、符号、对象、结论的正确性，无非是人们之间的一种约定。按约定的规则承认什么是存在的，什么是不存在的；什么是正确的，什么是不正确的。在约定论者看来，数学是可以没有任何实际意义的内容。数学真理的必然性是指命题在定义下的

① [美]史蒂芬・巴克尔:《数学哲学》，韩光焘译，肖阳校，三联书店，1989年，第16页。

② [英]A・J・艾耶尔:《语言、真理与逻辑》，尹大贻译，上海译文出版社，2006年，第55页。

必然性。

约定论是庞加莱(Jules Henri Poincaré)的哲学创造。几何学的第一批原理从何而来？它们是通过逻辑强加给我们的吗？非欧几何的创立证明不是这样。空间是由我们的感官揭示给我们的吗？也不是，因为我们的感官能够向我们表明的空间绝对不同于几何学家的空间。庞加莱说："几何学的公理既非先验综合判断，亦非实验事实。它们是约定；我们在所有可能的约定中进行选择，要受实验事实的指导；但选择依然是自由的，只是受到避免一切矛盾的必要性的限制。因此，尽管决定公设取舍的实验定律仅仅是近似的，但公设能够依然严格为真。换句话说，几何学的公理只不过是隐蔽的定义。"①

当然，数学中的术语、定义确实具有约定的性质，但是，它不是完全任意的约定。如果数学是一种约定，那么，为什么由约定而产生的结论和现实世界是如此的相符，为什么数学的应用是如此的广泛呢？显然约定主义不能给出一个令人信服的解释。其实，我们只要把数学和象棋比较一下就清楚了。象棋规则是一种约定，在严格性、确定性和抽象性方面，数学很像象棋。哈代(Hardy)说："象棋问题是名副其实的数学，但它只是以某种'无关紧要'的方式是数学。"②但是，不管一步棋是多么的别出心裁和错综复杂，多么具有原创性和令人惊奇，它总缺少本质的东西。所以数学的主要部分决不是象棋，数学的结论可以在实践中得到应用，而象棋的结论只对棋

① ［法］昂利・庞加莱：《科学与假设》，李醒民译，商务印书馆，2006 年，第 46 页。

② ［英］G・H・哈代：《一个数学家的辩白》，王希勇译，商务出版社，2007 年，第 65 页。

手有用。

从历史上看，约定主义在数学哲学中是由非欧几何和抽象代数所激发的，约定论者力图绕过指称语义学来说明数学真理，从而避免因柏拉图主义引起的一切争议，他们认为数学并无“对象”，倘若有的话，它们也只具有我们通过约定指派给它们的那些性质。于是，数学真理便归约为某些约定所具有的真理以及由逻辑后承所保存的真理。然而，在奎因(Willard Van Orman Quine)看来，整个欧几里得(Euclid)几何的所有真理中挑选哪些作为公设，确实是一个约定问题。但这并不是约定真理。真理是存在的，而约定的事情只是把它们分成两部分，一部分取作出发点，一部分从前者演绎出。他进一步解释道：“所有的公设当然都是约定的，但是只有立法的公设才恰当地暗示约定真理。”①在什么是“数学的对象?”这个问题上，维特根斯坦的观点与柏拉图主义者的观点是截然对立的。维特根斯坦认为，数学是一种语义上的约定，这种约定能使人们在社会生活中相互交往，而且人们是通过训练、生活经验习得的。我们知道，柏拉图主义者强调数学的研究对象的观念性、先验性，把数学知识与经验知识截然对立起来，划分开来。但是，维特根斯坦则强调数学命题的任务不是描述事态，而是提供一个用以进行这种描述的框架。也就是说，数学命题不是描述事态的命题，而是作为描述规则发挥作用的。例如，“2+3=5”这个数学命题就起着规范作用，用以判断关于某个事态的描述是否正确。维特根斯坦宣称：“数学形成规范之网。”他反复强调：“数学家是发明者，不是发现者。”只不过，对于数学发明，他认为，数学家一直在发明新的描述形式。有的人

① [美]保罗·贝纳塞拉夫、希拉里·普特南：《数学哲学》，朱水林、应制夷等译，商务印书馆，2003年，第422页。

受到实际需要的刺激,另一些人出自审美需要,还有些人以其他种种方式。

5. 数学就是逻辑

以罗素(B. Russell)和弗雷格(Friedrich Ludwig Gottlob Frege)为代表的逻辑主义数学观认为:数学就是逻辑。罗素和怀特海合著的《数学原理》的主要目的是说明整个纯粹数学是从逻辑的前提推出来的,并且只使用以逻辑术语说明的概念。弗雷格在《算术基础》中主张把算术的基础归结为逻辑。我们知道,逻辑是普遍承认的推理规则,它在各门学科中都不加怀疑地广泛使用。如果数学可以归结为算术,算术又可归结为逻辑,数学大厦也就有了稳固的基础。所以,弗雷格说:"即使数学必须断然拒绝来自心理学方面的任何帮助,它也绝不能否认自己与逻辑的密切联系。确实,我赞成这样一些人的观点,他们认为将二者严格分开是不适宜的。人们同样要承认,对于推论的说服力或定义的合理性的一切研究必须是逻辑的。"①对于数学与逻辑的关系,罗素进行了深刻的论述,"所有纯粹数学,既然它能从自然数的理论演绎出来,就不过是逻辑的延伸。并且即使是不能从自然数的理论演绎出来的数学的现代分支,将以上的结论推广到它们,也没有原则上的困难"②。"在历史上数学和逻辑是两门完全不同的学科:数学与科学有关,逻辑与希腊文有关。但是二者在近代都有很大的发展:逻辑更数学化,数学更逻辑化,结果在二者之间完全不能划出一条界线,事实上二者也确实是一门学科。它们的不同就像儿童与成人的不同:逻辑是数学的少年时代,

① [德]G·弗雷格:《算术基础》,王路译,王炳文校,商务印书馆,2007年,第8页。

② [英]罗素:《数理哲学导论》,晏成书译,商务印书馆,2005年,第28页。

数学是逻辑的成人时代。”从现代数学的研究上，罗素说：“许多现代的数学研究显然是在逻辑的边缘上，许多现代的逻辑研究是符号的、形式的，以至对于每一个受过训练的研究者来说，逻辑和数学的非常密切的关系极其明显。”对于数学和逻辑的同一性的问题，他甚至试图证明它们是等同的，在罗素看来，从逻辑和数学共同接受的前提出发，用演绎的方法得到显然是数学的结果，不可能画出一条清晰的分界线，其左边是逻辑，右边是数学。他强调指出，如果还有人不承认逻辑与数学等同，我们要向他们挑战，请他们在《数学原理》的一串定义和推演中指出哪一点他们认为是逻辑的终点，数学的起点。很显然，任何回答都将是随意的，毫无根据的。

6. 数学是直觉构造

直觉主义的哲学思想来自康德，它特别强调人的直觉对数学概念的作用。最早提出数学直觉主义思想的是德国数学家克罗内克(Kronecker Leopold)。克罗内克有句名言：上帝创造了整数，其余都是人造的。他主张在直觉的基础上，用构造的方法建立数学，只有这样，数学才是可靠的，否则是不能接受的。在他看来，在数学上没有什么东西能被说成是存在的，除非他能够用有限的正整数实际构造出来。因此，按照他的观点，一般的分数是存在的，因为它可表示成两个正整数的比。可是像 π 这样的无理数是不存在的——因为它只能用分数的无穷级数来表示。克罗内克把很多数学划入不合法的行列里，例如，无理数、无限集合、纯粹存在性证明等。林德曼(Lindemann)证明了 π 是超越数，有一次，克罗内克跟林德曼讨论证明 π 的超越性时，他对林德曼说：“你对于 π 的美丽的研讨有什么用处？无理数是不存在的，为什么要研究这种问题呢？”

庞加莱认为，数学知识来源于人的直觉，也即是康德所谓的“先天综合判断”，反对罗素企图把数学化归为逻辑的主张，不承认逻辑主义挽救数学的计划，嘲笑把数学奠基在逻辑上的企图。庞加莱断言，如果逻辑主义是正确的，数学就只不过是重言式的复杂系统，但事实上数学的内容要丰富得多。对于《数学原理》中"1"的定义，他嘲讽地说，这对于从未听说过数1的人来说，是一个令人赞叹的定义。另外，庞加莱还认为，数学的确定性仅限于有穷论证的严格界限内，康托(Georg Cantor)的集合论所包含的则仅仅是矛盾和无意义的概念。在庞加莱看来，集合论的悖论已经证明了康托的理论是侵害数学机体的传染病毒，对此庞加莱的医治是硬性的：将康托的全部理论从可靠的有穷数学中断然排除。在谈到直觉与逻辑的关系时，庞加莱称，"直觉作为逻辑的平衡物或矫正物"①。

以布劳威尔(L. E. J. Brouwer)为代表的直觉主义数学观认为：数学是独立于物质世界的直觉构造，数学的对象，必须能像自然数那样明示地以有限步骤构造出来，才可以认为是存在的。由于他们主张一种"构造性数学"，所以直觉主义也被称为构造主义。在直觉主义者看来，在数学中"存在即被构造"。从而，排中律不是普遍有效的，什么全体自然数、全体实数都无法考虑。布劳威尔拒绝接受逻辑排中律，在他看来，我们不是全知的，所以我们不应该假设排中律。虽然自亚里士多德时代以来，数学家一直毫不怀疑地认为，对于任意一个语句A，只有两种可能：要么A成立，要么$\neg$A(A的否定)成立。布劳威尔坚持主张还有第三种可能——换句话说，还存在着一种不能排除的中间状态。人们常常这样来证明数学定理，即证明：当否定这条定理时，我们将会陷入矛盾。因此，布劳威尔提出的第三种可能，就使许多已经被普遍接受的数学命题带上了问号。

① [法]昂利·庞加莱：《科学的价值》，李醒民译，商务印书馆，2007年，第17页。

所以,希尔伯特说道,禁止数学家使用排中律就像禁止天文学家用望远镜或拳师用拳一样。否定用排中律所得到的存在性定理就相当于全部放弃了数学的科学性。对于直觉主义,希尔伯特说:“外尔和布劳威尔的所作所为,归根结底是在步克罗内克的后尘!他们试图将一切全心全意觉得麻烦的东西扫地出门,按照克罗内克的方式建立一个专制政权,并以此来建立数学基础。而这是要对我们这门科学大砍大杀,这种行为是在冒险,它会使我们失去大部分最宝贵的财富!外尔和布劳威尔禁止使用无理数的一般概念……康托的超限数,还有在无穷多个(正)整数中总存在一个最小数的定理,甚至‘排中律’……都是被他们禁用的定理和论证。我相信,正如以前克罗内克不能废除无理数一样……今天,外尔和布劳威尔也不会成功。布劳威尔并不像外尔认为的那样是在进行什么改革,他只不过是在重演一场别人已经尝试过的暴动。如果当初暴动曾以更凶猛的形式进行,结果却彻底失败了,那么今天,弗雷格、戴德金和康托已使数学王国武装齐备,防御坚固,这场新暴动从一开始就注定要失败。”①

7. 数学是形式符号

形式主义认为,每一门数学都有其公理系统,因此,可以用有穷方法直接证明公理系统的无矛盾性。形式主义旨在通过把数学化归为形式符号的操作而不是逻辑,来为数学提供一个新的基础,试图把数学转化为无意义的游戏而保证其基础的安全。在他们看来,至于符号的意义,那不是数学考虑的事情。以希尔伯特为首的数学家相信可以应用形式的公理化治愈由于悖论的发展而得以暴露的

① David E. Rowe, Hermann Weyl:《一个不情愿的改革者》,《数学译林》,2004 年第 1 期。

数学疾病。希尔伯特曾用这一方法成功地证明了几何的相容性，因此似乎没有理由怀疑对集合论也可以获得同样的结果。其方案是：首先列举出称为数的初始概念，然后，通过引进公理，包括确定各种算术运算律、交换律、结合律、序关系的公理，以及连续性公理和所谓完备性公理，后一公理断定的是除去开始时所假设的数，也即初始概念以外，由所列举的公理不可能产生其他的数。希尔伯特希望能证明这样建立起来的数的公理系统是相容的和完备的，接下来再证明它与熟知的实数系是对应的。然而，哥德尔的不完备性定理毁掉了这个希望，他让数学家正视这样的事实：公理方法必有某些内在的局限性，哪怕普通整数算术也绝不能靠这种方法全部系统化。更有甚者，他的证明还揭示了一个令人震惊又令人无奈的隐情：不可能建立任何复杂演绎系统的逻辑一致性，除非先假定一些立论原则，其内部一致性与该系统本身的一致性同样成问题。哥德尔的工作在数理逻辑中开创了一些全新的研究分支，他也激发大家重新评价各派数学哲学乃至一般知识哲学。另外，由于形式主义把数学看成符号游戏，他们无法对数学的可应用性给出合理的解释。

（二）一些隐喻

1. 数学是一种文化

数学是一种文化传统，数学活动就其性质来说是社会性的。怀尔德（R. L. Wilder）把数学文化看成一种不断进化的物种。A·哈蒙德（Hammond Allen L.）则认为，数学是看不见的文化，数学是暗藏的文化。的确，数学对我们的文明的影响过去一般来说都是看不见的。例如，绝大多数人虽然完全知道无线电的革命性影响，却不知道无线电波在数学上早就被预见到了，如果不是数学，就可能永远也发现不了这种波。今天，数学并不满足单纯地为其他科学提供服务性工具，而是从幕后走到台前，从间接为社会服务到直接为社会创造价值。在现实生活中,这样的例子比比皆是。其实,数学历来是人类文化的一个重要组成部分,数学代表人类心灵最高成就之一,是心(逻辑)对物(科学)的胜利。作为人类精神最原始的创造,只有音乐堪与数学媲美。数学本身就是一个充满活力的繁荣的文化分支。齐民友教授认为,数学作为一种文化,在过去和现在都大大地促进了人类思想的解放。他有一个非常著名的论断:一种没有相当发达的数学的文化是注定要衰落的,一个把不掌握数学作为一种文化的民族也是注定要衰落的。没有现代的数学就不会有现代文化,没有现代数学的文化是注定要衰落的。事实上,数学的发展已经表明,数学不仅是一种文化,而且是各种文化当中最为高雅、最为重要的文化之一。

2.数学是一种艺术

自古希腊以来的若干世纪里,数学一直是一门艺术,数学工作必须满足审美要求。将数学视为艺术可从两个方面来说明,一是数学的创作方式与艺术类似;二是数学成果的作用也与艺术类似。数学在很大程度上是一门艺术,它的发展总是起源于美学准则、受其指导、据以评价的。哈代宣称,如果数学有什么存在权利的话,那就是只是作为艺术而存在。数学家如果把外部世界置诸脑后,就好比是懂得如何把色彩与形态和谐地结合起来但却没有模特儿的画家,他的创造力很快就会枯竭。哈尔莫斯(Paul R. Halmos)是另一位鼓吹数学是创造性艺术的人。他认为,数学是创造性的艺术,因为数学家创造了美好的新概念;数学是创造性的艺术,因为数学家像艺术家一样地生活,一样地工作,一样地思索;数学是创造性的艺术,因为数学家这样对待它。数学是一门通过发展概念和技巧以使人们更为轻快地前进从而避免靠蛮力计算的艺术。数学完美的结构,以及在证明和得出结论的过程中,运用必不可少的想象和直觉给创造者提供了美学上的享受。对称、简洁，以及精确地适应达到目的的手段有其特有的完美性。这也是一门艺术。

3. 数学是一种语言

数学另一个重要特征是它的符号语言，如同音乐利用符号来代表和传播声音一样，数学也用符号表示数量关系和空间形式。数学作为一种语言，对任何人来说，不仅是最简明的语言，也是最严格的语言，从它的结构和内容来看，这是一种比任何国家的语言都要完善的语言。数学是一种普遍的符号语言，是语言的语言。“通过数学语言，自然界在论述；通过数学语言，世界的创造者在表达；通过数学语言，世界的保护者在讲演。”①在全世界范围内，数学是不需要翻译就能看懂，就能交流的语言。伽利略（Galileo Galilei）曾说过，展现在我们眼前的宇宙像一本用数学语言写成的大书，如不掌握数学符号语言，就像在黑暗的迷宫里游荡，什么也看不清。数学为其他学科提供了一种严密而简洁的语言，能够有效地描写基本结果以及自然现象。数学是基本语言。例如，时空的语言是几何，天文的语言是微积分，量子力学要透过算子理论来描述，而波动理论则靠傅立叶（Fourier）分析来说明。

4. 数学是一种方法

数学是一种方法。数学能使人们的思维方式严格化，养成有步骤地进行推理的习惯。人们通过学习数学，能获得逻辑推理的方法，由此他们就可能把知识进行推广和发展，即数学是一种思维方法。M·克莱因（Morris Kline）指出：“从更本质的方面来说，数学主

---

①　[美]莫里兹：《数学的本性》，朱剑英编译，大连理工大学出版社，2008年，第106页。

要地是一种方法。它具体体现在数学的各个分支中，如关于实数的代数、欧几里得几何，或任意的非欧几何。通过探讨这些分支的共同结构，我们对这种方法的显著特征将会有一个清楚的了解。”①数学也是一种解决问题的方法。例如，我们经常用字母、数字及其他数学符号建立起来的等式或不等式以及图表、图象、框图等描述客观事物的特征及其内在联系的数学结构表达式，这就是数学模型。其实，欧几里得几何本身就是一种数学模型，数学正是通过欧几里得几何而获得最严格与最纯粹的科学的名声的。一些人把数学作为一个工具，来得到有趣的数值结果。这里，数学就是用来进行数值计算和构造模型的。当然，当数学模型由于预见性强而取得成功时，就使得即使人们在不那么满意的情况下，也不断受到诱惑要去应用数学模型。例如，从数学与物理的关系来看，数学有时只是现实的一个相当有任意性的人为的模型，而能对物理世界发生的事或多或少地加以描述。

5. 数学是一种思维

数学牢固地扎根于人类智慧之中，即使是原始民族，也会在某种程度上表现出这种数学思维的能力。例如，原始部落的人能立刻说出一大群羊中少了一只时，他们所依赖的是集合间元素对应的方法。列维-布留尔(Levy-Bruhl，Lucien)在其名著《原始思维》中指出：“在原始人的思维中，从两方面看来数都是在不同程度上不分化的东西。在实际应用中，它还或多或少与被计算的东西联系着。在集体表象中，数及其名称还如此紧密地与被想象的总和的神秘属性

---

① [美]M·克莱因：《西方文化中的数学》，张祖贵译，复旦大学出版社，2004年，第453页。

互渗着，以至与其说它们是算术的单位，还真不如说它们是神秘的实在。”①随着人类文明的发展，数学表现出了人类思维的本质和特征，并体现在任何国家与民族的文明中。因而，任何一种完善的形式化思维，都不能忽略这种数学思维形式。人们常常说“数学是思维的体操”，这种说法是很恰当的。数学除了提供定理和理论外，数学还提供了有特色的思维方式，包括建立模式、抽象化、最优化、逻辑分析、推断以及运用符号等，这是普遍适用并且强有力的思考方式。通过数学思维的训练，确实能够增强思维能力，提高抽象能力、逻辑推理能力和辩证思维能力。数学使思维产生活力，并使思维不受偏见、轻信与迷信的影响和干扰。

6. 数学是一种创造

在许多数学家看来，数学是人类精神的自由创造物。日本数学家小平邦彦说：“数学是包罗万象的根底。物理现象的根底有数学规律，数学家称这种现象为‘数觉’，是感觉，看得透的。因此，数学与其说是逻辑的学问，不如说是感觉的学问。”②其实，很多科学家持这样的观点。集合论创始人康托一语道破，数学的本质在于自由。爱因斯坦(Albert Einstein)确信，数学是人类思想的产物。他认为，几何公理丝毫没有任何直觉的或经验的内容，是人的思想的创造。但是，自由必须伴以责任，即对数学的严肃目的负责。也就是说，数学不是任意地被创造的，而是在已经存在着的数学对象的活动中以及从科学和日常生活的需要中产生出来的，数学的自由只能在严酷的必然的限度内发展。非欧几何的创立也表明了这一点。非欧几

① [法]列维-布留尔：《原始思维》，丁由译，商务印书馆，2007年，第202页。

② [日]伊东俊太郎：《小平邦彦访谈录》，《数学译林》，1998年第3期。

何的创立，意味着古希腊以来，以数学为代表的绝对真理观的终结。希腊人试图从几条自明的真理出发和仅仅使用演绎的证明方法来保证数学的真实性的想法被证明是徒劳的。但是，作为一种补偿，数学却又获得了逻辑创造和演绎推理的极大自由。非欧几何是人类智慧解放者的大主教。尽管对许多富有思想的数学家来说，数学不是一个真理体系这一事实实在是难以接受。

二、数学知识的特征

尽管不同的人对数学知识的特征有不同的认识，对数学知识有不同的分类，但不可否认的是，与其他知识相比，作为人类知识光辉典范的数学知识有其自身的特征。

(一)抽象性

数学知识是人们对现实世界抽象的结果，甚至是对抽象的对象进一步抽象的结果。数学知识的抽象性反映在数学对象、数学方法、数学符号等诸多方面。例如，对于自然数“1”来说，我们并不是指具体的1本书、1支笔。在现实生活中，我们充其量只能看到三维空间，但是，在数学中我们可以讨论 n 维空间。非欧几何更是脱离于人们的现实世界。可以说，数学知识的确定性依赖于它的彻底的抽象的普遍性。罗杰·彭罗斯(Roger Penrose)说：“数学命题的真理性实际上可用抽象的论证决定，这是数学(也许是唯一的学科)最令人印象深刻的特征。”①当我们断言 2+3=5 的时候，我们是在断

① [英]罗杰·彭罗斯：《皇帝新脑》，许明贤、吴忠超译，湖南科学技术出版社，2007年，第559页。

定存在于事物之间的一个关系，这些事物既不是苹果，也不是钱币，更不是任何一类具体的事物，它们是在完全抽象的意义上，也是完全普遍的。数学知识是给不同的事物以同样的名称。只有抽象化才能揭示事物的本性。数学知识是人类头脑所能达到的最完美的抽象，它抽象的一个典范就是公理化方法。数学符号是数学科学专门使用的特殊文字，是一种含义高度概括、形体高度浓缩的抽象的科学语言。一个复杂的数学公式，如果不用符号而用日常语言来叙述，将会十分冗长而且含混不清。符号化是数学抽象化的必然结果。在一定意义上，普遍性就等于抽象性。数学研究的形式超越了内容的客观性，于是，它的思辨的特点，它的结论的逻辑必然性和看来不可变动的性质，以及新概念和新理论产生于数学内容的事实，数学应用的特点被这个与内容无关的性质所规定。当我们把实际问题翻译成数学语言时，我们撇开了问题的具体特点，利用一般公式和结论，得出一定的结果。所以，数学的抽象性成了它的力量，这种抽象性实际上是必须有的。当然，数学本身内容成果的积累，必然要引起向新的抽象阶段，向新的概括的概念上升，以及对于基础和原始概念分析的深化。但是，抽象性绝对不是数学知识所特有的。例如，爱因斯坦的相对论、原子的结构等等是看不见、摸不着，也很抽象。至于哲学就更抽象了。然而，与其他知识不同的是，数学知识完全舍弃了具体现象去研究一般性质，在抽象的共性中考察这些抽象系统本身，而不管它们对个别具体现象的应用界限。可以说，数学抽象的绝对化才是数学知识所特有的。

(二)演绎性

由于数学的整个内容都是从少量普遍承认的原理出发，通过逻辑演绎建立起来的，所以把数学叫做自明的科学并非不当。数学完美的逻辑演绎性是人们相当熟悉的特征。希腊数学至今还依旧像2000年前一样有效，牛顿(Isaac Newton)与莱布尼茨(Gottfried Wilhelm von Leibniz)的微积分存在了300多年而没有本质的更改。与此相反，自然科学的理论却前途未卜，它们也许会像燃素论或地球是平坦的观点那样被完全抛弃，或像爱因斯坦的引力理论替代牛顿的理论那样被修正与取代。可以说，数学知识的严格性依赖于它的演绎特征。严格性对于数学家，就如道德对于人。数学的严格性表现在数学定义的准确性、推理和计算的逻辑严格性以及数学结论的确定无疑与无可争辩。这是因为，数学家使用的每一个词都传达一个确定的概念，他们通过精确的定义，在读者心中唤起那些曾经在他们脑海里流过的同一观念。当他们定义了他们打算使用的术语之后，他们提出几条公理作为前提，就是那些人人都同意的自明的原理，然后他们把几条公理视为当然之事，因为没有人能够否定。例如，从任何已知点到另一已知点可以画一条直线。数学家从这些简单、明白的原理出发提出一些最令人惊讶的推测，证明人类头脑的容量比任何其他科学都更为广大而开阔。爱因斯坦就说："为什么数学比其他一切科学受到特殊的尊重，一个理由是它的命题是绝对可靠的和无可争辩的，而其他一切科学的命题在某种程度上都是可争辩的，并且经常处于会被新发现的事实推翻的危险之中。"①数学是建立在演绎推理的基础上的，演绎推理出来的结论一定是对的。但是对于其他学科来说，做实验时，材料不纯净，机器不灵敏，则结论可能不一样。当然，数学的严格性也不是绝对的、一成不变的，而是相对的、发展着的，即使是数学家的专业观点也曾发生过重

① 许良英、范岱年:《爱因斯坦文集》(第一卷)，商务印书馆，1976年，第136页。

大变化，这正好体现了人类认识的逐步深化。自柏拉图时代起，几何就被奉为人类知识确实性之最高典范。直到 19 世纪以前，所有的人（包括数学家）都把几何看做最严格的、最可靠的知识。它是所有宇宙性质中最高的范例：精确、永恒、可以为人类心智所认识。然而，19 世纪的数学发展表明，情况并非如此。冯·诺伊曼（John Von Neumann）说，不要把数学上动不得的严密性看得太天经地义了。大多数最美妙的数学灵感都来源于经验，并且简直无法相信会存在绝对的、永远不变的、脱离所有人经验的数学严密性概念。

（三）过程性

人们一般将知识分为陈述性知识和程序性知识。陈述性知识是"关于事实的知识，是人所知道的有关事物状况的知识"，而程序性知识则是"关于人怎样做事的知识，即由完成一件事所规定的程序、步骤及策略等组成的知识"。简言之，陈述性知识是关于"是什么"的知识，程序性知识是关于"怎么办"的知识。数学中包含大量的程序性知识，如运算法则、解题方法和解题策略等。即使是陈述性知识，如数学概念（代数式、方程、函数等）、数学命题（勾股定理、正弦定理等）的形成过程一般也要经过活动阶段、过程阶段、对象阶段、图示阶段。许多数学知识都具有过程和对象的双重属性。过程性是数学知识的一个基本属性。当然，数学知识除了具有过程性外，还具有对象性或者概念性，即数学知识既表现为一系列的算法、步骤，又表现为对象、结构。希伯特（James Hiebert）和卡彭特（Thomas P. Carpenter）把数学知识分为概念性知识和方法性知识。在他们看来，"把概念性的知识定义成与理解了的知识是等同的：概念性的知识等同于有联系的网络"。换句话说，概念性的知识是那种关系丰富的知识，一个单元的概念性的知识不是作为孤立的一个信息储存起来的，只有当它是一个网络的一部分时，它才是概念性的知识。另一方面，“方法性的知识是一系列的动作”①。要建成一个方法的内部表示的最少的联系是方法中相继动作之间的联系。在数学中，许多知识既表现为一种过程操作，又表现为对象，这样的例子在数学中处处可见。例如，加法：既代表两个集合中的元素合并或添加起来的过程，又代表合并或添加后的结果；轴对称：既代表图形关于给定直线的翻折过程，又代表一组图形间所具有的特定性质或位置关系；数列极限：既代表序列变化趋势的过程，又代表发展变化的结果。数学知识的过程性与对象性告诉我们，数学知识的学习往往要经历由过程到对象的认知过程。

(四)优美性

数学知识具有那种激动感官的美，那种品质上和外观上的美。但数学知识的美远远不只如此，它各部分之间的和谐有序才是更深刻的美，是一个纯洁的心灵所能掌握的美。例如，数学中著名的“五朵金花”：0，1(都来自算术)，i(来自代数)，π(来自几何)，e(来自分析学)，奇妙的是这“五朵金花”竟同时绽开在一个公式 $e^{i\pi}+1=0$ 中，这就是著名的欧拉(Leonhard Euler)公式。罗素说过，数学，如果正确地看，不但拥有真理，而且也具有至高的美。真正的数学具有永恒的价值，正如同希腊数学具有永恒的美学价值一样，这种数学是永恒的。事实上，在数学定理的评价中，审美的标准比逻辑的标准，比实用的标准更重要。在数学创造中，数学家无论是选择题材还是判断是否成功的标准，主要是美学原则，判断数学家是否成功，或者他

① ［美］D·A·格劳斯：《数学教与学研究手册》，陈昌平等译，上海教育出版社，1999 年，第 161 页。

的努力是否有价值的主观标准，都是非常自足的和美学的。缺乏这种美感的人永远不会成为真正的创造者。数学家的美妙犹如一个筛子，没有它，永远成不了发明家。哈代说："数学家的模式，就像画家和诗人的模式一样，必须是优美的；这些思想，就像色彩或者字词一样，必须以和谐的方式统一起来。优美性是第一道检验标准：这个世界没有为丑陋数学准备长久的地盘。"①所以，在数学知识的发展中，美学意义具有压倒一切的重要性，一个定理是否有用倒没多大关系，重要的是它是否优美。一个数学家在理解数学的美学价值方面绝不会是外行，正是对真理的追求，对数学的美妙、数学的力量、数学的优雅的神往，驱策并激励着每一位数学家。

(五)统一性

数学创造实际上是什么呢？它并不在于用已知的数学实体作出新的组合，数学"发明就是辨别、选择"②。显然，选择的一个标准就是统一性，统一意味着物质世界各个部分的协调性。因此，作为物质世界规律的反映，数学知识在本质上是统一的。数学最使人着迷之处，是不同的分支之间有许许多多的相互影响、预想不到的联系、惊人的奇迹。其实，代数、几何、拓扑以至分析的相互作用并不是一种简单的巧合，实际上它反映了数学的本质。因为，在不同的现象中找出类同之处，并发展技术来发掘这种类同之处，是研究物理世界的基本的数学方法。因此，在数学本身范围内，其内在的类

① [英]G·H·哈代：《一个数学家的辩白》，王希勇译，商务出版社，2007年，第62～63页。

② [法]昂利·庞加莱：《科学与方法》，李醒民译，商务印书馆，2006年，第34页。

同性也应该突出地显现出来，这也就没有什么可奇怪的了。数学知识的统一性是极为重要的。如果我们积累起来的知识要一代一代传下去的话，我们就必须不断地努力把它们加以简单和统一。正因为如此，数学就不会遭到像其他有些科学那样的厄运，被分割成许多孤立的分支，它们的代表人物很难相互理解。数学科学是一个不可分割的有机整体，它的生命力正是在于各个部分之间的联系。尽管数学知识千差万别，但在作为整体的数学中，使用着相同的逻辑工具，存在着概念间的亲缘关系，同时在它的不同部分之间，也有大量相似之处。数学知识越是向前发展，它的结构就变得更加调和一致，并且，这门科学一向相互隔离的分支之间也会显露出原先意想不到的关系。数学知识的统一性还体现为：在大多数科学中，后一代人往往撕毁了前一代人所建立的成就，但在数学中，每一代人都是在原有结构上建立新的结果。数学中不存在流派，人们不能说几何是欧几里得的或阿基米德（Archimedes）的，统一性是数学知识固有的特点。数学知识尽管不断深化，表面上看来光怪陆离，但其各个不同的组成部分聚集在一起形成更为密集的统一体，它比以往任何时候都更加紧密。

三、把握数学本质

“数学是什么？”的问题看似是纯理论问题，其实，对于数学教育来说却是很实际、很重要的问题。然而遗憾的是，许多数学教师自从站上三尺讲台就埋头于“题海”，对于“数学是什么？”这样的基本问题很少思考。对“数学是什么？”不同的回答对应不同的立足点，表明不同的数学观。数学观与数学教育活动密切相关，教师的数学观直接影响他的数学教学观，学生的数学观直接影响他的数学学习观。有什么样的数学观,就有什么样的数学教育观。教师传递给学生的关于数学及其性质的任何细微信息,都会对他们认识数学以及数学在他们的生活中的作用产生影响。数学观甚至会影响到数学教育中师生之间的关系。赫什认为,问题不在于教学的最好方式是什么,而在于数学到底是什么。如果不正视数学的本质问题,便解决不了关于教学上的争议。那么在新课程理念下,我们应该怎样认识数学及其知识的性质呢?应该怎样把握数学的本质呢?

(一)超越传统认识

由于数学是一个复杂的多元体,并且数学是不断发展的,所以任何从数学的某些特征对数学进行的描述都是不完善的。它们要么过于狭窄,要么过于宽泛。事实表明,无论是柏拉图主义还是数学基础三大学派(逻辑主义、直觉主义和形式主义),对数学的描述都存在某种缺陷。例如,柏拉图主义不能对数学对象究竟是什么样的存在作出明确的解答。形式主义一个突出的困难在于无法解释数学理论在客观世界中的可应用性。由于数学起源于几何和算术,所以它常被定义为空间和数的科学。恩格斯在《反杜林论》中的论述影响很大,"纯数学是以现实世界的空间形式和数量关系,也就是说,以非常现实的材料为对象的"。在国内,这一叙述往往用来作为数学的定义。例如,我国著名数学家吴文俊教授为《中国大百科全书·数学卷》所写的学科条目"数学"是:"数学是研究现实世界中数量关系和空间形式的,简单地说,是研究数和形的科学。"又如,在《辞海》和《马克思主义哲学全书》中关于数学的定义也有近似的表述。它们分别是"研究现实世界的空间形式和数量关系的科学"。"数学是一门研究现实世界中数量关系和空间形式的科学。"从某种意义来说,"数学是研究形和数的科学"的观点是一些数学工作者认可的观点。

然而,分析上述对数学特征的描述,其中有三个关键因素:现实世界、数量关系、空间形式。考虑到数学发展,例如,非欧几何、泛函分析等分支离现实世界越来越远,数理逻辑等分支又很难判定其归属。人们靠不断扩大数与形的概念范围来使数学的定义适应日益发展的数学内容,所以,将数与形作为数学概念的特征来理解并不能从根本上解决数学定义中涉及的内涵与外延问题。并且有学者通过考证,并不认为传统意义上的数学定义是恩格斯的原意,恩格斯对数学定义的原意中并不含有"现实世界中"的意思。史宁中教授说:"数学是对现实世界的数量关系、空间形式和变化规律进行抽象,通过概念和符号化进行运算与逻辑推理的科学。数学与现实若即若离,一方面,数学解决自身逻辑的矛盾得到发展;另一方面,数学又必须通过与外部世界的接触汲取活力。"也即是"数学是研究空间形式和数量关系的一门科学"①。

当然,不管是现实世界中的"数量关系和空间形式",还是思维想象中的"数量关系和空间形式",都属于数学研究的范畴。数学中研究的不仅是直接从现实世界直接抽象出来的量的关系和空间形式,而且还研究那些在数学内部以已经形成的数学概念和理论为基础定义出来的关系和形式。例如,对于数学材料,恩格斯说:"这种材料以极度抽象的形式出现,这只能在表面上掩盖它起源于外部世界。但是,为了对这些形式和关系能够从它们的纯粹状态来进行研究,必须使它们完全脱离自己的内容,把内容作为无关重要的东西放在一边;这样就得到没有长宽高的点,没有厚度和宽度的线,a 和 b

---

① 史宁中、孔凡哲:《关于数学的定义的一个注》,《数学教育学报》,2006年第4期。

与 x 和 y，常数和变数。”恩格斯正是注意到了数学的这个特点，在说明点、线、常量和变量等概念的产生时，他说：“只是在最后才得到知性自身的自由创造物和想象物，即虚数。”①所以，尽管从不可追溯的古代起，数学就被看做是关于量的科学，或者是关于空间与数的科学。但是，今天在考虑非欧几何、群论等领域时，这种观点就显得太狭隘了。也就是说，我们应该超越“数学是形和数的科学”的认识。

那么，数学究竟是什么呢？严格地说，这个问题是没有答案的，至少没有满意的答案。我们只能试图给出部分答案和解释。因为随着数学在不同历史时期的发展，数学的含义逐步变化，内涵越来越丰富。历史上尽管许多人给数学下了定义，但没有人能够真正成功，定义和它本身总是不完全相符。一般来说，人们知道数学是用模型、关系和运算来处理数和图形的，在形式上它包含公理、证明、引理、定理这些步骤，从阿基米德时代起就没有变过，还知道数学是用来构成一切理性思维的基础。其实，试图给数学下定义所遇到的困难看来主要来自这样的假设，即认为数学就其本质而言是绝对的、不随时间和地点而改变的事物。然而数学的发展表明，数学并不是这样的事物。罗素说过，数学可以定义为这样一门学科：我们不知道在其中我们说的是什么，也不知道我们说的是否正确。其实，数学家们不知道自己所说的是什么，因为纯数学与实际意义无关；数学家们从不知道他们所说的是否正确，因为作为一位数学家，他们从不费心去证实一个定理是否与物质世界相符。当然，也可以从另一个角度来理解这句话。在《数学原理》中，罗素和怀特海希望重造数学，认为数学是逻辑思维的一种智力运用。这样看来，这句

① ［德］恩格斯：《反杜林论》，中共中央马克思、恩格斯、列宁、斯大林著作编译局译，人民出版社，2005 年，第 38 页。

话极好地体现了罗素对于整个数学领域的态度。罗素认为,内容与真理不是数学家研究的范畴,所有的问题都在于定理是否由公理逻辑推导的,以及公理之间是否逻辑相容。我们知道,物理学是关于物理世界的学问,生物学探索生命的奥秘,历史学讨论人类的过去,数学是什么? 提出这个问题绝不是为了诡辩,因为不同的哲学态度和价值标准对数学特性与目标的认识,会出现不一致性和不确定性。

“数学是什么?”是一个综合性的,不断发展的,与时代紧密联系的哲学问题,在数学发展过程中不可能有固定的、永恒的答案。用几句话给“数学是什么?”一个恰当的回答不是一件容易的事。无论是对数学的传统认识,还是对数学的现代解释,我们都不能过分强调数学的一方面,而忽视数学的另一方面,这样是很难给数学下一个较为确切的定义的。如果一定要给数学下一个定义的话,笔者还是比较赞同这样的观点:“数学是关于模式的科学。”不仅是因为很多数学家和数学哲学家持有这样的观点,而且这一观点较好地刻画了数学的本质。这里的“模式”其实是广义的量,它不仅包括现实世界中的“数”与“形”,而且还包括数学抽象后的各类模型和结构。或者说,“它被理解为一种极其广泛的意义,几乎覆盖了人类心智所能认知的一切种类的有规律性的事物”①。可以说,数学探求的是一些结构与模式,它们能为我们的宇宙带来次序,并使它简单明了。数学的本质特征就是在从模式化的个体作抽象的过程中对模式进行研究。数学家在数、空间、科学、计算机以及想象中寻求模式,数学理论解释模式间的关系。例如,函数与映射将一类模式与另一类模

---

① [美]基思·德夫林:《数学犹聊天:人人都有数学基因》,谈祥柏、谈欣译,上海科技教育出版社,2009年,第69页。

式联系起来，产生持久的数学结构。数学应用则是利用这些模式解释和预测符合它们的自然现象。模式可以启发新的模式，常常产生模式的模式。通过这种方式，数学按其自身的逻辑，从科学的模式开始，通过添加由此派生的所有模式而结束。特别地，就数学是模式的科学而言，计算机并没有像改变数学的范围那样改变数学的实质，计算机之于数学就像望远镜和显微镜之于科学。计算机极大地增加了数学家所研究的模式。当模式增加时，数学的应用和数学分支之间的相互联系也在增加。数学之所以有不同寻常的为科学研究提供正确模式的能力，其原因可能在于数学家所研究的模式就是所有可能存在的模式。如果模式是数学的全部，那么数学的这种“异乎寻常的作用”可能完全是寻常的了。如果说数学家就像画家或诗人，是模式的创造者，如果他的模式比画家或诗人的模式的生命更加长久的话，那是因为他的模式是用思想所创造的。数学与“现实世界”之间的关系最奇特的也是最鲜明的一个特征，在于好的数学终究是有用的。为什么会这样呢？有各种各样的理论：从人类心智的结构，到宇宙在某种程度上是由少许数学构件建立的思想。答案可能相当简单：“数学是关于模式的科学，大自然中的模式应有尽有。”①

（二）领悟深刻内涵

数学是一门探索的、动态的、发展的学科，而不是一套死板的、绝对的、封闭的规则。它寻求理解遍及我们周围的物质世界，以及我们思想中的各种模式。它是关于模式而不单是关于数或形的科

① ［英］伊恩·斯图特尔：《自然之数——数学想象的虚幻实境》，潘涛译，刘华杰校，谈祥柏审，上海科学技术出版社，2007年，第19页。

学。那么，在数学教育中，我们应该怎样理解数学的深刻内涵呢？笔者认为，理解数学的本质应该关注以下几点：其一，领悟数学是一种文化。数学历来是人类文化的一个重要组成部分，数学在人类社会文化中的地位和作用，越来越重要。数学是打开科学大门的钥匙，数学是科学的语言，数学是思维的工具，数学是理性的艺术。应该让学生体会数学的科学价值、应用价值、人文价值、美学价值，认识数学发生和发展的规律，提高自身的文化素养和创新意识。其二，理解数学的拟经验性。数学理论是一个半经验的演绎系统。数学并不是西方文化中不可动摇的元认知。数学思维是一种高度抽象的心智活动过程，数学推理和证明并不依赖于经验事实，但这并不表明数学与经验是没有关系的。数学研究和数学学习是一个交流、解释、批驳的过程。在数学教学中，我们应该充分认识经验的价值，从学生现有经验组织教学，回归生活。其三，把握数学知识的本质。以往对数学知识的认识中，我们往往只看到数学知识的某一个方面，而没有看到它们的另一个面，从而导致各种认识误区。例如，只看到数学知识的确定性，没有注意到数学知识的可误性；只看到数学知识的演绎性，没有注意到数学知识的归纳性；只看到数学知识的抽象性，没有注意到数学知识的直观性（或具体性）；只看到数学知识的工具性，没有注意到数学知识的文化性。数学新课程提倡“淡化形式，注重实质”，理解数学概念没有必要逐字逐句，更没有必要让学生背诵，抓住实质就行了。例如，“含有未知数的等式叫方程”。什么叫未知数？什么叫等式？$ax=b$ 中的 a，b 是不是未知数？式子 $x-x=0$，$x+1=x+2$ 是不是方程？事实上，这些争议是没有必要的，在实际运用中，师生都能理解方程的含义。方程的实质在于：为了求得未知数，在已知数和未知数之间建立的一种等量关系。应该揭示数学知识的形成过程。数学教学不应该是表面上轰轰烈烈，造成虚假的繁荣景象，实质上并没有带给学生智力的挑战和认知的冲突。有人这样设计正弦定理的教学：同桌同学任意画一个三角形，测量它的各角大小和各边的长，并用计算器分别计算 $c/\sin C$，$b/\sin B$，$a/\sin A$ 的值，看看有什么结果？还美其名曰是“合作学习”。然而，正弦定理是能够量出来的吗？同样，三角形内角和也不是量出来的。数学教学要让学生真正感受从“冰冷的美丽”到“火热的思考”的过程。其四，提炼数学思想方法。数学基本知识背后往往蕴涵着重要的数学思想方法。在数学教学中，只有从知识和思想方法两个层面上去教和学，才能从内部规律上掌握系统化的知识，才能形成良好的认知结构，才能有助于学生的主动建构。其五，欣赏数学美。欣赏数学美是一个人基本的数学素养。数学教学应该体现数学的符号美、图形美、简洁美、对称美、和谐美、方法美、思想美和创造美等。应该让学生理解数学美，体验数学美，欣赏数学美，享受数学美。最后，培养数学精神。数学是一种精神，一种理性精神，正是这种精神，激发、促进、鼓舞和驱使人类的思维得以运用到最完善的程度。数学教学应该体现数学的理性精神和探究精神。

总之，数学是动态的、可误的、经验的与拟经验的，数学是一种文化。具体地说，数学随着时代的发展而发展，其内涵不断丰富；数学是可纠正的而不是绝对的，和其他科学一样，数学可以通过犯错误、改正、再改正而得到发展；数学是经验的与拟经验的；作为人类文化遗产一部分的数学，它是人类文化和智慧成就中最伟大的一部分。只有这样，才能真正理解数学的本质，才能真正理解数学课程标准提出的理念，才能真正达成新课程提出的要求。

第二章　数学意义的视界

古往今来，不少杰出人物都留下了许多关于数学的精辟言论：数学是打开科学大门的钥匙；数学的发展与至善和国家的繁荣昌盛密切相关；数学是科学不可动摇的基石，是促进人类事业进步的丰富源泉，等等。然而，尽管我们每天或有形或无形地与数学打着交道，其实不同的人对数学有着不同的认识。圣奥古斯丁(St Augustine)说："好的基督教徒应该提防数学家和那些空头许诺的人。这样的危险已经存在，数学家们已经与魔鬼签订了协约，要使精神进入黑暗，把人投入地狱。"古罗马法官则裁决"对于作恶者、数学家诸如此类的人"应禁止他们"学习几何技艺和参加当众运算像数学这样可恶的学问"。那么，数学究竟是一个怎样的领域呢？如果说数学是一个意义的领域，其意义又体现在哪里呢？

一、意义与数学意义

(一)意义

人的存在总是涉及意义，人所栖身的世界是一个意义的世界，人生活在意义的世界里。从本质上看，"精神过程的组成要素是意义的统一体”①。那么，什么是“意义”？在关于意义的论述中，存在着不同的哲学取向。自弗雷格提出语言的意义与指称的问题以来，意义问题一直纠缠着语言哲学的研究者。分析哲学和结构哲学一直把语言看做一种先于主体、超越主体的意义承载者。在《算术基础》一书中，弗雷格提出了关于语言哲学研究的三条基本原则：要把心理学的东西与逻辑的东西，主观的东西和客观的东西明确区别开来；必须在句子联系中研究语词的意谓，而不是个别地研究语词的意谓；要时刻看到对象与概念的区别。在《哲学研究》等著作中，维特根斯坦批驳了把意义与心理过程混为一谈或者把意义与指称等同起来这两个错误观点。他指出：“一个词的意义就是它在语言中的使用。而一个名称的意义有时是通过指向它的承担者来说明的。”②在他看来，“什么是意义？”这种提问方式，类似于“什么是长度？”“什么是数？”这种提问方式，容易引起哲学混乱。如果把“什么是长度？”“什么是数？”这种提问方式改变为“我们如何测量长度？”就能避免哲学混乱。维特根斯坦强调意义对语境的依赖性，强调意义的不确定性。在现代西方的意义理论中，存在着一种从追求意义的确定性到强调意义的不确定性的趋势。弗雷格、罗素等人主张语言表达式应当具有确定的意义，只有这样才能适应哲学研究和科学研究的需要。奎因、德里达(Jacques Derrida)等哲学家则从不同的角度论述了语言表达式不可能具有确定的意义。德里达把意义看做是一种可能抹去的痕迹，随着语言的发展，痕迹不断变化，意义随之变化。文本不再是一个意义确定的整体，而是一个展现了无限宽

① [美]维拉德-梅欧：《胡塞尔》，杨富斌译，中华书局，2002年，第81页。

② [奥]维特根斯坦：《哲学研究》，李步楼译，陈维杭校，商务印书馆，2007年，第31页。

广的意义可能性视域的开放的符号组合。胡塞尔(E. Edmund Husserl)认为,意义存在于行为体验中,行为的意向本质能赋予表达以意义。在胡塞尔看来,正常的语词的相对词意就是意义。所谓意义,就是表达式的意义。海德格尔(Martin Heidegger)对意义的研究转向本体论。他认为,意义就是世界本身向之展开的东西。在《存在与时间》中,他说,"意义是某某东西的可领会性的栖身之所。在领会着的展开活动中可以加以分环勾连的东西,我们称之为意义"①。海德格尔坚持对"意义"的概念采用原则性的存在论和生存论来阐释,从而,所有不具有在此的存在方式的存在者都被解释为无意义的存在者,亦即从本质上就是任何意义都是空白的存在者。可以看出,对于意义的意思,"它总被解释成两个意思,而且还缺一不可:它有时候被理解成一个指代,有时候被理解成一个方向。在头一种情况下,它被看做两种形体的重叠,亦即一种代码——我们称之为表达的代码——对另一种代码的指代,后一种代码的名称可能同样地抽象:内容的代码。在第二种情况下,它显得像是一个意向,一个建立在要走的路程和其终点之间的关系"②。

对于意义的研究,国内学者也有论述。例如,从主体与客观的关系出发,秦光涛在《意义世界》中对意义的解释是这样的:"所谓意义,就是对人有所意谓的客体对主体的精神活动的一种指向,这种指向只有在人的体验、理解中才能显现出来。这里所说的对人有所意谓的客体,可以指人所创造和使用的各种符号,如语言、文字、手

① [德]海德格尔:《存在与时间》,陈嘉映、王庆节译,三联书店,2006年,第177页。

② [法]格雷马斯:《论意义》(上),吴泓缈等译,百花文化出版社,2004年,第61页。

势、物件等东西，也可以指非人造物，如自然的风雨雷电、日月星辰等，但是它们必须对人有所意谓。所谓有所意谓，是说它们总要通过它们的自身存在表达某种不同于它们自身存在的东西。"①在现代汉语中，"意义"有两层意思：语言文字或其他信号所表示的内容、价值、作用。在日常语言中，"意义"与"价值"常常互换使用。从严格的意义上来说，两者是有区别的。按照马克思在《资本论》中的论述，价值是指体现在商品里的社会必要劳动。当然，在现代语言中，价值也指"积极作用"。由此看来，价值是客体属性和主体需要之间的关系，它表示客体的属性在多大程度上能够满足主体的需要，它不仅指向人的精神活动，而且指向人的物质活动。意义则是自我理解、体验与反思的产物，包括对精神价值与物质价值的理解、体验与反思，从而获得个体、人类生存的意义。如果说价值需要客体的属性来体现的话，那么意义则更需要个体的感受力、理解力作为支撑。

美国教育哲学家费尼克斯，从课程哲学的角度论述了意义。他说："意义这一术语试图表达理智或心的全部内涵。这样，在人的机体适应活动中、在感知中、在逻辑思维中、在社会组织中、在言语中、在艺术创造中、在自我意识中、在目的决定中、在道德判断中、在时间意识中、在礼拜活动中，就存在不同的意义。所有这些有区别的人类功能就是意义的多样性。将所有这些功能加在一起——连同其他应当描述的功能——就构成了有意义的生活，这就是人的生活的本质。"②费尼克斯对意义的类型作出了划分。他认为，所有的认知意义都包含两个逻辑层面，即量的层面和质的层面。量可以划分

① 秦光涛：《意义世界》，吉林教育出版社，1998 年，第 69 页。

② 张华、石伟平、马庆发：《课程流派研究》，山东教育出版社，2000 年，第 135 页。

为单一、一般与综合;质可分为事实、形式与规范。这样,经过排列组合可以获得九种不同的意义,费尼克斯则将它们归纳为六种。认为课程至少应当为学习提供所有六个意义领域:符号学、经验学、美学、心智研究、伦理学以及福音学。

一般种类 量　质	意义的领域	学科
一般　形式	符号学	普通语言、数学、非推论性符号形式
一般　事实	经验论	物理科学、生命科学、心理学、社会科学
单一　形式	美学	音乐、视觉艺术、运动艺术、文学
单一　事实	心智研究	哲学、心理学、文学、宗教等存在判断的方面
单一　形式 一般　形式	伦理学	道德与伦理方面的各种特殊领域
综合　事实 综合　规范 综合　形式	福音学	历史 宗教 哲学

然而,赫斯特(Hirst)认为,"费尼克斯的分类停留在一种混乱状态,即:对知识的逻辑客体没有前后一致地对待,以使它们能够在不同种类的意义中得到比较"①。他批评费尼克斯把叙述停留在对事实、形式与规范的区分上。历史事实中有许多明显的事实,为什么要说成综合的?符号学是否始终是一般的,甚至在与数学和无推理的符号形式有关的情况下也是如此吗?

(二)数学意义

郭元祥教授指出,"知识具有三个不可分割的组成部分:符号表

① 施良方、唐晓杰:《智育》,人民教育出版社,1993年,第152页。

征、逻辑形式和意义”。“知识就是意义的领域。”①其实，意义都是以某种方式嵌入知识之中，它们并不是彼此分离、随意流动的。那么，作为人类知识典范的数学其意义究竟是什么呢？这确实是一个值得思考的问题。数学意义的问题是一个重要的问题，也是数学哲学上一个困难的问题。数学意义的问题之所以重要，是因为它几乎涉及人类活动的各个领域。数学意义的问题之所以困难，是因为，其一，数学意义比较抽象。数学的特征之一就是抽象，高度抽象的现代数学已经超出了一般人可以理解的界限，数学到底在做什么？数学到底能做什么？一般都难以理解。其二，数学意义比较复杂。事实上，不同的人可以从不同角度、以不同的方式、在不同含义上理解数学和使用数学意义一词或研究数学意义的问题。其三，数学意义不断发展。由于数学本身是不断发展的，随着人们对数学认识的逐渐深入，数学意义是不断创生和发展的。“数学的意义在于其变化的无限历史过程。”②然而，无论如何，数学意义的问题是我们不得不面对，不得不回答的问题。因为，人是寻求意义的生物，人无法忍受无意义的生活，人类的各种文化都是寻求、创造意义的努力，数学也不例外。数学正是通过它所寻求和创造的各种意义，促进社会的进步，引导人的追求，培育和发展人自身的主体性。在本书中，笔者倾向于秦光涛的“意义”定义。因为，本书最终要回答的问题是数学教育如何回归数学意义，而教育终究是人的教育，必然涉及人这一主体。数学教育问题说到底是如何以数学育人的问题，尽管它不是一

① 郭元祥：《论知识的教育学立场》，《第六次全国课程学术研讨会论文集》，2008 年。

② [加]弗拉第米尔·塔西奇：《后现代思想的数学根源》，蔡仲、戴建平译，复旦大学出版社，2005 年，第 132 页。

般意义上的育人,而是以数学来育人。我们知道,波普尔(Karl Popper)认为存在三个世界。第一世界是物理实体与物理状态的物理世界,简称世界1。第二世界是精神的或者心理的世界,包括意识状态、心理素质、主观经验等,简称世界2。第三世界是思想内容的世界、客观知识世界,简称世界3。下面,结合波普尔的三个世界,笔者尝试给"数学意义"一个界定。所谓数学意义,是指数学对物理世界、客观知识世界以及精神世界的一种指向。从而,数学意义可以作如下分类:

<table>
<tr><th>三个世界</th><th colspan="2">三种意义</th></tr>
<tr><td>物理世界</td><td colspan="2">物理意义</td></tr>
<tr><td rowspan="3">客观知识世界</td><td rowspan="3">客观知识意义</td><td>人文科学意义</td></tr>
<tr><td>社会科学意义</td></tr>
<tr><td>自然科学意义</td></tr>
<tr><td rowspan="5">精神世界</td><td rowspan="5">精神意义</td><td>品质意义</td></tr>
<tr><td>思维意义</td></tr>
<tr><td>审美意义</td></tr>
<tr><td>发展意义</td></tr>
<tr><td>……</td></tr>
</table>

尽管我们把数学意义分为三种,但由于本书主要是从数学教育的视野讨论数学意义,从而在笔者看来,数学意义应该具有两个层面。也就是说,数学意义可以从两种立场进行讨论,即科学的立场和教育的立场。所以,数学意义也可以划分为两类,一是作为人类共同的科学意义(即物理意义、客观知识意义),二是作为个人的教育意义(即精神意义)。

二、数学意义：科学的立场

（一）时代的特征

“十进制数系和算法的建立是人类文化发展的关键因素。”①其实，数学一直是形成人类文化的主要力量，并且是人类文化极其重要的因素。许多历史学家都是通过数学这面镜子来了解古代其他文化的特征。在很大程度上，一个时代总的特征与这个时代的数学活动密切相关。

古希腊文化大约从公元前 600 年延续到公元前 300 年，由于古希腊数学家强调严密的推理以及由此得出的结论，因此他们所关心的并不是这些成果的实用性，而是教育人们去进行抽象的推理，激发人们对理想和美的追求。所以，古希腊创造了后世很难超越的优美文学，理性化的哲学以及理想化的建筑与雕刻。罗素说：“希腊人的卓越性表现在数学和天文学方面的，要比在任何别的东西上面更为明显。希腊人在艺术、文学和哲学方面的成就，其是好是坏可以依据个人的口味来评判；但是他们在几何学上的成就却是无可疑问的。”②

数学创造力的缺乏也表现出一种文明的文化特征，罗马文化是另一个典型的例子。注重实用的罗马帝国，将其精力用于权术和征

---

① David Williamson Shaffer and James J. Kaput. Mathematics and Virtual Culture: An Evolutionary Perspective on Technology and Mathematics Education. *Educational Studies in Mathematics*, 1999(37), pp. 97～119.

② [英]罗素：《西方哲学史》(上)，何兆武、李约瑟译，商务印书馆，2005年，第 267 页。

服外邦。他们为迎接军队的胜利归来修建了拱形门、高标准的跑马场、浴池，但是罗马文化是外来的。在数学史上，罗马人在一定时期内曾作出过贡献，但从那以后他们就开始停滞不前了。罗马民族由于只重实用导致了创造性的缺乏而受到了人们的指责。他们没有发展其祖先的知识，他们所有的进步局限于工程技术的细枝末节。他们并不是那种能够提出新观点的梦想家，这些新观点能给人以更好地主宰自然界的力量，从而没有一个罗马人因为沉湎于数学图形而丧命。古罗马的文化特征是讲求实用。如果进一步探究古罗马文化的实用和经验的特点来源，则可认为这是古罗马人的农耕型文化所致。罗马的经济是自然的、封闭的，这使得罗马长期是一个农业国家。古罗马人的农耕型文化与数学的衰落有非常密切的关系，这与古希腊的城邦型文化形成了鲜明的对比。

从整体上看，中国封建社会的经济是一种小农经济，汉文化基本上是农耕文化。李约瑟(Joseph)认为，中国数学是可以和旧大陆其他中世纪民族在文艺复兴前的成就相比的。希腊数学即使仅就其具有较大的抽象性和系统性而论，它的水平也无疑是很高的。但是，印度和中国的数学的强处，也就是代数学这个分支，却正好是希腊数学的薄弱环节。中国古代数学崇尚实用，《九章算术》以方田、粟米、衰分、少广、商功、均输、盈不足、方程、勾股共九个类型的实践应用性问题分成九章，每一个具体问题提出后，给出答案。《九章算术》中的问题，多半是谋士向君王建议管理国家的理念和数学方法。例如，为了核实财产，需要丈量田亩；为了实现税收，需要比例计算；为了修筑水利，需要计算土方；为了测量天文与地理，需要求解方程。计算的便捷与精确是中国古代数学的特征，从而，中国古代数学成了“管理国家的文书”。在中国古代的数学思想中，最大的缺陷就是缺少严格求证的思想。爱因斯坦指出：“科学的发展是以两个伟大的成就为基础,那就是:希腊哲学家发明形式逻辑体系(在欧几里得几何中),以及通过系统的实验发现有可能找出因果关系(在文艺复兴时期)。在我看来,中国的贤哲没有走上这两步,那是用不着惊奇的。”①这也就不难理解为什么古代中国缺乏理性思维和创新精神了,不难解释“李约瑟难题”:近代自然科学为何不发生在中国?其实,问题的症结在数学。因为,“数学和各种科学假说的数学化已经成为近代科学的脊梁骨”②。

17 世纪以来,由于微积分的创立,数学进入了一个新的发展时期。恩格斯是这样评价微积分:在一切理论成就中,未必再有什么像 17 世纪下半叶微积分的发现那样被看做人类精神的最高胜利了。如果在某个地方我们看到人类精神纯粹的和唯一的功绩,那就正是在这里。微积分诞生以后,借助微积分工具在寻求自然规律方面所取得的成功远远超出了天文学的领域。胡克(Robert Hooke)研究了物体的振动。波义耳(Robert Boyle)、马略特(Edme Mariotte)、伽利略、托里拆利(Evangelista Torricelli)和帕斯卡(Blaise Pascal)测出了液体、气体的压力和密度。范·海尔蒙特(Van Helmont)利用天平测量物质,迈出了近代化学中重要的一步。黑尔斯(Hales)开始用定量的方法研究生理学。哈维(Harvey William)利用定量的方法证明了流出心脏的血液在回到心脏前将在全身循环。定量研究也推广到了植物学。所有这些仅仅是一场空前巨大的、席卷近代世界的科学运动的开端。可以说,17、18 世纪的

① 许良英、范岱年:《爱因斯坦文集》(第一卷),商务印书馆出版,1976 年,第 574 页。

② [英]李约瑟:《中国科学技术史(第三卷数学)》,科学出版社,1978 年,引言。

数学获得了巨大发展，促使数学迅速发展的原因就在于当时社会的经济及其相应的文化。19 世纪，由于把微积分这个工具改进为严格的分析体系，使数学物理强有力的理论成为可能，这些理论最终导致了量子力学、相对论的诞生，从而使人们对物质和空间的基本性质有更深刻的了解。同时，19 世纪的数学，由于严格追问微积分和几何的逻辑，在无穷集合与非欧几何中发现了数学的新天地，最终导致 20 世纪的数学对本门学科基础更完美的理解。20 世纪 50 年代，由于数学家的努力，以及数学的发展，创造了计算机，计算机的不断创新又加速了数学的革命。计算机正向着高速度、高智能、小型化、廉价化方向迅速发展。超导计算机、量子计算机、生物计算机、光计算机等各种新型计算机的不断开发，连同网络技术在全球的普及，加速了数学和计算科学的发展，使数学从科学的幕后走向台前，使数字化深入到了人类几乎所有的活动，人类历史进入了一个崭新的信息时代。现代文明已经深深打上了数学的烙印。

(二)美妙的乐章

数学是一座险峻的高山，其险峻背后隐藏着美丽的风景。数学家是勇敢的登山者，吸引他们攀登的动力，除了美丽的风景之外，还有攀登的艰辛。数学是人类精神的伟大创造。数学是很美妙的，她能像音乐一样，给人以巨大的心灵震撼。许多人毕生研究数学、创造数学，就像作曲家创作音乐一样。数学家为什么要做数学，法国数学家塞吉·兰(Serge Lang)说："不是为了人类精神的荣耀，而是为了他自己精神的荣耀。我想，一个人做数学，是他喜欢做数学，或者更自然地，如果你有做某件事的天才，你通常不再有做其他事的天才，而你有幸具有某种天才时，你就应该发挥这种天才。我还想加一句，我做数学是因为它困难，是对头脑的一种美妙的挑战。我做数学是要证明,我自己有能力面对这个挑战并取得胜利。"①难怪罗素在自传中这样写道:"我 11 岁时开始学习欧几里得几何学,哥哥做我的老师,这是我生活中的一件大事,就像初恋一样令人陶醉。我从来没有想象到世界上还有如此美妙的东西。"②无独有偶,爱因斯坦在其"自述"中也说:"在 12 岁时,我经历了另一种性质完全不同的惊奇:这是在一个学年开始时,当我得到一本关于欧几里得平面几何的小书时所经历的。这本书里有许多断言,比如,三角形的三个高交于一点,它们本身虽然并不是显而易见的,但是可以很可靠地加以证明,以致任何怀疑似乎都不可能。这种明晰性和可靠性给我造成了一种难以形容的印象。"③英国哲学家霍布斯(Hobbes Thomas)一次偶然翻阅欧氏的《几何原本》,看到勾股定理的证明,根本不相信这样的推论,看完后十分惊讶,情不自禁地喊道:"上帝啊,这不可能。"于是他就从后往前仔细地阅读了每个命题的证明,直到公理和公设,最终被其证明过程的清晰、严谨所折服。在霍布斯眼中,数学俨然是"上帝迄今愿意赐予人类的唯一科学"。

众所周知,高斯(Johann Carl Friedrich Gauss)把数学置于科学之巅,希尔伯特则把数学看成是"一幢出奇的美丽又和谐的大厦"。简单的基本定理,直截了当的概念,无可辩驳的结论。它所包含的许多数值关系是那样明显,而要证明它们却又异常困难,这种可望而不易得的真理把许多人强烈地吸引住了。在人们的印象中,数学

① [法]塞吉·兰:《做数学之美妙——三次公开讲演》,李德琅译,郑秋成校,四川大学出版社,2001 年,第 6 页。

② [英]罗素:《罗素自传》(第一卷),胡作玄、赵慧琪译,商务印书馆,2002 年,第 32 页。

③ 许良英、范岱年:《爱因斯坦文集》(第一卷),商务印书馆出版,1976 年,第 4 页。

与艺术很少有共同之处，虽然它们都是人类智慧的结晶。然而，数学始终默默地伴随着艺术，为它提供丰富的灵感之源和坚实的创造支柱。数学的美妙不仅体现在数学本身以及做数学中，而且还表现在数学与艺术的关系上。我们可以毫不费力地发现，数学能产生艺术的灵感，艺术也能使数学产生灵感。在搜寻数学与艺术之间的互动作用时，很容易找到这样的例子。神奇的数字——0.618，早在古希腊人建造的巴特农神殿和雕刻中就已经被广泛地使用，今天无论绘画、雕塑、摄影，还是建筑、设计、舞蹈领域，艺术家们都在自觉地应用着这一神奇的数字，创造更多的传世佳作。尽管至今人们对蒙娜丽莎的神秘微笑众说纷纭，可是达·芬奇运用严谨的数学分析方法创造艺术珍品的故事早已家喻户晓。在欧洲文艺复兴时期，投射原理产生了射影几何概念，并应用于表现三维的绘画世界。随着透视画和戏弄眼球的戏剧的发展，“数学艺术”这一术语常常令人想象出埃舍尔(Maurits Cornelis Escher)的无限楼梯、麦比乌斯带上的蚂蚁以及其他生物的图像，或数学和艺术的密切缠绕。然而，数学艺术的王国远比大多数人所体会的要广阔得多和丰富得多。赏识数学的现代艺术家惊奇地发现，从斐波那契数列和圆周率的小数位数字，到四面体和麦比乌斯带，都可以作为他们创作的灵感。创新的数学思想打开了艺术家们多维空间的丰富想象力，计算机艺术更深深冲击着人类的习惯视觉和传统思维。

音乐是人类精神通过无意识计算而获得的愉悦享受。其实，人们对数学与音乐之间关系的研究可以追溯到古希腊的毕达哥拉斯学派，他们用比率将数学与音乐联系起来。从那个时代开始，人们就认为，对音乐的研究本质上是数学的。数学中存在音乐，音乐中出现数学并非偶然现象。法国数学家傅立叶甚至证明了：所有的声音，无论是噪音还是仪器发出的声音，复杂的还是简单的声音，都可以用数学方式进行全面的描述。傅立叶的证明具有深刻的哲学意义。美妙的音乐以令人意想不到的美妙方式得到了数学描述，从而，艺术中最抽象的领域能转换成最抽象的科学；而最富有理性的学问，也有合乎理性的音乐与其密切相联。难道说音乐不就是感觉中的数学，而数学不就是推理中的音乐吗？两者的灵魂是完全一致的！因此，音乐家可以感觉到数学，而数学家也可以想象到音乐，虽说音乐是梦幻，而数学是现实，但当人类智慧升华到完美的境界时，音乐和数学就互相渗透而融为一体了。所以，数学是推理中的音乐，而音乐则是感觉中的数学。代表理性的数学，其规律、和谐与秩序所产生的美感，虽无声音之传递，但与音乐是根本相通的；而代表感性的音乐，其音强、音高、音色、节奏、旋律、曲式及风格，虽无明显之数字表达，但数学的踪影处处可见。

数学和建筑间的紧密联系应该没有什么可惊奇的。长期以来，几何在建筑师和施工者的工具中占首要地位。1978 年，贝聿铭在《国家地理》杂志中说创作国家艺术馆东馆的灵感是：在一个信封背面画了一个不规则四边形，然后画上一条对角线，形成了两个三角形。建筑是一种使结构表达深邃思想和运用数学知识的科学艺术。达·芬奇说过，力学是数学科学的乐园，因为我们在这里获得数学的果实。几千年来，数学一直是建筑师们取之不尽用之不竭的创造源泉，是建筑设计与创新的宝贵工具。当我们徜徉在人类建筑的历史长廊中流连忘返的时候，怎不为将粗陋简单的泥砖土瓦雕琢成传世永恒与鬼斧神工的作品所感动、所钦佩？但是，当我们在享受着一件件艺术瑰宝带来的惠泽时，可曾想到这些宏大的建筑珍品里面隐藏着数学的奥妙？

(三)从皇后到伙伴

1. 科学的皇后

数学以其卓越的智力成就被人们尊称为“科学的皇后”,这表明数学的重要地位以及对其他科学的发展不可或缺的重要性。数学的对象是一种纯理性的存在,可以在封闭的演绎体系中得到表现,因此它是所有科学的典范。钱学森曾经建议,应该称“数学”为“数学科学”,认为在人类整个知识体系中,数学不应该被看成是自然科学的一个分支,而应该把数学提高到与自然科学和社会科学同等重要的地位。

《几何原本》是古希腊数学家欧几里得的一部不朽之作,是当时整个希腊数学的成果、方法、思想和精神的结晶,其内容和形式对几何学本身和整个数学的发展有着巨大的影响。古希腊人为研究几何而发展起来的这种演绎思维方法,其影响远远超出了对数学科学的影响,对其他领域也产生了不可低估的作用。在欧几里得的《几何原本》之前,柏拉图就认为几何是“永恒知识”的一门学科,其确实性就来自数学对象永恒不变的完美性。相比之下,物理世界的客体总是不断产生或消逝。物理世界变化不定,因此它只是更高级的理想实体的一种近似。为了使其灵魂从不断地变动到达实在,就必须研习数学。几何学造就了柏拉图哲学。亚里士多德认为,几何学的成功不是基于完美的永恒客体,而是基于它的方法。对亚里士多德来说,数学的确实性是建立在从自明的假设和明确陈述的定义出发而作的逻辑推导的可靠性之上的,要是其他学科能够在同样的逻辑形式中得到理解,它们就会分享那种确实性。亚里士多德在他的《后分析篇》中提倡将全部科学论述化归成三段论,也就是说,从第一个原理出发，达到逻辑地演绎出的各种解释。

中世纪的神学家试图以同样方式证明上帝的存在。这一传统在斯宾诺莎(Benedictus Spinoza)1675年的著作《以几何体例证明的伦理学》中达到顶峰，其中有诸如“凡不能通过别的事物而被认识的事物必定通过自身而被认识”这样的公理，有类似于“我所理解的实体就是在自身中并通过自身而被认识的东西”这样的定义，以及像“具有无限属性的上帝或实体必然存在”这样的命题，用QED(意为“它已证毕”)来结尾。在这种利用数学来看待世界和看待人类心智的理论中，斯宾诺莎创立了一种新伦理学，一种关于道德世界的数学理论。数学理性成为了真正理解宇宙秩序和道德秩序的钥匙。

笛卡尔(Rene Descartes)认为，数学可为一切知识的形式。他说：“那些长串连贯的推理，无一不是简单而容易，几何学者习惯用以推演更难证明的事理，使我联想到，凡人的能力所能认识的范围内，皆有同样情形。只要你不承认任何不真者为真，常常遵守应有的演绎程序，由一事理推演到另一事理，则最后绝不会有遥不可接、隐不可明的事理。至于必须从哪些事理开始，我已不难知道它；事实上，我已经知道，应当从最简单、最容易认识的事理开始。观察以前在科学上探求真理的学者，唯有数学家能找出一些确实自明的证明。”①由此看来，笛卡尔思想的进展并不是从“我思故我在”原理开始的，而是从普通的数学概念和理想开始的。他的理想导致了一个数学分支——解析几何的建立。当然，伽利略也表达过类似的主张，在数学的领域中人可以达到一切可能知识的顶点，这种知识并不低于神圣理智的知识。

---

① [法]笛卡尔：《笛卡尔思辨哲学》，尚新建等译，九州出版社，2006年，第18页。

休谟(David Hume)在《人性论》一书中认为存在七种①不同的哲学关系，通过对它们的分析，他得出结论："就剩下代数和算术这两种仅有的科学，在这两门科学中，我们能够把连锁的推理推进到任何错综复杂的程度，而仍然保持着完善的精确性和确定性。当两个数字被联结起来，其中一个所含的单位和另一个的每一个单位总是相符合，我们就说它们是相等的；正是因为在外延中缺少这样一个标准，几何学才难以被看做是完美的和无误的科学。"②这里，休谟认为，唯独代数和算术是我们能进行一长串的推理而不失确实性的科学。那么，几何为什么不如代数和算术那样确实呢？原因在于我们不能确信几何公理正确无误。其实，休谟的这种认识是有其根源的。因为他在《人性论》中否认宇宙中的事物有一定法则或必然的先后顺序，认为这些先后顺序只是观察的结果，而人类却由此判定它们将永远以同样的方式出现。从而，在他看来，科学是纯经验性的，欧几里得几何的定理就未必是真理了。

法国思想家孔多塞(Condorcet)认为，代数是迄今存在的唯一真正精确的和分析的语言，尽管这种方法本身只是一种适合于量的科学的工具，但是其中蕴含着一些普遍适用的工具的原理，可应用于

---

① 在休谟看来，这七种不同的哲学关系是：类似、同一、时间和空间关系、数量或数字的比例、任何性质的程度、相反和因果关系。休谟认为，这些关系可以被分成两类：一类是完全依赖我们相互比较的那些观念，一类是不因为观念的变化而变化的。例如，从一个三角形的观念发现它的三个内角等于两个直角这个等量关系，只要我们的观念不变，这种关系就不可变。相反，两个物体间的接近和距离仅仅通过改变它们的位置就会改变，而无须依赖对象本身或者关于对象的观念而改变。而在这七种哲学关系中，仅有四种是只依赖于观念，能够成为知识和确定性的对象。这四个是类似、相反、性质的程度、数量或数字的比例。

② [英]休谟：《人性论》，张同铸编译，陕西人民出版社，2007年，第57页。

所有的概念的组合。这可以使得“人类智力囊括的每一门学科”的进步都“像数学的进步一样确实”。符号推理的确实性已经把我们引导到进步的确实性这一思想。用孔多塞的话来说：“数学和自然科学的进步为人类的命运展现了一条广阔的地平线……引起一场革命。”①

康德在《纯粹理性批判》中试图证明确立数学和数学性的自然科学的基础。他认为，任何一门自然科学，只有当它能应用数学工具进行研究时，才能算是一门发展渐趋完善的真实科学。一般地说，纯粹的自然哲学(即仅涉及自然的一般概念的哲学)可以不直接涉及数学工具的运用。但对那些处理确定性对象的自然科学来说，则只有在其能够运用数学工具时才能算是真正的科学。而且一门科学对于数学工具的应用程度，就是这门科学渐变为真实科学的发展程度。1783年，康德用“数学的确实性”这种论证表明形而上学是可能存在的，如果存在形而上学，那么它就是独立于经验的。然而，它并不是重言式的复合。对康德来说，形而上学必须是他称为“综合的”东西，它给出以前提为基础的知识，而这些前提是不能仅仅通过对它们进行逻辑分析得到的。这种知识存在吗？康德说存在。几何学中的三角形内角之和等于两直角这一真理，我们就不是从分析三角形的概念得到的。为了获得这一知识，人们必须作出图来，过一个顶点画一条平行于对边的直线，作图是必不可少的，它发生在空间中，康德认为空间是唯一的智力直觉。

海德格尔写道：“现代科学是数学的。”②他认为，为了充分理解

---

① Judith V. Grabiner：《数学在西方思想史上的中心地位》，《数学译林》，1995年第1期。

② [美]约翰逊：《海德格尔》，孙祥龙、林丹、朱刚译，中华书局，2003年，第98页。

科学对于当代思想所起的作用,我们需要回到数学的基本意义。物理学家史蒂芬·霍金(Stephen W. Hawking)指出:"在19世纪和20世纪,对哲学家或除了少数专家以外的任何人来说,科学变得过于专业化和数学化。哲学家把他们的质疑范围缩小到如此程度,以至于连维特根斯坦,这位20世纪最著名的哲学家都说道:'哲学余下的任务仅是语言分析。'这是从亚里士多德到康德哲学的伟大传统的何等堕落啊!"①其实,这从另一个侧面阐明了数学对科学影响之深刻。在人类的智力活动中,不受数学影响的领域已寥寥无几。从美国的《独立宣言》,马尔萨斯(Thomas Robert Malthus)的《人口论》,阿基米德的杠杆定律,牛顿的《自然哲学之数学原理》,到爱因斯坦的相对论,无不说明了这一点。数学对于科学家来说是一种"实践上的必需品",失去数学他们将寸步难行。

2.科学的仆人

数学不仅是"科学的皇后",还是"科学的仆人",这是由于数学作为一种工具被广泛地应用于其他科学,服务于其他科学。"决不能认为数学——科学的婢女——的唯一职责是为科学服务。数学也被称作'科学的皇后'。即使她偶尔向科学乞讨,她也是一个非常高傲的乞讨。她既不向她的更为丰富的科学姊妹请求,也不接受她们的恩赐。她所得到的她必偿付。数学有它自己的见解和智慧,超越它对科学的任何可能的应用。任何瞥见了数学对它本身的意义的聪明人,它都慷慨地予以奖励。"②几乎所有重大科学理论在发展

① [英]史蒂芬·霍金:《时间简史》,许明贤、吴忠超译,湖南科学技术出版社,2006年,第171页。

② [美]E·T·贝尔:《数学大师:从芝诺到庞加莱》,徐源译,上海科技教育出版社,2004年,第2页。

和完善的过程中，数学都起着不可或缺的作用，数学研究的成果往往是重大科学发明的催生素。例如，流体力学、电磁理论、相对论、量子力学、计算机、信息论、控制论、现代经济学、生物学等理论的发展和完美，数学要么直接为其提供研究工具，要么间接地影响其发展，成为幕后的无名英雄。数学是科学和技术的基础，没有高深的数学就不可能有强大的科学，高技术本质上是数学技术。不仅自然科学，各门社会科学也同样地不断求助于数学，如经济学、管理学、政治科学、心理学、社会学、人类学等。如果在过去，有人说，"应用数学是坏数学"或者说"最好的应用数学是纯粹数学"，他或许会得到别人的赞同或欢迎。但是现在如果有人还这么说，他就会被人们视为愚昧无知。由于数学在科学领域中有无可争议的地位，所以德尼·狄德罗(Diderot, Denis)在《对自然的解释》中宣称："数学已经达到如此高的完善程度，以致不可能再有任何进一步的发展；从今以后，数学将静止不动了。"①然而，数学的发展让这样的观念贻笑大方。P·D·拉克斯曾深情地说："我衷心地建议所有年轻的数学家到应用数学的某个分支去一试锋芒，那里是藏有许多深奥问题的金矿，其解决有待于概念和技术的突破。"②今天，数学被广泛应用于物理学、天文学等自然科学，起到了重要的、不可磨灭的作用，而且许多情况说明，自然科学理论中需要的数学远在发现该理论以前，就由数学家预先准备好了，这是难以想象的。

---

① [德]恩斯特·卡西尔：《人论》，甘阳译，上海译文出版社，2004年，第24页。

② Peter D. Lax：《应用数学在美国的蓬勃发展》，《数学译林》，1992年第1期。

3.科学的伙伴

随着数学与其他科学之间关系被更深入的揭示，数学又获得了一种新的称谓——伙伴。格列菲斯认为，“无论是女王还是奴仆看起来都不合适，数学没有这么高于或低于其他学科，却是在它们里面或环绕着它们，它正成长为一对完满或相互影响的伙伴”①。例如，对于物理与数学的关系，海德格尔指出：“现代物理学被叫做数学的物理学，因为，在一种优先的意义上，它应用一种完全确定的数学。不过，它之所以能够以这种方式数学地运行，只是因为，在一种更深层的意义上，它本身就已经是数学的。”②又如，数学与弦理论水乳交融，纤维丛和规范场是一家，生物能引出数学新定理等，这些都充分地说明了这一点。可以说，数学是一个复杂的生命体，它展示了许多来自艺术、实验科学和理论科学三者本质上相同的痕迹。纯粹数学的浪潮已经逆转。数学家已经清醒地认识到，并不是数学像细流一样渗透到应用之中去，而是数学与科学是一对同等的伙伴，互相向对方提供思想、概念、问题及解决办法。美国数学家斯蒂恩对数学与其他学科作了这样的比喻：许多有学问的人，特别是科学家和工程师，把数学看成是一棵知识之树，公式、定理和结论就像挂在树上的成熟的果实，让路过的科学家采摘，用以丰富他们的理论。数学家则与之相反，他们把数学看成是迅速生长的热带雨林，需要从它的外部世界吸取养分，同时数学又是奉献给人类文明丰富的、

---

① Phillip A. Griffiths：《数学——从伙计到伙伴》，《数学译林》，1994 年第 3 期。

② [德]海德格尔：《林中路》，孙周兴译，上海译文出版社，2008 年，第 68 页。

变化无穷的智慧动植物。可以说，数学是决定性的相互交叉的学科，数学是取得全面进步的出发点，数学既是强有力的洞察工具，又是科学的共同语言，数学是科学的"世界语"。今天，我们已经看到数学给生物学、神经科学、信息技术以及纳米技术赋予力量，发现所到之处数学都是极好的伙伴。数学对其他学科作出了许多贡献，这样改变我们做的几乎所有事情。同时，这些学科正用一些有趣的新型问题向数学家发出了挑战，这些问题又导致了新的应用，且越基本的数学其用处越广。

可以想象，随着人类社会的发展，数学会成为最基本的学科，会成为所有科学的框架，它不但是科学的语言，还有其本身的价值。怀特海曾说过，从人类思想中除去数学就像除了奥菲利娅而不是哈姆雷特。的确，奥菲利娅很有魅力且有点疯狂，不过，若将其比作哈姆雷特那会更切题。希尔伯特认为，"如果数学失败了，人类的精神也会失败"①。如果采用后现代谚语来说，就是几乎没有什么东西能够避开数学的"文本"。可以说，如果我们的世界里数学突然被抽走，人类社会将顷刻崩溃；如果我们的世界里数学被冻结，人类文明将即刻倒退。所以，没有数学的文明，我们的世界是不可想象的。

三、数学意义：教育的立场

数学所照亮的不是与人无关的符号世界、规律世界，而恰恰是一个指引我们如何发展的意义世界。当我们在进行数学活动时，与

① [美]哈尔·赫尔曼：《数学恩仇录：数学家的十大论战》，范伟译，复旦大学出版社，2009年，第228页。

其说是活动在操纵意义，不如说是意义在引导我们的精神。

(一)数学素质——人的基本素质

1. 数学素质的含义

素质是人的内在之物，无形之物。素质往往以适当的形式表现出来，通常表现为一个人的品格、精神、知识、能力、学识、言谈和举止等。我们可以从两个方面来界定人的素质：一是指人的先天的本始之质，主要包括脑、神经系统和感觉——运动系统方面的功能；二是指人的后天的养成之质，指人在环境、教育和活动影响下所形成的素养，包括人的各种基本品质与能力。不同国家、不同学者用不同的词语表示数学素质，对数学素质有不同的认识。英文常用词语是：Mathematical Literacy，Numeracy，Mastery of Mathematics，Mathematical Competence，Mathematical Proficiency 等，中文所用词语为：数学素养、数学素质、数学能力等。事实上，数学在人的素质的养成中具有不可替代的作用。“在个人生活和社会生活中，数学能使人成为有教养的公民，能使人作出明智的决定。”①事实上，各国或数学团体都非常重视学生的数学素质的培养，并将学生数学素养的提升视为数学教育的首要目标。例如，全美数学教师理事会(National Council of Teachers of Mathematics，简称 NCTM)出版的《学校数学课程与评价标准(1989)》中认为，数学教育的目标应当是培养有数学素养的社会成员，并对“有数学素养”提出五项条件：应该学会认识数学的价值；建立有能力做数学的信心；成为数学问

① Preamble. The Thirteenth ICMI Study on Mathematics Education in Different Cultural Traditions a Comparative Study of East Asia and the West. *Educational Studies in Mathematics*, 2000(43), pp. 95～116.

题的解决者；学会数学地交流；学会数学地推理。美国国家研究委员会(NRC)基于构成要素的分析，认为数学素养要素有"五股"①：其一，概念理解。涉及学生对数学概念、运算和关系的理解；其二，过程流畅。流畅、精确、有效且合适地进行数学计算的技能；其三，决策能力。学生创造、表征及解决数学问题的能力；其四，合适推理。符合逻辑思考的能力及对数学论证的反应、解释、证明的能力；其五，价值倾向。学生有将数学看成是有用、值得学习的学科的行为倾向，具有自我努力和自我效能学习数学的信念。《澳大利亚学校数学国家声明书》(Australian Education Council，1990)清楚地表达了学校数学教育的目标：培养学生处理日常事物的信心及能力；培养学生参与数学的积极态度；培养学生独立及合作使用数学解决问题的能力；培养学生学会数学地交流；培养学生学会反映现代数学的技术及工具。德国促进数学与科学学习协会提出数学教育的目标是：提供数学中重要领域的基础知识和基本技能，提供处理社会日常生活所必需的技巧、算法和概念保证；发展陈述数学事实和解释数学公式内容的能力；发展利用数学解决非数学问题、解释周围环境现象的能力；教学生批判地思考和质疑；提供在其他学科中有用的术语、方法和思考途径。《日本数学教育》中提出，让学生深入理解有关数、量、图形等基础概念、原理和法则；使学生获得数学表达的方法和策略；发展他们数学地解释现象的能力；让学生经历数学活动的过程，体验数学思考方法的重要性，并形成用数学的正确态度。

---

① Jeremy Kilpatrick. Understanding Mathematical Literacy: The Contribution of Research. *Educational Studies in Mathematics*, 2001(47), pp. 101～116.

讨论数学素质离不开个体、数学以及现实与社会之间的关系。个体方面涉及个体的背景与发展阶段等。数学方面则涉及数学内容、数学能力与使用数学的意向等。现实与社会方面则需要考虑时代的要求以及社群文化的差异性。不同的组织对数学素养有不同的认识。例如，以下就是数学素养的两种定义："人们用来有效处理生活和工作中出现的数量问题所需要的各种能力的聚合，包括知识、技能、态度、信念、思维习惯、交流能力、解决问题能力等。"①和"个体识别和理解数学在现实世界中所起作用的能力，做出有充分根据的判断和从事数学，以此来满足一个在当前和未来生活中作为积极的、参与的和反思的公民之需要的能力。"②张奠宙先生认为，"数学素质就是数学思维能力，亦即数学运算能力、逻辑思维能力和空间想象能力，其核心则是逻辑思维能力。""数学素质应该包括数学意识、问题解决、逻辑推理和信息交流这样四个部分。"③显然，数学素质是在长期的潜移默化中形成的，与人的心理发展、年龄特征有密切关系。我认为，数学素质就是指从数学的角度思考问题和解决问题的能力。数学素质应该包括数学知识、数学思想和方法、数学思维和技能、数学能力、数学意识、数学观念、数学精神和数学价值观等，所有的这一切构成人的一种特殊素质。

2. 公民资格的前提

数学作为人的基本素质，在古希腊社会尤为明显。希腊哲人以

---

① International Life Skills Survey (ILSS). *Policy Research Initiative*. Statistics Canada, 2000.

② OECD. *Measuring Student Knowledge and Skills*. The PISA 2000 Assessment of Reading, Mathematical and Scientific Literacy, 2000.

③ 张奠宙、李仕锜、李俊:《数学教育学导论》，高等教育出版社，2004 年，第 54 页。

知识为善,追求真善美乃是希腊教育的宗旨。知识是人类通往幸福的钥匙。柏拉图认为数学是具备公民资格的前提。他认为,忘却正方形的对角线与其边之比是不可公度的这个事实,那他就不配有人的名字。任何一位自称是文明的人都应该知道,在几何学中存在着不可公度之量。什么是不可公度之量呢? 例如,不可能找到一个长度,使得一个正方形的边长和对角线长都是该单位的整数倍。它需要复杂的证明,而且超越了直观感觉的范围。为什么每个人都应该知道此事呢? 因为,柏拉图想要每个人都知道,某些事实,甚至是惊人的事实,是绝对必然的事实。柏拉图试图展示作为绝对真理和绝对确定性的源泉的数学向虚无主义开战。当然,今天我们知道,数学真理与其确定性也是相对的,而不是绝对的。因此,要以这种方式战胜虚无主义,我们并不处于优势。柏拉图学园门口写着:"不懂几何者不得入内!"这不仅表明柏拉图对数学非常重视,而且也表明数学已成为当时社会交往中学者的必备知识。在他看来,没有数学就没有真正的智慧。"上帝不仅赋予人类用来观察星星的眼睛,而且给人类增添了算术和几何的翅膀,用这双翅膀可以飞到世界最高的空间中。"①在《理想国》中,他告诫哲学家们应该学习数学,旨在超越变化的世界,把握"真实的存在"。学习数学是培育哲学家的必经训练,只有学好数学才有资格讨论哲学问题。在柏拉图的一生中,一直意识到数学对于探求理想的重要性,他把对这种重要性的无知形容为像"猪一般"。显然,柏拉图把具备数学知识作为人的最基本的素质。

柏拉图把受过教育的人与没有受过教育的人的本质比作"洞穴

① Volker R. Remmert:《你需要一名数学家做什么?》,《数学译林》,2007年第4期。

假象”。那些缺乏哲学的人可以比喻为关在洞穴里的囚犯，由于他是被锁着的，他只能朝一个方向看。他的背后燃烧着一堆火，他的面前是一面墙。他与墙之间什么东西都没有。他所看到的只有他自己和他背后的东西的影子，这些都是由火光投射到墙面上来的。他不可避免地把这些影子看成是实在的，而对于造成这些影子的东西却毫无观念。因为他生活在影子和幻想中，被无知和冷漠束缚着。所以只有当他被释放或被准许转身时，才可能看见实体并获得真实的知识，教育才开始了。柏拉图说：“一个人从桎梏中解放出来，从阴影转向投射阴影的影像再转向火光，然后从洞穴里上升到阳光下，这时他还不能直接看动物、植物和阳光，只能看见水中的神创幻影和真实事物的阴影。我们考察的这些科学技术的全部这一学习研究过程能够引导灵魂的最善部分上升到看见实在的最善部分，正如在我们的那个比喻中人身上最明亮的东西被转向而看见物质世界中最明亮的东西那样。”①那么，这里的“这些科学技术”究竟指的是哪些学科呢？它为什么又能“引导灵魂的最善部分上升到看见实在的最善部分”呢？在柏拉图看来，人的知识是先天的，即先于经验的。之所以人要花很大的气力才能获得知识，是因为人降生到物质世界后，人的灵魂就逐步忘记理念世界了。最高的现实之光来自圣洁的巅峰，我们如同久居黑暗洞穴之中，一旦见到这无比明亮、无比光辉的太阳，就会因目眩而看不到一切。人想要认识宇宙，他的灵魂就必须先受到磨炼和拯救。数学就是理想的手段，特别是几何学，它是由洞穴中的黑暗到达普照的光明之桥梁：一方面，几何学所讨论的圆、三角形都是物质世界中所具有的，可以捉摸的，人们可

① ［古希腊］柏拉图：《理想国》，赵斌和、张竹明译，商务印书馆，2002年，第298页。

以理解它们;另一方面,虽然现实的圆只是理念世界中不完全的表现,但是几何学讨论的圆是脱离了一切物质属性羁绊的纯粹的概念。人的灵魂受到数学的陶冶之后,就有可能超凡脱俗,回到圣洁至上的理念世界而得到拯救。接受训练而能以逻辑和数学进行推理的人,将更有可能逃出无知的洞穴。所以,数学家们利用"各种可见的图形,讨论它们,但是处于他们思考中的实际上并不是这些图形,而是这些图形所摹仿的那些东西。他们所讨论的并不是他们所画的某个特殊的正方形或某个特殊的对角线等等,而是正方形本身,对角线本身等等。他们所作的图形乃是实物的,有其水中的影子或影像。但是现在他们又把这些东西当作影像,而他们实际要求看到的则是只有用思想才能'看到'的那些实在"①。至于算术也有巨大的提升灵魂之功效,它迫使灵魂对抽象的数作出思考,而且在论证中摆脱一切可见的、可捉摸的数。柏拉图把数学分为两部分,一部分是低级的、粗俗的,它们服从于日常的、物质的需要;另一部分是高级的,其目的则是使灵魂升华,超出各种污浊的功利之念。服务于哲学的根本目的,即达于至善。柏拉图认为,算学这个学问有资格用法律规定下来,应当劝说那些将来要在城邦身居要津的人学习算术。他们不是马马虎虎地学,而是认认真真地学,直到用自己的纯粹理性看到了数的本质。

数学不仅是人的基本素质,数学还能提升智慧,增进才能。柏拉图认为,那些天性擅长算术的人,往往也敏于学习其他一切学科;而那些反应迟缓的人,如果受了算术的训练,他们的反应也总会有所改善。对于军人来说,柏拉图认为,计算和数数是一个军人的必

① [古希腊]柏拉图:《理想国》,赵斌和、张竹明译,商务印书馆,2002年,第269页。

不可少的本领。因为,事关安营扎寨,划分地段,作战和行军中排列纵队、横队以及其他各种队形,指挥官有没有学过几何学是不大一样的。今天,闻名于世的西点军校,数学是学生所必修的基础课程之一。数学的学习能让学员具备下列素质:把握军事行动的能力和适应性,军事行动中特殊的活力与灵活的快速性互相结合,为学员进入和驰骋于高等军事科学领域铺平道路。对于哲学家呢?柏拉图认为,哲学家必须脱离可变世界,把握真理,因而他们应该学会它,否则他们永远不会成为真正的计算者。柏拉图特别强调,几何学中高深的东西能够帮助人们较为容易地把握善的理念。理念世界是一切真知的本原,是最高的善。在两千多年前,柏拉图就作过“善的概念”的演讲。尽管后人没有弄明白:如何根据他对数学的直觉来阐述善的概念。怀特海说:“当柏拉图在其讲演中把数学与善的概念相联系时,他自觉地或不自觉性地在为人类所流传的传统思想方式作辩护。”斯宾诺莎强调无限是十分重要的,莱布尼茨则反过来强调有限单子的必要性。怀特海批评了他们的片面性,他说:“无限若不具体化为有限的价值,它就只是一句空话,并且,有限实体若没有它们同无限的关系就是毫无意义的。”①在怀特海看来,有限需要无限,无限也需要有限,这样的“理解”就是哲学的本意。这就是为什么处理有限模式的数学,与善的概念和恶的概念有关的理由。

在《理想国》中,柏拉图描绘了以教育作为划分社会阶层的标准图景。在17岁至20岁受过三年的高等教育训练之后,对于智力上的课程没有表现出特殊兴趣的学生,在20岁那年就必须去军营,充当国家的保卫者;对于抽象思维表现出具有特别兴趣的学生则在20

① 邓东皋、孙小礼、张祖贵:《数学与文化》,北京大学出版社,2005年,第8页。

岁至30岁期间，继续深造，研究哲学、数学，包括算术、几何学、天文学和声学，到30岁时修完这些课程的学生就担任国家的各级管理者；在智力、抽象思维方面能力最强的人则继续在哲学、数学的基础上研究、学习辩证法——哲学的最高规律，直到他们认识最高的、至善的思想的科学。接受五年抽象的哲学教育之后，才能担任国家的要职，成为国王——哲学王。对于柏拉图来说，数学不仅是人的基本素质，而且哲学王更应该具有超出常人的数学素质。

3. 数学作为现代人的基本素质

求知是所有人的本性。人为什么要学习数学？对于这个问题最基本的回答是："数学告诉我们如何理解周围的世界，如何处理日常生活中的问题，如何为将来的职业作准备。"①其实，不懂数学的人就不能认识其他任何科学，甚至不能意识到自己的无知。现代社会中，任何正常的个人都应该能够欣赏数学的美妙与力量所在，这是一个文明人的文化背景的重要部分。数学体现了人类知识的精华，数学的影响遍及人类活动的每一个领域。今天，数学已经成为社会生活的基本工具。生活中处处有数学，每天天气预报中用到的降雨概率、正数、负数及表示空气污染程度的百分数，购物过程中的各种打折方式的换算，购房、购买股票、参加保险等投资活动中所采用的具体方案策略，外出旅游中的路线的选择，房屋装修设计和装修费用的估算，对新闻媒体中各种信息的分析，都需要数学知识。世界范围内的互联网、影视以及其他媒体，都散布着大量的量化信息。数学的定量化特征越来越多地表现在人们的日常生活中。图形图表，它们以清楚、明了、信息量大、对比度强等特点出现在各种媒体

---

①　ICMI Study 14. Applications and Modelling in Mathematics Education-Discussion Document. *ZDM*, 2002, 34(5), pp. 229～239.

中。在一些媒体上甚至出现了比较复杂和比较多的数学表达式。显然，在工作生活中，对数学思维水平和解决问题能力的需求，正在戏剧性地增加。数学的用途增加了，社会的数学化程度提高了。作为一名现代公民在充分发挥社会作用时，必须具备解决问题的能力、进行推理的能力以及使用计算机的能力等，而这些都离不开数学。没有数学，现代人几乎不能生活，至少不能更好地生活。“人们一旦掌握了公式，就能对具体的、实际的、直观的生活世界中的事件作出实践上所需要的，具有经验的确定性的预言……因此数学化及其所建立的公式对我们的生活来说具有决定性的意义。”①

社会的发展要求人们具有更高的数学素质。不知道基本的数学语言，不了解基本的数学符号，不理解基本的数学概念，不掌握基本的数学推理，不懂得基本的统计图表，这样的人将不能适应现代社会的快速发展。在信息社会中，数学作为现代人的基本素质，已经越来越被人们所认识。《普通高中数学课程标准(实验)》明确提出，数学的应用越来越广泛，正在不断地渗透到社会生活的方方面面，它与计算机技术的结合在许多方面直接为社会创造价值，推动着社会生产力的发展。数学在形成人类理性思维和促进个人智力发展的过程中发挥着独特的、不可替代的作用。数学是人类文化的重要组成部分，数学素质是公民所必须具备的一种基本素质。美国《中小学数学课程与评估标准》指出，培养有数学素养的社会成员。在全美数学教师理事会(NCTM)出版的《学校数学教育的原则和标准》中指出，日常生活和工作场所对理解和应用数学的需求前所未有地增大，并且这种需求将不断上升。数学素质表现为：其一，生活

---

① [德]埃德蒙德·胡塞尔：《欧洲科学危机和超验现象学》，张庆熊译，上海译文出版社，2005年，第57页。

中的数学。懂得数学使人们在生活中得到满足和能力，如制定家庭采购计划、选择保险或健康计划、在投票中作出明智的选择，都需要数量方面的知识；其二，作为人类文化的数学。数学是人类文化和智慧成就中最伟大的一部分，人们应该具有理解和欣赏这一伟大成就的能力，包括对其美学及娱乐方面的理解和欣赏；其三，工作场合中的数学。正像公众对数学的需求大大增加一样，从医疗保健到图像设计的各种专业领域，都越来越需要数学思维和解决问题的能力；其四，科技领域中的数学。尽管所有职业都需要数学，但有的职业却是数学密集型的，如数学家、统计学家、工程师和科学家。在现代社会中，那些懂得且能运用数学的人们大大提高了规划他们未来的机会和选择。对数学的精通是打开通向美好未来之门。所以，NCTM 反对数学只是少数人能掌握的假说。相反，由于数学在经济、政治和科学研究中扮演着重要角色，每个人都需要理解数学。

为了适应日新月异的社会变化，美国国家研究委员会认为，作为公民必须具备“数学基本能力”，即“有信心处理成年人生活中的数学需要的能力”。数学基本能力要求人们不仅通晓算术，为了有信心地应对现代社会的需求，还必须能够领会许多数学概念。例如，机会、逻辑、图像等所包含的意思，这些数学概念渗透到每天的新闻和例行公事的决定中。当然，数学基本能力是动态的，其水平随着社会对技术需要的日益增长而不断提高。在各种能力中，数学基本能力尤其重要。数学是科学的语言，讨论酸雨、废物处理、温室效应等问题都不能没有数学语言。数学可以帮助人们养成批判性思维的习惯，具备一定的数学素质，就能区分证据，明辨谬误，了解态势。从而，具备下列数学能力是必要的，“理解：理解数学概念、运算和关系，知道数学符号、图表和数学程序表示什么意思；计算：执行数学程序，例如灵活地、精确地、快速地、正确地进行数学的加、减、乘、除运算;应用:能够设计数学问题,并制定策略,使用适当的概念和程序解决这些问题;推理:运用逻辑解释和判断一个问题的解决或从已知推广到未知;从事:如果你致力于数学工作,那么能将其视为明智的、有益的、可行的并愿意做的工作"①。美国国家研究委员会强调:数学上的文盲既是个人的损失又是国家的债务。不仅如此,数学与社会公平、国家的发展与安危也紧密联系。所以,NCTM提出的六个学校数学教育的原则(即公平原则、课程原则、教学原则、学习原则、评估原则和科技原则)中,第一个原则就是公平原则,即:数学教学的优化要求公平——对所有的学生都有高要求并大力帮助他们学好数学。所有学生是指,不管其个性、背景、身体状况如何,必须有机会学习数学,并帮助他们学好。公平并不意味着每个学生应受到同样的教学,而是要求创造或提供适合的条件让所有学生获得机会学习数学。公平原则向只有少数学生能够学好数学的社会观念提出了挑战。NCTM之所以强调公平原则,是有其深刻的背景的。因为黑人和其他少数民族以及女学生所学数学的内容少,机会也少,这就意味着就业机会和发展机会减少。美国国家研究委员会发出这样的警告:"我们正处在国家由于数学知识而变得在经济上和种族上都被分裂的危险之中。"并解释道:"对数学无知的社会和政治后果给美国民主政治的生存提出了令人惊恐的信号。因为数学掌握着我们的基于信息的社会的领导能力的关键,具有数学读写能力的人与不具有这种能力的人之间的差距愈来愈大,从种族和经济的范畴上,其程度是惊人的一致。我们冒着变成一个分裂的国家的危险,其中数学知识支持着多产的、技术强大的

① Alan H. Schoenfeld. *Assessing Mathematical Proficiency*. Mathematical Sciences Research Institute Publications, 2007, pp. 19~20.

精英阶层,而受赡养者、半文盲的成年人、不相称的西班牙人和黑人,却发现他们远远不具备经济和政治的能力。这必须纠正过来,否则没有数学基本能力的人和文盲将迫使美国崩溃。”①

美国哈佛大学数学物理教授阿瑟·杰弗(Arthur Jaffe)说:“数学和数理技术已经渗透到科学、技术和生产中去,并成为其中不可分割的重要组成部分。在现今这个技术发达的社会里,扫除‘数学盲’的任务已经替代了昔日扫除‘文盲’的任务而成为当今教育的重要目标。人们可以把数学对我们社会的贡献比喻为空气和食物对生命的作用。事实上,可以说,我们大家都生活在数学的时代——我们的文化已经‘数学化’。”②在这样的背景下,提出“大众数学”的观念就理所当然了。因为,未来的律师、工程师和政治家都要学习有关曲线、角度、数量及比例等数学知识,因为他们通过学习这些数学知识,就能使之养成坚定不移的、严格而精确的思维习惯,这对于今后取得成功是必不可少的。

从数学美学的角度看,数学素养是一个人有教养的基本条件。因为,数学能给人们带来种种喜悦,恰如绘画和音乐能够陶冶人们的心情一样。人们无不惊叹、赞美数形的巧妙与和谐的结合,并为那些不断揭示未来世界的新发现而欢呼雀跃,尽管数学不是美学,两者不能等同,但当人们亲身经历并回顾其数学研究的历程时,一种不可遏制的愉快油然而生,这难道不是一种美学特征的体现吗?任何一个人要想有教养,必须学习数学,即使是那些在物理学或其

① 美国国家研究委员会:《人人关心——数学教育的未来》,方企勤、叶其孝、丘维声译,冷生明校,世界图书出版社,1993年,第14～15页。

② 阿瑟·杰弗:《美国数学的现在和未来》,周仲良、郭镜明译,谷超豪等校,复旦大学出版社,1986年,第53～54页。

他学科中暂无任何应用的数学理论，也是值得去学习和探索的。

总之，数学以它的思维性、理性精神和优美性成为当今社会文化生活中的一个基础组成部分。一个人如果不知道数学为何物，理性思维贫乏而又缺乏审美意识，那么他的整体素质、洞察能力、判断能力以及创造能力必将受到很大的影响。数学素质对于一个现代人来说已不是一种时髦，而是工作、学习和人际交往中的一种实在需要。数学在劳动力培养中的作用是至关重要的。科学家和工程师要依靠数学，而且为了获得成就需要有坚实的数学基础。对于想要取得现代公民资格的一般公民来说，至少具有中学水平的数学基础是绝对必要的。数盲和文盲一样是极其有害的。可以说，没有数学，我们几乎不能很好地生活；没有数学，我们几乎不能很好地工作；没有数学，我们几乎不能很好地思考；没有数学，我们几乎不能很好地交流；没有数学，我们几乎不能很好地欣赏。也就是说，作为一个现代人，不能缺少下列基本数学素质①：第一，实用数学素养，以个体利益为着眼点，将数学及统计技能应用于日常生活中；第二，公民数学素养，以社会利益为着眼点，考量公民是否有能力了解来自于重要公共议题的数学概念；第三，专业数学素养，基于工作中的需求，不同工作环境对数学能力有不同要求；第四，休闲数学素养，则更多地考量休闲娱乐中所需要的数学知识；第五，文化数学素养，表现为个体能体会数学的力量与美，而且是关于哲学、历史与认识论的层次。如果一个现代人不具备上述数学素养，他就可能不是一个合格的现代人。

① Steen, L. A. Numeracy. *Daedalus*, 1990, 119(2), pp. 211～231.

(二)数学——促进人的发展

1. 培养优良品质

通过合适的知识载体能不断地、自觉地提高人的素质，培养人的优良品质，数学正是这样一种重要的载体。因为，当我们对一串串数学符号进行计算和推理时，表面上，我们是在操作符号，实际上，是计算和推理在引导着我们的精神。所以，对数学知识的掌握就意味着领悟一种现代科学的语言和工具，学到一种理性的思维模式，培育一种审美情操。数学是一个蕴藏智慧的宝库，是培育人的优秀品格的园地。通过数学的学习，“能够促进学生的学习态度、思维习惯、思维模式、思维策略等的发展，让每个学生面对全新的情景都能做出适当的回应”①。传统实证主义知识观将知识描述成线性积累和价值中立，忽略知识创造中人的活动，忽视知识所蕴涵的伦理意义。有学者指出，“数学教育者经常看不到他们的学科中含有的社会和道德成分。如果有什么的话，数学则是被认为是一种中性的工具，这一工具有一种社会成分仅仅是因为它能被用来解决社会问题”②。然而，知识本质上是一种社会建构，它必然体现人的价值选择，表现人的伦理关怀。数学也不例外，特别地，对于数学来说，它可以促进人的下列优秀品质的形成。

第一，爱国情怀，国际视野。长期以来，在我们的数学教育中，

---

① Afzal Ahmed, Alison Clark-Jeavons and Adrian Oldknow. How Can Teaching Aids Improve the Quality of Mathematics Education. *Educational Studies in Mathematics*, 2004(56), pp. 313～328.

② Bryan R. Warnick, Kurt Stemhagen. Mathematics Teacher As Moral Educators: The Implications of Conceiving of Mathematics As a Technology. *J. Curriculum Studies*, 2007, 39(3), pp. 303～316.

提倡通过数学的教学，激发学生的民族自尊心和凝聚力，努力使学生形成为我国社会主义事业兴旺发达和中华民族伟大复兴而努力学习的志向。不可否认，我国古代数学成就对数学的发展作出了贡献，对世界科学的发展产生了重大影响。学生了解这些知识，有利于培养学生的爱国主义思想，激发学生的民族自豪感。理所当然，这是可行的，也是无可厚非的。李约瑟曾指出，科学史家们现在已经开始怀疑，希腊的科学和数学偏爱抽象、演绎和纯理论，而忽视具体、经验和应用，这是不是一种进步。其实，在古希腊数学衰落后，中国成为世界上数学发展最蓬勃的国家之一。当西欧进入其黑暗时代后，中国数学在腾飞，其许多成就比后来欧洲在文艺复兴和文艺复兴之后取得的同样成就要早得多。由此来看，在数学学习中，通过适当的渗透，完全能够激发学生强烈的民族自豪感和自信心。当然，我们也应该看到问题的另一面。我国古代数学主要贡献在计算及其实用化，尽管圆周率算得位数很高，但是对数学理论没有系统化的研究，基本上没有几何学的逻辑结构和发展抽象代数。所以，在数学教育中我们还应该注意：爱国主义与国际意识的统一，并且以《九章算术》为例，更全面地认识我国古代数学，以人类文化的观点学习数学。希尔伯特曾说过："任何框框，特别是在民族特征上的框框是与数学的精神背道而驰的。只有一点也不了解科学的人，才能炮制出人的种族之间的差别，而其原因则是微不足道的。数学不知道什么是种族……对数学来说，有文化的世界似是统一的国家。"①

第二，诚实正直，崇尚真理。诚实正直是现代社会对每个个体的基本要求，它是一笔珍贵的财富。在数学中，计算、证明并不是一

① С. Табачников:《纳粹与数学》,《数学译林》,1993 年第 4 期。

个简单的操作步骤或形式化过程，而是一系列的观点与洞察。数学结论对任何人都一样，必须接受理性法庭的裁决，对就是对，错就是错。数学计算、数学演绎、数学证明都不能靠投机取巧，而只能靠一步一步的计算与推理。无论什么时候，当数学中发生争议时，争议的焦点决不是某个问题的证明对与不对，而是问题的证明是否可以用别的什么方法更简单地推导出来，或者是所证明的命题对于科学的发展是否足够重要，以至应该特别加以阐明和强调，或者是这个命题是否是另外一个容易发现的、更一般的真理的特殊情形。所以，通过数学的学习，可以培养诚实正直、以理服人、坚持真理、有错就改的优良品格。例如，如果我们对学生说，秦始皇死于公元前221年，一般不会引起混乱。但是，如果我们对学生说，1+1=3，马上就会引发一场“数学战争”。在数学活动中，法律、法官、政治家、监狱、战争、选举、罢工、暴动、扣押人质，都不能影响一个定理的正确性。数学是智力上最令人满意的人类活动之一。由于我们对清晰又令人信服的思维有一个严格的标准，数学面前我们不会进行无休止的争论，所以，数学造就了人的一种精神。其实，数学本身就是一种理性精神，数学理性是西方社会孕育和发展起来的一种文化和价值体系。通过数学的学习，能够培养学生理性思维的品质，即：善于思考，不迷信权威；实事求是，不牵强附会；辩证分析，不混淆是非。数学中一千人的权威比不上一个人的证明。任何权威都不能看成是判断结论正确的可靠依据。数学的美妙之处在于，它不依赖于任何权威，除了自己的头脑。在数学中，推理的严谨与证明的严密，一步一步地从约定的假设出发，直至得到所求结论，不仅使学生的智力得到发展，品德也得到升华。几乎没有其他环境能像数学那样使学生们如此直接地感到思考的重要性，也没有其他环境能像数学那样简单、得体、容易和不受干扰地使学生们自然而又健康地成长。

第三,勤于思考,勇于创新。人类的最大特征是具有发明和创新的能力,这种能力正是一切其他生物几乎不具有的,是人类独特的本领。要启发人类这种独有的、高贵的创新能力,莫过于数学。没有哪一门学科能像数学这样集中、加速和强化人们的注意力。事实证明,数学家的成功并不在于他们的天赋有多高,而主要取决于他们的勤奋和创新。例如,伟大的数学家牛顿在大学生涯中,仅“沉迷于扑克牌两次”,“上小酒馆两次”,大量时间都用在反复研讨经典,他异常刻苦、勤奋,经常废寝忘食。又如,从欧几里得的《几何原本》到希尔伯特的《几何基础》是人类两千多年来创新的结晶;从有理数到无理数是数学家以生命作代价换取的创新;从最初神秘的微积分到今天建立在严密极限理论之上的微积分没有数学家的非凡创造是不可能。这样的例子举不胜举。非欧几何的创立也充分地说明这一点。《几何原本》构成了历史上第一个数学公理体系。除了《圣经》之外,没有任何著作像它这样被广泛地使用和研究,没有任何一部著作对科学思想有如此巨大的影响,这部无与伦比的著作最重要的意义是它确定了一种科学思维的典范。受这一成就的鼓舞,西方人把理性运用于其他领域。神学家、逻辑学家、哲学家、政治家和所有真理的追求者,都纷纷仿效欧几里得几何的形式和推演过程。亚里士多德特别强调,每一门科学都必须像欧几里得的几何学一样,通过一些适用于这门科学的有效方法,确立几条基本原理,从这几条基本原理中,以演绎的形式推导出真理。哲学家霍布斯、洛克、莱布尼茨都认为数学定理和欧几里得几何一样,是宇宙设计中所固有的。康德宣称:欧氏几何是人类了解空间以及空间图形的性质的唯一的必经的途径。他断言,物质世界必然是欧几里得式的。两千多年中,哲学家们几乎一致认为,欧几里得的公设就是真理,是可以明确知道的东西。然而,欧几里得的第五公设:“同平面内一条直线和另外两条直线相交，若在某一侧的两个内角的和小于二直角的和，则这二直线经无限延长后在这一侧相交。”数学家发现它叙述起来这么复杂，理解起来并不容易，它不像一条自明之理。经过漫长的思考与探索，最终登上最高峰的是三位数学家：高斯、波尔约(Bolyai Janos)、罗巴切夫斯基(Nikolas lvanovich Lobachevsky)，是他们创立了非欧几何。如果没有他们的勤于思考和勇于创新，非欧几何就不会诞生。意大利数学家萨凯里正是由于固步自封，尽管发现了许多非欧几何的定理，却始终停滞不前。非欧几何两千年的思考与探索，带来了思想的革命和解放。今天，不仅有欧氏几何、罗氏几何、还有黎曼几何等，正是由于黎曼几何的应用促使了广义相对论的诞生，才有了时空观和宇宙观的转变。没有非欧几何的创立，这种变革是不能想象的。没有数学家的勤于思考和勇于创新，这一切就无从谈起。

第四，坚韧不拔，敢于攀登。几何中没有王者之路，数学研究需要有坚强的毅力。因为数学命题的证明犹如登山，只有那些坚韧不拔、勇于探索的人，才能登上顶峰。其实，何止数学证明犹如登山，可以说，“学习数学，就像爬山，是一项艰辛的工作，但是无限风光在险峰”①。有时为了破解一个悬念或证实一个猜想，一代一代的数学家持续奋斗几十年、几百年，甚至更长的时间。攻克费马(Pierre de Fermat)最后定理的英国数学家怀尔斯(Andrew Wiles)声称，他将近7年没有丢开这个问题，日复一日地干，几乎想不起哪一天起床时想的是别的事。后来，发现论文中存在漏洞，又经过一年多的时

① T. Eisenberg, M. N. Fried. Dialogue on mathematics education: two points of view on the state of the art. *ZDM Mathematics Education*. DOI 10.1007/s11858-008-0112-1.

间，直到1995年5月在世界权威数学刊物《数学年刊》上全文发表了他的两篇论文，费马最后定理才真正宣告获得了证明。这意味着一个困惑了世间智者358年的问题最终获得解决。伟大的数学家欧拉31岁右眼失明，晚年遭受双目失明、火灾和丧偶的多重打击，但他仍以坚强毅力保持了数学的高度创造力，在世时出版了530本著作和论文，死时还留下许多手稿，丰富了此后长达47年的圣彼得堡科学院会报。我国数学家华罗庚在初中毕业后，仅仅念了一年半的职业高中，他所能看到的数学书籍只有一本《大代数》，一本《解析几何》及一本约50页的《微积分》。此外，还有两本与数学有点关系的杂志——《科学》与《学艺》，他边利用少有的数学资料自学，边写些数学文章，他所写的文章受到清华大学算学系熊庆来教授的赏识并得到他的帮助，从此，华罗庚开始了真正研究数学的生涯，并取得了国际公认的数学成就。非欧几何的创立者罗巴切夫斯基毕业于俄国喀山大学并留校任教，1829年在喀山大学校刊《喀山通讯》上发表论文"论几何学原理"，是数学史上最早的非欧几何论著，但没有引起什么争论和反响。1840年，以德文在国外发表"平行线理论的几何研究"，研究成果在世界范围产生影响。正如高斯曾预料的那样，非欧几何的支持者寥寥，而反对者、讥笑者、嘲讽者甚至攻击者却大有人在，但是，各种反对意见并没有阻止罗巴切夫斯基对非欧几何的进一步研究，他始终不屈不挠地坚持自己的研究，尽管他的发现在他生前没有得到社会的公认，然而今天大家都认识到了这项革命性的创造的历史意义。可以说，数学家最本质的特点是乐于承受前进道路上的艰辛。在数学学习中，通过了解数学家的持之以恒、克服困难、全神贯注、坚韧不拔的科学态度，能促使学生主动征服、积极探究数学问题，必定能培养学生刻苦钻研、锲而不舍的品质。

第五，真、善、美。数学闪耀着人类智慧的光芒，体现了人类为真理孜孜以求的精神，体现了人类对真、善、美的崇高追求。数学使人有高尚的情感，给人以快乐。在《数学与善》一文中，怀特海就说："许多数学家曾是善人——例如，帕斯卡和牛顿。"其实，希尔伯特也是一个伟大的善人，他不仅是伟大的数学家，而且有高尚的品德，令人尊敬的不只是他的数学成就，还有他优秀的人格。在第一次世界大战爆发时，世界舆论普遍谴责德国皇帝威廉二世的好战。为了对付这些舆论，德国政府让德国一批著名的科学家和艺术家出来发表一个"宣言"——《告文明世界书》，声明他们也像其他德国人一样坚决拥护德皇。这个"宣言"开头的一句话就是，"说德国发动了战争，这不是事实"，"说德国侵犯了比利时的中立，这也是不真实的"。著名数学家F·克莱因(C. F. Klein)对"宣言"的内容不作任何怀疑而在上面签了字。希尔伯特则从头至尾地检查了"宣言"的每一句话，最后希尔伯特表示，因为不能判断"宣言"上所说的话是否都是事实，从而拒绝在上面签字。希尔伯特拒绝在"宣言"上签字一事特别引人注目。因为，他不仅是一个德国人，而且还是一个普鲁士人。然而，希尔伯特的做法得到大多数数学家的同情，克莱因很快就对自己的冒失后悔了。又如，当牛顿的老师巴罗(Isaac Barrow)发现牛顿已超过自己后，主动将卢卡斯讲座教授的职位让给牛顿。巴罗这种甘为人梯，愿为伯乐的美德，堪称"美丽的心灵"，一直给人们一种潜移默化的影响。所以说，数学对于丰富心灵、净化心灵、完善人格是非常必要的，数学必将对人的心灵产生巨大的震撼。数学在完善学生人格的同时，必将增强学生其他方面的修养。数学能唤起热情而抑制急躁，净化灵魂而杜绝偏见与错误。恶习乃是错误、混乱和虚伪的根源，所有的真理都与之抗衡。而数学真理更有益于学生摒弃恶习，因为对数学的喜悦能使人忘却一切。许多数学家之所以是善人，这与数学对人心灵的震撼和情操的陶冶是分不开的。决定教育成功的因素在于具备精神受震撼的内在准备。可以说,在科学中,哪怕是在最严格的学科中,如果不能出现诗一般的激情和才智的闪烁,那么即使像阿基米德或牛顿这样的天才人物也不会找到真理。数学家 A·赛尔贝格(Atle Selberg)曾感慨地说:"我很同情非数学家,我觉得他们失去了一种最激动人心的、丰富的智力活动的回报。"①

2. 数学教你思维

"数学是关于人类接近世界的方法。人类只要思考就是以数学的方式思考。"②世界上没有任何一门学科能像数学那样让人类的思维和谐地发展。数学是一所优秀的思维学校,数学是一门睿智的训练学科,数学是一种抽象的思维模式。数学保持着精确性,并使精细的分析和显式的计算成为可能。精确的数学语言让我们有条不紊地思考复杂的决策,而不是只凭轶事、猜测和雄辩。然而,历史上有人竭力否认数学的思维价值。英国哲学家威廉·哈密顿(William Hamilton)于 1836 年在《爱丁堡评论》上发表了著名的对数学的价值进行攻击的文章,他说:"数学是一门无任何意义的学科,历史事实证明,对于人的智力的进步来说,数学起的作用比任何其他学科起的作用都小。"下面是他对数学最猛烈的抨击:"数学使头脑僵死和干涸";"过度研究数学使头脑完全丧失哲学和生活所需要的智力";"数学根本无助于养成逻辑习惯";"数学可以扭曲头脑,但永远不会纠正头脑"。德国哲学家叔本华(A. Schopenhauer),一位在近

① Atle Selberg:《Ramanujan 百周年诞辰之际的反思》,《数学译林》,1990 年第 2 期。

② [美]斯图尔特·夏皮罗:《数学哲学——对数学的思考》,郝兆宽、杨睿之译,复旦大学出版社,2009 年,第 171 页。

代哲学史上占有重要地位的哲学家，把算术说成是最低级的精神活动。在《作为意志和表象的世界》(*The world as will and idea*)一书中，他对欧氏几何进行了全面的攻击，认为它对人的思维训练妨碍了人的正常能力的发展。他说："欧几里得在数学上使用的方法只能算作一种很'辉煌的'错误。凡是一种大规模的，故意有计划地造成而后来又普遍地被称许的迷误，既可以涉及生活也可以涉及科学，大致总可以在当时有权威的哲学中找到他的根据。""欧几里得在数学上使用的逻辑方法只是多余的谨慎，有如健全的腿上再加拐杖似的；有如行人在夜间把白色的干路当作水，唯恐踏入水中，宁可在路边高一步，低一步，走过一段又一段，还自以为得计没有碰到这原不存在的水。"①

然而，数学自诞生起就与思维结下了不解之缘，数学要通过思维来反映，数学又是思维的工具。学习数学的人能更有效地进行思维，发展人的思维能力是数学重要的文化功能，没有数学就不会有有组织的逻辑思维。亚伯拉罕·林肯在其《简短的自传》中称，自担任议员以来，他学习并几乎掌握了欧几里得的 6 本书。他开始了持续的严格头脑训练，试图增加他的能力，特别是他在逻辑和语言方面的能力。许多著名的思想家都经过严格的数学训练，古希腊的苏格拉底、柏拉图、亚里士多德，近代的笛卡尔、斯宾诺莎、莱布尼茨、洛克、休谟、贝克莱、康德，当代的罗素、维特根斯坦、胡塞尔等。在杰出的数学家中，有相当一部分人同时又是其他领域中的发明家。高斯曾在磁学中做过很重要和很经典的实验，牛顿在光学中的基本发现是众所周知的，笛卡尔和莱布尼茨的头脑中不仅仅有数学和哲

① [德]叔本华：《作为意志和表象的世界》，石冲白译，杨一之校，商务印书馆，2007 年，第 117 页。

学才能。数学是一种方法。数学能使人们的思维方式严格化,养成有步骤地进行推理的习惯。人们通过学习数学,能使他们的理智获得逻辑推理的方法,从而他们就可能把知识进行推广和发展。长期以来,数学被认为是"思维的体操"和"思维的工具"。国际数学教育委员会在《九十年代的中小学数学》这一文件中指出:许多世纪以来,数学一直被看做是训练思维能力的最佳学科,在中小学里为什么有这么多的数学课呢?不论过去还是现在,对这个问题最普遍的回答是:数学教你思考。数学教学的目标是保证每一个孩子都能数学地思考,必须将数学思维的发展作为数学教育的首要目标。否则,当用记忆规则的数学铺平通往正确答案的道路时,学生就只会把数学与一堆需要记忆的公式和规则联系在一起。数学并非仅仅是教会学生解决问题,特别是别人提出的问题,而是帮助他们学会数学地思维。问题解决尽管构成了数学思维的一个重要部分,但并非是全部内容。学会数学地思维意味着用数学家的眼光去看待世界,形成一种数学观点,重视数学化和抽象过程,具有数学化的倾向,构造模型,符号化,抽象等等。

在现实生活中,存在大量"数学的误用和滥用"现象。能够识别数学的误用与知道它的正确用法同样重要,这也是一种数学思维能力的表现。在不同的场合和不同的意图下,数学被有意或无意地误用甚至滥用是经常见到的。我们怎样才不会用数字、数据、图形、统计等数学信息误导别人,或者被别人误导呢?下面是一道美国MA&C(Mathematics Application and Connection)教材中的函数问题:Huntsville市的市长和她的智囊团试图说服一家大公司在他们市里投资建厂。他们告诉该公司近年他们市里的人口增长很快,可以为公司提供充足的有技术的劳动力。当地的一个环保组织对这个提案加以反对,因为他们通过调查得知这个公司有着污染环境的历史，于是他们就告诉该公司：市里人口的增长并没有市长他们所说的那么多，试图打消该公司建厂的计划。该公司便派出调查者来调查具体的情况。当三方面碰头时，每方都出示了一张图表，如下所示：

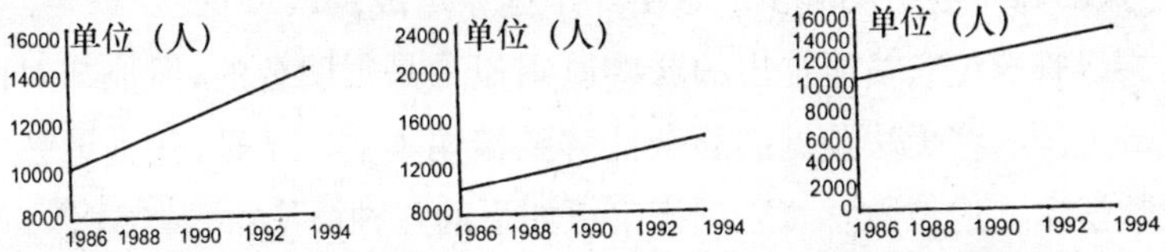

尽管上述每个图都代表了 Huntsville 市的人口增长情况。但是，哪个图是市长的，哪个图是环保组织的，哪个图是公司的，你知道吗？所以，要避免“数学的误用和滥用”，就要学会数学地思维，从而也就必须理解数学的思维方式。所谓数学的思维方式，著名数学家外尔认为，“首先是指数学用以渗入到研究外部世界的科学，例如物理学、化学、生物学、经济学等，甚至渗入到我们关于人类事务的日常思维活动中的那种推理形式，其次是数学家留给自己应用于自己领域中的推理形式”①。

数学思维可以帮助我们由日常思维过渡到形式思维。法国数学家 R·托姆(Rene Thom)指出：“由日常思维过渡到形式思维，中间最自然是通过几何思维了。”②其实，数学对我们思维的贡献在于其概念的极大适应性，这种适应性是其他非数学模式很难达到的。从而，数学地思维可以使问题简化。例如，某国际机构的一位官员正在着手组建一系列职能不同的委员会的微妙工作，他觉得，应该根据以下原则来进行这项工作：

---

① Herman Weyl:《数学的思维方式》,《数学译林》,1982 年第 4 期。

② R. Thom:《“新”数学是教育和哲学上的错误吗?》,《数学译林》,1980 年第 2 期。

(a)任何两个国家应该至少参加同一个委员会；

(b)任何两个国家至多只能同时在一个委员会中；

(c)任意两个委员会中，至少应该有一个国家是相同的；

(d)每个委员会至少应该由 3 个国家组成。

尽管这位官员所提出的这些原则似乎是很明智的，但他却对由此带来的一些无法预见的复杂性感到惴惴不安。于是，他去请教一位数学家。这位数学家立刻指出了如下的几种结论：

(1)任意两个国家组成的集团参加并且仅仅参加同一个委员会；

(2)任意两个委员会中，将有一个而且仅仅只有一个国家是相同的；

(3)在任意委员会中，许多 3 个国家组成的集团将不会出现。

这位数学家之所以能够很快得出以上结论，是因为他意识到，那些有关国家与委员会的原则，与数学中有关点和线的命题完全吻合：

(a′)任意两点都至少在同一条直线上；

(b′)任意两点都只能位于一条直线上；

(c′)任意两条不平行的直线必有一个交点；

(d′)每一条直线至少包含 3 个点。

显然，这两个集合中仅有的不同就是，点、线这两个词取代了国家和委员会，这里所显示的思维方式就是典型的数学思维方式。从生理学角度来说，数学完善了人的大脑，造成大脑中新连接的形成。数学具有强大威力的奥秘，部分地就存在于这种抽象之中。借助于这种抽象思维，我们可以摆脱繁琐的细节，从而比把我们面前的事物的属性全部加以考虑取得更多的成果。数学脱离现实而进入抽象思维的最高层次，当它返回现实时，在对具体事实进行分析时，其重要性也相应增加了。最抽象的东西，是解决现实问题最有力的武器，这一悖论已完全为人们接受了。

恩斯特·卡西尔(Ernst Cassirer)把人定义为符号的动物，认为“符号化的思维和符号化的行为是人类生活中最富于代表性的特征”①。数学的一个重要特征就是它的符号语言，如同音乐利用符号来传播声音一样，数学也用符号表示数量关系和空间形式。与日常讲话用的语言不同，日常语言是习俗的产物，也是社会和政治运动的产物，而数学语言则是慎重地、严格地而且经常是精心地设计的。凭借数学语言的严密性和简洁性，人们就可以表达和研究数学思想，这些思想如果用普通语言表达出来，就会显得冗长不堪，这种简洁性有助于提高思维的效率。

数学中充满着矛盾、运动、发展、变化和联系，数学能让人辩证地思维。其一，对立统一的观点。许多数学概念和运算都是从客观现实中抽象出来的，加与减、乘与除、乘方与开方、指数运算与对数运算等，它们都是矛盾着的，引进了相关数学知识之后，它们就可以互相转化，反映了对立统一的哲学思想。不仅如此，数学中还有更广泛意义的对立统一关系，这样的例子比比皆是。如“已知与未知”、“相等与不等”、“常量与变量”、“有限与无限”、“静止与运动”等。其二，量变到质变的观点。数学对象的运动、变化过程，往往也是一个量变到质变的辩证过程。曲线的切线就是割线运动的特殊状态，是直线绕曲线上某点逐步运动的结果。微积分学中的定积分概念，由分割、作和、取极限这几个过程，也形象地体现了“量变到质变”的运动规律和事物变化的过程。其三，普遍联系的观点。许多

① [德]恩斯特·卡西尔:《人论》，甘阳译，上海译文出版社，2004 年，第 38 页。

数学问题是互相联系的。数学命题中的条件与结论总是互相制约，一个数学分支与另一个数学分支总存在千丝万缕的联系，数学方法，如类比、联想、变换、数形结合体现了普遍的联系。极限概念的意境可以用“孤帆远影碧空尽，唯见长江天际流”这样的名句来描述。所以，通过数学的学习，可以让学生逐步建立起发展的观点、变化的观点、联系的观点、统一的观点，让他们辩证地看待问题。

3. 提升审美能力

美是善的象征，美必然地与人类的心灵相联系。数学美在于数学的雅致，雅致是不同部分的和谐、对称和巧妙的协调。美是数学的第一试金石，世界上不存在畸形丑陋的数学。哪里有数学，哪里就有美，数学中处处存在美，不仅有数学知识的美，数学方法的美，还有数学家的心灵美。典型的数学美就有简洁美、和谐美和奇异美等。当然，数学的美并不是由描述来定义的，它更像一件艺术品的美，也就是说，虽然评论家能够指出为什么我们喜欢它，或者为什么它重要，而且我们对此还可以给出更多的评论，但是我们却不能对数学的美给出精确的定义。数学美不仅存在于数学中，而且体现在做数学中。“数学家分享最多的是数学的优美与雅致。”①数学家无论是选择题材的标准，还是判断是否成功的标准，主要的都是美学的。数学美是指引数学家前进和奋斗不息的一盏明灯。数学家在构建数学理论的时候一定会考虑到数学的统一性、简洁性、对称性以及思维经济性等。数学发明实质上是一种选择，而选择的一个标准就是统一性。数学的迷人之处就在于用简洁的方式揭示现实世

① Leone Burton. Recignising commonalities and reconciling differences in mathematics education. *Educational Studies in Mathematics*, 2002 (50), pp. 157～175.

界中的量及其关系的规律。对称性是数学美的重要特征，对称是一种特殊的完美。“奥卡姆剃刀”就揭示了在知识领域中若无必要，不应增加前提假设的数目。数学美学标准不仅适用于灵感的瞬息判断，也适用于在数学研究中经常变更的判断。严格的论证往往是最后的步骤，人们在此之前也许有许多猜测，美学信仰对于这些极其重要。狄拉克(Paul Adrien Maurice Dirac)曾声称，正是他敏锐的美感使他预知电子的方程式，而其他人却无法找到。数学美是人审美素质的一部分。随着人类文明的发展和科学的进步，这一事实也逐渐为人们所认识。许多数学家都论述过数学美以及做数学的美妙体验。数学家帕斯卡非常欣赏数论原理的美，他在欣赏数论原理时，就像在欣赏一种美丽的自然现象。英国数学家怀尔斯在经过一连串的令人困惑的阻碍和猛然的省悟后，终于找到了“费马大定理”的证明，这个最终的领悟是如此难以名状的美丽，如此的简明而精致，让怀尔斯目瞪口呆而不敢置信。

许多艺术虽能够美化人们的心灵，但却没有哪一种艺术能像数学那样更有成效地去美化人们的心灵。数学具有审美的价值，就像音乐和诗歌的价值那样清晰明确。对于数学美对人的熏陶，许多数学家进行了论述。罗素有一段名言：数学，如果正确地看待它，则具有……至高无上的美——正像雕刻的美，是一种冷而严肃的美，这种美不是投合我们天性的微弱的方面，这种美没有绘画或音乐的那些华丽的装饰，它可以纯净到崇高的地步，能够达到严格的只有最伟大的艺术才能显示的那种完美的境地。一种真实的喜悦的精神，一种精神上的亢奋，一种觉得高于人的意识——这些至善至美的标准，能够在诗里得到，也能够在数学里得到。高斯用下列诗句表达对数学美的执意追求：“你，自然，我的女神，我要为你的规律而献身。”庞加莱指出，无私利地为真理本身的美而追求真理也是合情合理的，并且能使人变得更加完善。他认为，数学家非常重视他们的方法是否优美，这并非华而不实的作风。那么到底是什么使我们感觉到一个解答、一个证明的优美呢？那就是各个部分之间的和谐、对称、恰到好处的平衡；一句话，那就是井然有序、统一协调，从而使我们对整体以及细节都能有清楚地认识和理解。事实上，我们越是能够一目了然地看清这个整体，就越能清楚地意识到它和相邻的对象之间的类似，从而我们就越有机会猜出可能的推广。我们不习惯放在一起考虑的某些对象之间不期而遇所产生的美，使人有一种出乎意料的感觉；这也是富有成果的，因为它为我们揭示了以前没有认识到的亲缘关系。甚至方法简单而问题复杂这种对比所产生的美感也是富有成果的，因为它使我们想到产生这种对比的原因，往往使我们看到，真正的原因并非偶然。要在某个预料不到的规律中才能发现。简言之，数学的优美感不过就是问题的解答适合我们心灵需要而产生的一种满足感，正因为这种适应性，这个解答可能成为我们的一种工具。所以，这种美学上的满足感是和思维的结构紧密相关的。哈代曾说过，数学可以像诗歌或音乐一样，增进和保持心灵的高尚的习性，并因此而增加数学家甚至是其他人的快乐。从而，要找到一个受过教育，但对数学美的魅力感觉相当迟钝的人，是非常困难的。在数学教学中，如果根据教学的内容，联系现实生活中学生熟悉的实际问题，使用生动的感性材料加以阐述，揭示数学美的内涵，就能够培养学生对数学美的鉴赏能力。例如，在讲比例线段的黄金分割时，通过渗透毕达哥拉斯学派试图从数和数的比例中求得美和美的形式，终于从五角星中发现了“黄金比”—— 0.618，黄金比被广泛地应用于建筑设计、美术、音乐、艺术、人体、自然等领域。黄金比能够唤起人类视觉的美好感受，当我们看到它时，感到赏心悦目，这难道不是美的享受和熏陶吗？

4. 促进终身发展

数学是打开机会大门的钥匙。数学不仅是科学的语言，而且以直接的方式为商业、财政、经济、国防作贡献，为学生打开职业的大门。有一警句曾指出，上帝把大海赐给了英国，又把大陆赏给了法国，而云层却被分给了德国。于是德国人从云层中获得了＋(加号)和－(减号)；而这些符号所产生的思想对人类的幸福至关重要，这一切是无法在大海或大陆中猎取的。一个人懂得的数学越多，就会有更多的职业之门向他开放。今天，那些理解数学并且能做数学的人，将比那些不懂数学的人获得更多的机会，例如保险公司统计员、系统分析家、营销专家、网络管理人、金融分析家等。其实，数学专业的学生可能拥有两个领域——美学和适用——的最高境界。他们可以在大学里专攻数学，也可以把数学作为谋生手段。因为数学专业的学生只要再学些计算机、统计、物理或生物的知识，他们在找工作时，就能处于灵活机动的位置。实际上，数学历来都在帮助教育当局甄别哪些学生应该得到社会的报酬这一点上起到重要的作用。在某种程度上，数学水平和能力的不同决定了一个人将来从事的职业和发展前景。在未来世界中，求职和晋升的最好机会将提供给那些有信心应付数学的人。作为科学和技术的基础，数学提供通向成功的钥匙。信息时代就是数学的时代，正如未来的科学家和工程师需要广泛的数学一样，未来的公民将需要极其多样的数学，以对付工作中大量以数学为基础的工具、设备和技术。当学生离开学校并进入工作生涯时，数学极大地决定了一个人能从事什么样的工作与不能从事什么样的工作。所以，数学是机遇和职业的关键。数学对每一个人来说是多么的重要。为了使学生在大大复杂化的全球经济环境中参与竞争和取得成功，作为一种准备，他们对数学的学习必须达到某种高标准的水平。具有挑战性的数学教育可以为学生提供用其他方法无法获得的机会。当我们为新世纪做准备时，不可能再有其他更关键的信息了，只有数学等于机会。

在世界上所有的国家中，中小学的数学课程内容较为一致，具有突出的相似性。具体地说，各国选取的数学课程内容与社会的需求、数学的发展以及学生的发展密切相关。数学在课程中占据中心位置，在不同的国家或文化中，没有任何一门其他学科的教育时间有数学这样长。我们很少看到数学学得好而其他学科学得不好的学生。在中学里很少有这样的情况，即某个学生在数学上是第一名，而在其他学科上却属于最差的行列。反之，那些所谓“差生”，往往首先就是数学没有学好，从而造就了较多学习上的“失败者”，数学对于这些学生而言竟然成了“筛子”。筛掉了他们的就业机会，筛掉了他们的发展机会。在不同的国家，教育阶梯在选拔或筛选学生的过程中，数学的筛选功能是明显的，数学比其他任何一门课程更多地把学生从导致科学和专业职业的计划中过滤出去，数学真正成了打开通向未来的大门。每个人的发展都依赖于数学教育的成功，都受制于它的失败，数学必须成为个人发展道路上的泵而不是过滤器。在所有文明中，一代又一代的儿童学习数学以获得更加美好的生活。在这方面今天与昨天并无差别，21 世纪和 18 世纪也绝无二致。数学像一个智力放大器，使那些拥有它的人具备明显的个人优势。

人的生存是一个永无止境的完善过程和学习过程，任何人都是一个未完成的人。人是一种不确定的、不定型的，其本质还处在发展中的动物。其实，人总是不停地进入生活，不停地变成一个人。今天，“教育，如果像过去一样，局限于按照某些预定的组织规划、需要和见解去训练未来的社会领袖，或想一劳永逸地培养一定规格的青年，这是不可能的了。教育已经不再是某些杰出人才的特权或某一特定年龄的规定活动：教育正在日益向着包括整个社会和个人终身的方向发展”①。所以受过教育的人要在20岁或30岁之前建立一个相当完整的生活计划几乎是不可能的。教育应该伴随人的一生，只有终身的教育才能培养完善的人。对于所有的人来说，生存从来就意味着一连串的挑战。一个人在人生之初积累知识，然后就没有限期地加以利用，实际上这是行不通的。在人的一生中，他必须具备这样的能力：抓住和利用各种机遇，更新、深化和充实他最初获得的知识，使他适应不断变化的世界。可以说，“学会认知”、“学会做事”、“学会共同生活”、“学会生存”将是每一个人一生中的知识支柱。

数学能给人们对于事物的理解与认识提供新的帮助与启发。尽管并不是要求每一个人都成为高明的数学家，但是数学对于一个人的成长和发展是非常有益的，每个学生在离开校门之前都应该对数学的内在价值有所理解。诺曼·朗沃斯（Norman Longworth）说，“终身学习将使未来呈现出一派繁荣的景象；创造性、文化、想象力、发明以及人际关系将得到重建；我们最终将获得永久性开发自身潜能的工具”②。事实上，数学作为培养公民素质的基础课程，不仅为学生进一步学习提供了必要的准备，而且在学生终身发展过程中具有不可替代的作用。例如，微积分初步的内容与初等代数、几何、初等函数以及平面解析几何的基础知识有密切联系。通过微积分的学习，有利于大学数学分析等学科的学习，起到将中学与小学、

① 联合国教科文组织国际教育发展委员会：《学会生存》，教育科学出版社，1996年，第199页。

② [英]诺曼·朗沃斯：《终身教育在行动——21世纪的教育变革》，沈若慧、汤杰琴、鲁毓婷译，中国人民大学出版社，2006年，第3页。

大学、职业教育相衔接的作用，使它们在内容、逻辑上都能协调统一，构建学生的可持续发展，进而促进学生的终身发展。纵然学生把数学知识忘记了，但数学的精神、思想和方法却会深深地铭刻在头脑中，长久地活跃于日常生活中，随时随地地发生作用，使学生终身受益。试想，哪一个数学家不是从数学中终身受益的。陈省身就曾说过："数学陶冶我一生。""数学仍在不断地陶冶着我。"1、2、3、4，x、y、z，在数学家看来，简直太有趣了！与数学为伴，是数学家人生的一大快事。所以，陈省身教授说，"数学好玩"。今天，越来越多的团体或个人已经认识到数学的终身发展价值，《普通高中数学课程标准(实验)》明确提出：数学课程设置的基本出发点是促进学生全面、持续、和谐地发展。作为教育组成部分的数学教育，在发展和完善人的教育活动中、在形成人们认识世界的态度和思想方法方面、在推动社会进步和发展的进程中起着重要的作用。在现代社会中，数学教育是终身教育的重要方面，它是公民进一步深造的基础，是终身发展的需要。数学教育意味着一生，我们都是"终身的学生"。

第三章　数学意义的缺失

——我国中小学数学教育的调查与反思

真正的数学教育，应该唤醒智慧。所以，在一切可能的情况下，要让学生主动地学习，而不是被动地学习。然而，在数学教育中，我们不得不面对这样的现实：对许多学生来说，数学学习是一个失败的经历，数学是一种苦味的回忆。长期以来，人们一直认为受教育者必须具备一定的数学知识。今天，数学教育却陷入了严重的危机之中。

一、数学教育的异化

（一）异化——从劳动到学习

在《1844 年经济学哲学手稿》①一书中，马克思揭示了异化劳动现象。异化劳动是马克思用来表述资本主义雇佣劳动的重要概念。

① [德]恩格斯：《1844 年经济学哲学手稿》，中共中央马克思、恩格斯、列宁、斯大林著作编译局译，人民出版社，2000 年。

异化本来的含义是指人(主体)的创造物同创造者相脱离,不仅摆脱了人的控制,而且反过来变成奴役和支配人的、与人对立的异己力量。马克思认为,在资本主义社会中,工人创造了财富,而财富却为资本家所占有并使工人受其支配,因此,这种财富及财富的占有、工人的劳动本身皆异化成为统治工人的、与工人敌对的、异己的力量,这就是劳动异化。异化劳动表现为:第一,劳动者同自己的劳动产品相异化。"工人在劳动中耗费的力量越多,他亲手创造出来反对自身的、异己的对象世界力量就越强大,他自身、他的内部世界就越贫乏,归他所有的东西就越少。"第二,劳动者同自己的劳动活动相异化。"劳动对工人来说是外在的东西,也就是说,不属于他的本质;因此,他在自己的劳动中不是肯定自己,而是否定自己,不是感到幸福,而是感到不幸,不是自由地发挥自己的体力和智力,而是使自己的肉体受折磨、精神受摧残。因此,工人只有在劳动之外才感到自在,在劳动中则感到不自在,他在不劳动时觉得舒畅。"第三,劳动者同自己的类生活相异化。"正因为人是类存在物,他才是有意识的存在物,也就是说,他自己的生活对他来说是对象。仅仅由于这一点,他的活动才是自由的活动。异化劳动把这种关系颠倒过来,以致人正因为是有意识的存在物,才把自己的生命活动、自己的本质变成仅仅维持自己生存的手段。"第四,人与人相异化。"人同自己的劳动产品、自己的生命活动、自己的类本质相异化的直接结果就是人同人相异化。当人同自身相对立的时候,他也同他人相对立。凡是适用于人对自己的劳动、对自己的劳动产品和对自己的关系的东西,也都适用于人对他人、对他人的劳动和劳动对象的关系。"从而,"通过异化劳动,人不仅生产出他对作为异己的、敌对的力量的生产对象和生产行为的关系,而且还生产出他人对他的生产和他的产品的关系,以及他对这些他人的关系。正像他把他自己的生产变成自己的非现实化，变成对自己的惩罚一样，正像他丧失掉自己的产品并使它变成不属于他的产品一样，他也生产不出生产的人对生产和产品的支配。正像他使他自己的活动同自身相异化一样，他也使与他相异的人占有非自身的活动。”可以说，在马克思的异化劳动中，劳动的自我异化才是根本的。

借用马克思改写亚当·斯密（Adam Smith）作品的方法，莱夫与麦克德莫特（Lave & MCDermott）写出了“学习版”的异化劳动说。① 他们把马克思的国民经济的概念变为教育术语。例如：国民经济学→教育学（教育理论）；私有财产→标准化知识（课程和考试）；劳动→学习；资本→学业成功（成就）；土地→能力（评价）；工资→等级；资本利润→证书；资本家→知识积累者（科学家和学者）；地租→知识分配者（教师和考官）等等。

我们是从国民经济学的各个前提出发的。我们采用了它的语言和它的规律。我们把私有财产，把劳动、资本、土地的相互分离，工资、资本利润、地租的互相分离以及分工、竞争、交换价值等概念当作前提。我们从国民经济学本身出发，用它自己的话指出，工人降低为商品，而且降低为最贱的商品；工人的贫困同他的产品的力量和数量成正比；竞争的

我们是从教育学的各个前提出发的。我们采用了它的语言和它的规律。我们把标准化知识（课程），把学习、学业成功、得到评价的能力的相互分离，等级、证书、挣钱能力的互相分离以及分工、竞争、交换价值等概念当作前提。我们从教育理论本身出发，用它自己的话指出，学习者降低为商品，而且降低为最贱的商品；学习者的贫困同他

① Lave & MCDermott. Estranged Learning. *Outlines*, 2002（1）, pp. 19～48.

必然结果是资本在少数人中积累起来，也就是垄断的更惊人的恢复；最后，资本家和地租所得者之间、农民和工人之间的区别消失了，而整个社会必然分化为两个阶级，即有产者阶级和没有财产的工人阶级。

国民经济学从私有财产的现实出发。它没有给我们说明这个事实。它把私有财产在现实中所经历的物质过程，放进一般的、抽象的公式，然后又把这些公式当作规律。它不理解这些规律，也就是说，它没有指明这些规律是怎样从私有财产的本质中产生出来的。国民经济学没有向我们说明劳动和资本分离以及资本和土地分离的原因。例如，当它确定工资和资本利润之间的关系时，它把资本家的利益当作最终原因；也就是说，它把应当加以阐明的东西当作前提。同样，竞争到处出现，对此则用外部情况来说

的产品的力量和数量成正比；竞争的必然结果是学业成功在少数人中积累起来，也就是垄断的更惊人的恢复；最后，知识积累者（科学家和学者）和知识分配者（教师和组织考试者）之间，各类学习者之间的区别消失了，而整个社会必然分化为两个阶级，即有证书者和无证书者。

教育学从标准化知识的现实出发。它没有给我们说明这个事实。它把课程在现实中所经历的物质过程，放进一般的、抽象的公式，然后又把这些公式当作规律。它不理解这些规律，也就是说，它没有指明这些规律是怎样从标准化知识的本质中产生出来的。教育理论没有向我们说明学习和学业成就以及证书和得到评价的能力分离的原因。例如，当它确定等级和证书之间的关系时，它把知识积累者的利益当作最终原因；也就是说，它把应当加以阐明的东西当作前提。同样，竞争到处出现，

明。至于这种似乎偶然的外部情况在多大程度上仅仅是一种必然的发展过程的表现，国民经济学根本没有向我们说明。我们已经看到，交换本身在它看来是偶然的事实。贪欲以及贪欲者之间的战争即竞争，是国民经济学家所推动的仅有的车轮。

正因为国民经济学不理解运动的联系，所以才把例如竞争的学说同垄断的学说，行业自由的学说同同业公会的学说，地产分割的学说同大地产的学说重新对立起来。因为竞争、行业自由、地产分割仅仅被阐述和理解为垄断、同业公会和封建所有制的偶然的、蓄意的、强制的结果，而不是必然的、不可避免的、自然的结果。

因此，我们现在必须弄清楚私有制，贪欲和劳动、资本、地产三者的分离之间，交换和竞争之间，人的价值和人的贬值之间，垄断和竞争等等之间，这全部异化

对此则用外部情况来说明。至于这种似乎偶然的外部情况在多大程度上仅仅是一种必然的发展过程的表现，教育理论根本没有向我们说明。我们已经看到，教学交换和知识分配本身在它看来是偶然的事实。抱负以及有抱负者之间的战争即竞争，是教育理论所推动的仅有的车轮。

正因为教育理论不理解运动的联系，所以才把例如绩效的学说同精英知识的学说，分层入学的学说同入学特权的学说，培养自我的学说同被迫社会化的学说重新对立起来。因为绩效、分层入学、培养自我仅仅被阐述和理解为精英知识，入学特权和被迫社会化的偶然的、蓄意的、强制的结果，而不是必然的、不可避免的、自然的结果。

因此，我们现在必须弄清楚标准化知识，抱负和学习、成绩、入学机会三者的分离之间，教学和竞争之间，诊断性评价和儿童的贬值之间，知识和出头等等之

和货币制度之间的本质联系。

工人创造的财富越多，他的产品力量和数量越大，他就越贫穷。工人创造的商品越多，他就越变成廉价的商品。物的世界的增值同人的世界的贬值成正比。劳动生产的不仅是商品，它生产作为商品的自身和工人，而且是按它一般生产商品的比例生产的。

这一事实无非表明：劳动所生产的对象，即劳动的产品，作为一种异己的存在物，作为不依赖于生产者的力量，同劳动相对立。劳动的产品是固定在某个对象中，物化的劳动，这就是劳动的对象化。劳动的现实化就是劳动的对象化。在国民经济学假定的状态中，劳动的这种现实化表现为工人的非现实化，对象化表现为对象的丧失和被对象奴役，占有表现为异化、外化。

间，这全部异化和教育储蓄之间的本质联系。

学习者为他人创造的评估、竞争、诊断和补习机会越多，他的产品力量和数量越大，他就越贫穷。学习者创造的商品越多，他就越变成廉价的商品。物的世界的增值同日常生活中的学习的贬值成正比。异化学习不仅生产商品，它生产作为商品的自身和学习者，而且是按它一般生产商品的比例生产的。

这一事实无非表明：学习所生产的对象，即学习者的产品，作为一种异己的存在物，作为不依赖于学习者的力量，同学习相对立。学习的产品是固定在分数或者预期的证书中，物化的学习，这就是学习的对象化。学习的现实化就是学习的对象化。在学习理论假定的状态中，学习的这种现实化表现为学习者的非现实化，对象化表现为对象的丧失和被对象奴役，占有表现为异化、外化。

国民经济学由于不考察工人(劳动)同产品的直接关系而掩盖了劳动本质的异化。	教育理论由于不考察学习者(学习)同产品的直接关系而掩盖学习本质的异化。
如果工人不是在生产行为本身中使自身异化,那么工人怎么会同自己活动的产品像同某种异己的东西那样相对立呢?产品不过是活动、生产的总结。……在劳动对象中的异化不过总结了劳动本身的异化、外化。	如果学习者不是在生产行为本身中使自身异化,那么学习者怎么会同自己活动的产品像同某种异己的东西那样相对立呢?产品不过是活动、生产的总结。……在学习对象中的异化不过总结了学习本身的异化、外化。
因此,他在劳动中不是肯定自己,而是否认自己,不是感觉幸福,而是感到不幸福,不是自由地发挥自己的体力和智力,而是使自己肉体受折磨、精神受摧残。因此,工人只有在劳动之外才感到自在,而在劳动中则感到不自在。	因此,他在学习中不是肯定自己,而是否认自己,不是感觉幸福,而是感到不幸福,不是自由地发挥自己的体力和智力,而是使自己肉体受折磨、精神受摧残。因此,学生只有在学校学习之外才感到开心,而在学校学习中则感到不开心。
人同自己的劳动产品、自己的生命活动、自己的类本质相异化的直接结果就是人同人相异化。当人同自身相对立的时候,他也同他人相对立。凡是适用于人对自己的劳动、对自己的劳动	学习者同自己的学习产品、自己的生命活动、自己的类本质相异化的直接结果就是人同人相异化。当学习者同自身相对立的时候,他也同其他学习者相对立。凡是适用于学习者对自

产品和对自身的关系的东西，也都适用于人对他人、对他人劳动和劳动对象的关系。	己的学习、对自己的学习产品和对自身的关系的东西，也都适用于学习者对他人、对他人学习和学习对象的关系。
国民经济学虽然从劳动是生产的真正灵魂这一点出发，但是它没有给劳动提供任何东西，而是给私有财产提供了一切。	教育学虽然从学习是教育的真正灵魂这一点出发，但是它没有给学习提供任何东西，而是给标准化知识提供了一切。

显然，这一改写形象地描述了异化学习的特征。学习是一个强制的过程；学习是一个痛苦的过程；学习使学习者与知识和成绩相对立；学习者之间互相对立等等。具体地说，其一，学生经过十几年的辛苦学习，繁多的课程、沉重的作业、严厉的考试，然而回报的不是奔放的激情、自由的想象、大胆的怀疑、独特的判断以及充满好奇的探索与尝试，而是盲目的服从、刻板的顺应、机械的复述、温顺的听从以及违背意愿的敷衍与应付，当然创新能力也随之消失殆尽，人也就被训练成了工具。这样的教育难道不是对人的异化吗？其二，当教学目的指向成绩之后，教学不再是通过成绩来促进学生的学习，而是通过学生来提高考试成绩。这样，教师教得越多，学生学得越少。教师的任务就是将学生训练为符合标准的高效率的考试机器。到了毕业年级基本上什么都不学，为了考初中、高中、大学翻来覆去地做题，甚至拿整本整本的习题来练习，学生每天做得很辛苦，除了练习就是试卷，人异化为考试机器。尽管一张试卷决定不了人生，但我们却选择被它决定。教育的价值成为考试分数。教育没有使人从中获得解放，反而受到教育的束缚。教育没有使人从中获得自由，反而受到教育的压迫。海德格尔指出，“如果人成了第一

性的和真正的一般主体,那就意味着:人成为那种存在者,一切存在者以其存在方式和真理方式把自身建立在这种存在者之上。人成为存在者本身的关系中心"①。然而,异化的教育完全倒置过来了,更可怕的是,人们对这种倒置不以为然,甚至这种倒置得到普遍的认同。这样的教育难道不是一种教育行为的异化吗?其三,学校之间、教师之间、师生之间以及生生之间关系异化,彼此相互怀疑,彼此公开敌视。学生为追求分数、赞誉和权利,常常将其他人视为竞争对手。学习的动机就是在彼此的竞争中击败对手。过度竞争导致学生在交往过程中有意识地将不真实的信息告诉其他学生,减少彼此之间的交往或完全断绝交往,甚至"毒杀"竞争对手。在学生的眼中教师也是自私的,教师的教学是为了在学生身上考出更好的成绩,把学生当作证明自己教学能力的手段,把学生当作自己赖以生存的手段。这样的教育难道不是人与人关系的异化吗?其四,学习没有让学生感到快乐,教师辛苦进行的教学竟然成了学生难以忍受的东西,令人恐惧的事情。有这样一个笑话:老师问:"如果明天是地球的最后一天,你准备怎么过呢?"学生说:"我明天要来上学。"老师:"好感动啊!现在竟然有学生这么好学。"学生:"因为只有上学我才有度日如年的感觉。"我们的学生在记事本上经常这样写道:"终于放假了!""又要上学了!"等等。我们的教育给学生带来的不是快乐,而是痛苦。难怪有学生声称:"如果有一天,全国的学生进行一次新五四运动,炸学校、拒考试、烧课本,那本人积极参加。"因为通过这种教育,学生的才气没有了,兴趣没有了,创造力没有了,

---

① [德]海德格尔:《林中路》,孙周兴译,上海译文出版社,2008年,第76～77页。

宽广的胸怀也没有了。这样的教育是伪教育！毁人的教育！异化的教育！

(二)数学教育的异化

"数学教育是一个肥沃的领域,这一领域可以把不同的学科、不同的专业和不同的知识很好的联系在一起。"①然而,在数学教育中,学生的感受往往是这样的:"数学以复杂和使人困惑为特征,与人们的生活没有联系,是冷酷的和没有情感的学科。当学生和其他人谈论对数学的感觉时,一般的回答是:'我恨数学',甚至若干年后他还有这样的体会。……根本没有'我爱数学'、'我喜欢数学'这样的表达。"②或者是,"让我头痛的学科,两个小时永远做不完的学科,作业最多的学科,唯一一门每天都有课的正课,痛苦!"看看我们的数学教学就知道学生为什么会有这样的感受。那么,我们是如何进行教学的呢？一节典型的数学课是这样的五个教学环节:复习旧知→导入新课→讲解新课→巩固练习→布置作业。在台湾数学课堂中,教学过程也是如此:复习以前的知识→引入今天的主题→介绍定义和法则→用例子说明→在黑板和座位上练习→布置家庭作业。并且,通常其中的步骤(3)、(4)和(5)都会反复几次,占据了教学的大部分

---

① Mónica Vallejo-Ruiz, Antonio Fernández-Cano, Manuel Torralbo, Alexander Maz and Luis Rico. History of Spanish Mathematics Education Focusing on PhD Theses. *International Journal of Science and Mathematics Education National Science Council*, Taiwan, 2007.

② Helena Miranda, Mary Beisigel & Elaine Simmt. Consciousness, Collectivity and Culture: Experiences of Intimacy in Mathematics Learning. *Journal of the Canadian Association for Curriculum Studies*, 2006, 4 (2).

时间。① 一般来说，教师通常会花几分钟时间复习回顾，回顾以前所学过的知识，目的是为了引出本节课要讲的内容。然后，教师会介绍新概念。学习新概念后，就是相关的定理，此时教师和学生分别是演讲家和听众的角色，多数学生会做一些笔记。在这之后，教师会针对概念和定理讲解一些例题。在最后的15分钟左右，教师会要求学生独立完成一些课本上的习题、课外练习册上的习题或一份试卷。当然，在教学过程中，教师也许会提出一些问题，然后学生们(一般是小学生，因为年级越高学生对回答问题越没有兴趣)纷纷兴奋地举起手来。教师叫起一名学生。当他回答完毕，教师生硬地说："错了！"然后，教师叫起第二名学生，当他回答完，教师摇着头说："不对！"当然，也许教师会说："请想好了再回答。"听到这样的话语，就算不是批评，言下之意学生可能也明白了。接着，教师又叫起一名学生，对于他的回答，教师说："不太准确！"被教师叫起的第四位学生作出了回答，教师点头表示同意，并说："对，这就是正确答案！"教师这样的行为方式传递给学生哪些信息呢？首先，教师所提出的每一个问题都只有一个正确答案，自己就是要说出标准答案；其次，教师是最终答案的绝对权威；再次，不能确信自己的答案是否正确就回答，将使自己陷入危险境地。因为，教师不习惯说："嘿！我没有那么想过这个问题，你能再详细说说吗？"或者"你在这个问题上很有创见，你为什么这样想？"相反，教师倾向于说"不对"，除非学生提供了十分精确的答案。这样的课堂教学可以作如下概括②：

① Bih-jen Fwu, Hsiou-huai Wang. Practice Makes Perfect on the Blackboard: A Cultural Analysis of Mathematics Instructional Patterns in Taiwan. *ZDM*, 2006, 38(5).

② [巴西]保罗·弗莱雷：《被压迫者教育学》，顾建新、赵友华、何曙荣译，徐辉审校，华东师范大学出版社，2001年，第25页。

教师教，学生被教；

教师无所不知，学生一无所知；

教师思考，学生被考虑；

教师讲，学生听——温顺地听；

教师制订纪律，学生遵守纪律；

教师做出选择并将选择强加于学生，学生唯命是从；

教师作出行动，学生则幻想通过教师的行动而行动；

教师选择学习内容，学生适应学习内容；

教师把自已作为学生自由的对立面而建立起来的专业权威与知识权威混为一谈；

教师是学习过程的主体，而学生只纯粹是客体。

下列情形在中国数学课堂上几乎不可能出现：一个叫萨姆(Sam)的学生被他的老师Snug小姐问道："萨姆，如果一个人一小时走3英里，那么四个小时他能走多远?"萨姆回答道："这要依赖于第一个小时后，他有多疲倦。"其余的学生喧闹起来。Snug小姐整顿了纪律。"萨姆是完全正确的"，她说："我以前从来没有考虑过这个问题。我总是认为这个人四个小时应该走12英里，但是，萨姆可能是正确的：这个人在第一个小时后可能并不感到精力充沛。他可能缓慢而费力地行走，这样他就可能会走慢。"Albert Bigelow举起了手，他说："我的爸爸认识一个打算走12英里的人，但是最后这个人死于心脏病。""非常好!"老师说道，"我也认为这样的事情是可能发生的。""四个小时内任何事情都会发生。"①

① Bryan R. Warnick, Kurt Stemhagen. Mathematics Teacher As Moral Educators: The Implications of Conceiving of Mathematics As a Technology. *J. Curriculum Studies*, 2007, 39(3), pp. 303～316.

数学应该震撼学生的心灵,培养他们的好奇心。在中学的各门课程中,没有哪一门课程能像数学那样容易使学生产生那种清晰、直接、动人而又朴素的联想。然而,数学教育的现状,在某种程度上却把学生"越教越笨",学生成为做题的机器。从而,在一些人看来,下列现象就再正常不过了。高三教师时常这样教导学生:高三复习,各种各样的数学试卷要做几十甚至上百套,要把试卷看成一张渔网,每次考试都相当于在捕鱼。如果发现有鱼从渔网中漏掉,就要及时补好漏洞,这样才不至于有漏网之鱼。其实,很多优秀教师就是为考试而教,学生考试分数越高,他就越是一个好教师。

在林文生和邬瑞香所著《数学教育的艺术与实务》中,记叙了一位台湾小学教师亲身经历的一件事情。"记得两年前,我女儿上幼稚园大班,我儿子上小学三年级,有一天带他们去吃每人 199 元的比萨。付账时,我问儿子和女儿:妈妈一共要付多少钱啊?儿子嘴巴喃喃念着:三九,二十七,三九,二十七进二;女儿却低着头数着手指头,一会儿,儿子喊着:妈妈!你有没有纸和笔,我需要纸和笔来写'进位',否则会忘。儿子还未算出,女儿却小声地告诉我:妈妈!你蹲下来一点,我告诉你,我知道要付多少钱了。

啊!真的,要付多少钱?

你拿 600 元给柜台的阿姨,她会找你 3 元。

付完钱后,牵着女儿的手走向店外,再问:你怎么知道给阿姨 600 元,还会找 3 元呢?

我用数的啊!199 过去就是 200、400、600,三个人共要给 600 元,但是阿姨一定要再找 3 元给我们才可以,她多拿了 3 元嘛!"

以上只是前奏,精彩的还在后面:"最近带他们两人去吃'沙拉吧',一人各 380 元,付账时,我问他们兄妹两人:算算看,要付多少钱?两人异口同声地回答:给我纸和笔。我说:没有纸和笔。女儿答腔：那就算不出来了。”这是数学教育把学生“越教越笨”的典型例子。

琼瑶小说《窗外》中有一段主人公厌倦数学和自然科学课程的描写：突然，她忽发奇想，假如把李白从小就关在一个现代化的学校里，每天让他去研究硝酸、硫酸、sin、cos、x、y、正数、负数，不知他还会不会成为李白？那时，大概他也没有时间去“五岳寻山不辞远”了，也没有心情去“举杯邀明月”了。她真想抛开那些数字，捧起唐诗来大念一番。一杯清茶，一本唐诗，这才是人生的至乐，但又是谁发明了这些该死的 x、y 呢？现在，她只得抛开唐诗，重新回到那个要命的代数题目上去。由此看来，下面的故事也许并不是“笑话”：有一位数学教授和他以前的一个学生都犯了死罪。根据习惯，死囚在被处死前可以有一次机会提出一个最后的要求，数学教授提出希望再讲一堂数学课。这个请求获得了批准，但规定这堂课要给其他死囚上，当那位以前的学生听到了教授的临终请求批准后，他说：“这样使我容易提出我的最后要求了：我希望在教授开讲前执行我的死刑。”

有学生高呼：“为什么要考数学，你们让陈景润写首诗试试。”(摘自某大学自主招生考试，一考生写在数学试卷上的话。)难怪有学生感慨地说：“在中学所学的课程中，再没有比数学更无用的了。”“数学是最难懂也是最没用处的，想出数学这样东西的家伙真该死。”波利亚曾经表达了这样的忧虑：“数学的声誉令人怀疑，它是专业课程中最不受欢迎的一门……未来的教师在小学毕业时变得憎恶数学……当他回到小学去执教时又教出痛恨数学的下一代。”①其

① [美]G·波利亚：《怎样解题》，涂泓、冯承天译，上海科学教育出版社，2002 年，第二版序。

实，随着年级的增长，学生对数学越来越厌恶。一名高中生这样写道："小时候，数学是生活中的必须品，我离不开它，它也离不开我。后来啊，数学变成生活中的小包袱，我背着它，它压制我。现在，数学成了生活中的绳索，它捆绑我，我一心只想逃离，因为要高考……也许，它还是暴风雨，将我对学习的热情扼杀在摇篮里。若干年后，我会再次将它拾起，那时，我深情拥抱它，也同时祭奠我逝去的成绩……"（摘自调查问卷中，某高中生写的一段话。）由此看来，学生对数学的好奇心逐渐地被老师扼杀了，数学意义的失落导致了数学教育的异化。当然，数学教育的异化也加速了数学意义的缺失，两者相互影响。

二、数学教育的实证研究

（一）调查设计和过程

调查目的：从实证的角度了解中学生对数学本质的理解，对为什么学数学的想法以及对如何学数学的认识等。探究数学意义是否缺失，如果缺失，其根源在哪里？从而寻求数学教育中数学意义回归的有效途径。

调查方法：采用了问卷调查、访谈、个别交流等方法。问卷调查是教育评价中最常用的收集信息方法之一，它具有效率高、所获得的信息便于进行定量分析等特点。本问卷项目主要有两种类型：封闭式问卷（选择题）和开放式问卷（自由回答题）。选择题使用了五点量表，即利克特量表（Likert Scale）。

问卷设计：调查主要有三种形式。其一，问卷调查，主要针对学生。设计时主要考虑了下列几个维度：对数学学习的态度；对数学学习的信心;对数学本质的认识;对数学价值的认识;对数学学习方法的认识等。其二,访谈,主要针对教师。主要访谈了数学对话、数学文化、数学经验等。其三,与学生和教师的个别交流。实践表明,回答问卷的时间一般不要超过30分钟,时间过长影响调查质量。为了把每次回答问卷的时间控制在30分钟内,调查问卷分为三部分,即问卷1、问卷2和问卷3,问卷1、问卷2为选择题型,问题数量分别是26和25,这样既保证能获得基本的信息,又保证被调查者不产生厌烦情绪。问卷3是一种开放题型。问卷中没有晦涩的语言,没有模棱两可的陈述,没有复杂的句型,没有生僻的词汇,没有给学生提供答案的线索。为了保证调查结果的可信度,问卷的设计遵循了下列程序:明确调查的中心概念,确定研究范围;建立问卷框架;在建立框架的基础上,提出具体的问题;广泛征求意见,修订题目;调查;根据调查结果,进行再次修订;正式调查。同样,对于教师,我们采用了访谈的方法。由于访谈方法具有双向交流的特点,与问卷调查相比,它更适用于调查对象较少的场合。访谈问题一般控制在4~5个,这样既能获得有用的信息,又不占用一线教师过多的时间。

调查实施:本调查研究的样本取自武汉市四所中学,四所中学有省级重点中学、市级重点中学和普通中学等。调查的学生分别来自高一、高二、高三年级,既有理科班又有文科班。之所以选择高中学生作为调查对象,因为高中学生对数学的认识有自己的理解,并且具有一定的稳定性。信度和效度是测量的核心,低信度、低效度的测量,至少在某些地方是不准确的。为了保证测量的信度和效度,调查时间历时两年。在第一年(2007年)调查结果的基础上,对问卷进行了适当的修订,这样使调查问卷更具针对性。为了保证测量的一致性程度高,以下相关数据均取自第二年(2008年)的调查研究。调查累计发放问卷360份,回收问卷345份,其中有效问卷337

份。有效回收率为 97.68%。对于教师的调查主要是现场听课、访谈和个别交流等。

统计工具:原始数据统计后,主要利用 Excel、SPSS 13.0 等软件对数据进行了统计分析。

(二)调查结果的统计

由于调查问卷中涉及的问题较多,为了使调查分析更具针对性,主要讨论三个问题:数学是什么?数学有用吗?如何学数学?

问卷 1 主要是基本情况的调查,一共调查了 26 个问题。我们统计分析了下列问题(其他数据见附录):

你对数学

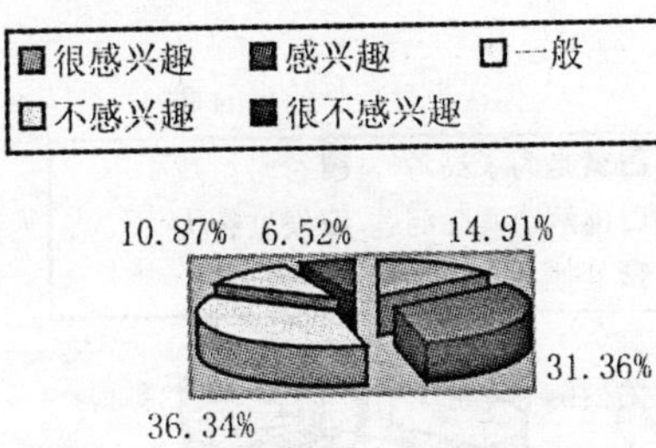

你对数学感兴趣的主要原因

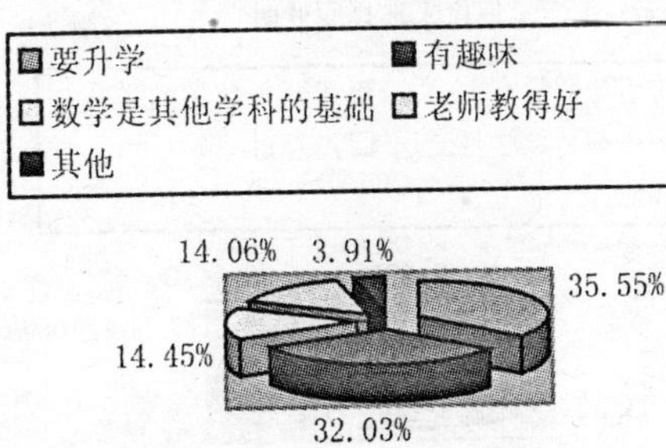

你对数学不感兴趣的主要原因

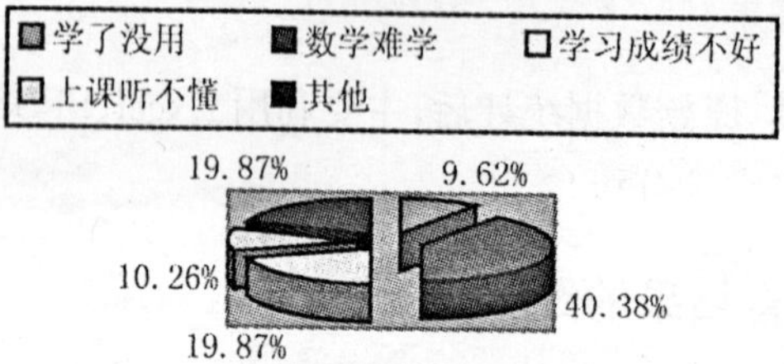

你对学好数学的信心

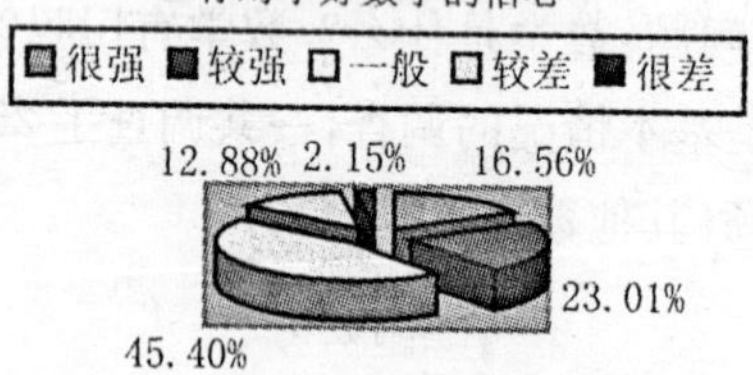

你认为学数学的目的是

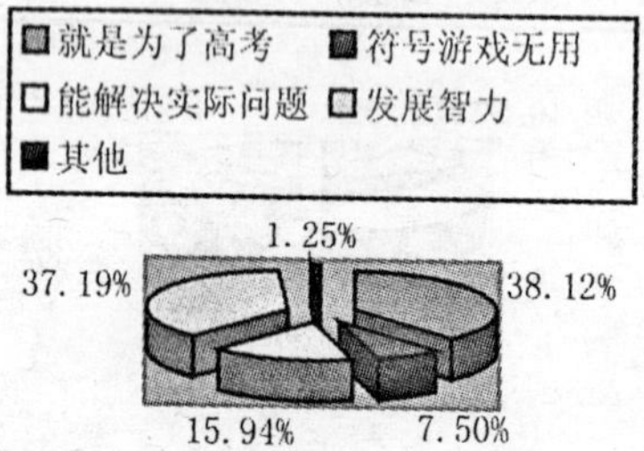

你将来选择职业时

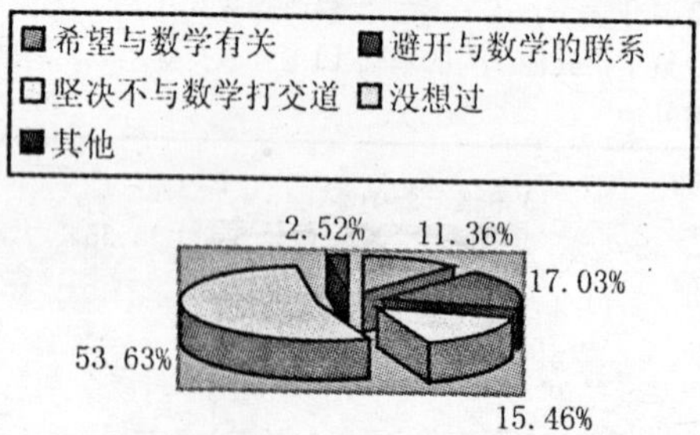

你学习数学的方法注重于

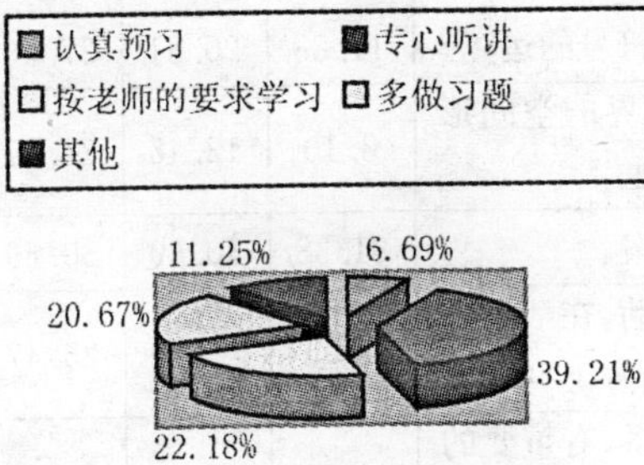

你对数学的学习感到

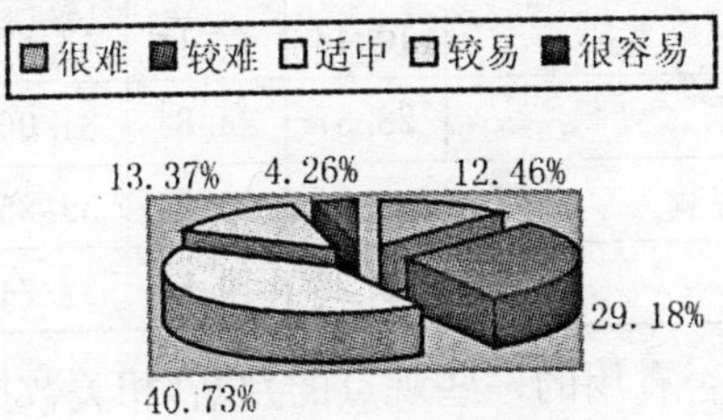

你最喜欢的学科是

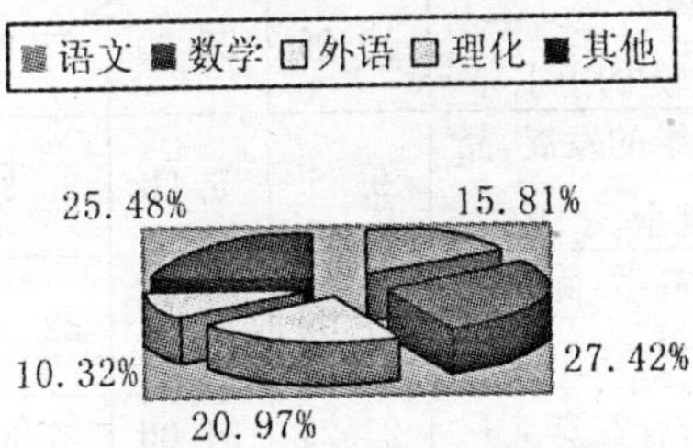

问卷2是关于数学是什么的一些观点的判断，相关数据统计如下：

调查问题	非常同意(%)	比较同意(%)	中立(%)	反对(%)	强烈反对(%)
数学是一堆数字和符号的运算。	11.88	20.31	37.50	20.63	9.68
数学是研究现实世界的空间形式和数量关系的科学。	8.10	12.46	34.27	26.79	18.38
数学不存在众多答案。	31.38	30.69	30.69	6.55	0.69
数学是一种探究活动，在活动中伴随着错误、尝试和改进。	4.09	1.89	25.47	41.19	27.36
数学是一种文化体系，有重要的文化价值。	13.35	9.63	38.20	25.47	13.35
数学就是计算和证明。	12.07	25.39	43.34	11.76	7.44
数学非常抽象。	10.43	17.18	43.87	23.61	4.91
数学是绝对真理。	28.57	24.84	31.06	11.80	3.73
数学是一种符号游戏。	14.64	25.55	39.25	15.26	5.30
数学就是逻辑。	10.38	19.50	37.74	25.47	6.91

关于数学是否有用的一些观点的判断，相关数据统计如下：

调查问题	非常同意(%)	比较同意(%)	中立(%)	反对(%)	强烈反对(%)
从数学中学到的知识很少与现实有关系，实际生活中较少用到。	15.05	27.90	27.27	20.38	9.40
数学能促进人的思维的发展，品德的完善，人格的健全。	9.55	5.41	35.35	23.57	26.12
学习数学就是为了高考，除此之外无其他用途。	21.09	28.43	32.59	10.22	7.67
数学枯燥无味，没有什么意义。	23.29	31.06	27.33	14.60	3.72
数学很优美，能够陶冶情操。	17.39	10.56	44.41	17.70	9.94
数学学习的好坏会影响到将来的发展。	12.04	18.83	33.02	25.93	10.18

关于如何学数学的一些观点的判断，相关数据统计如下：

调查问题	非常同意(%)	比较同意(%)	中立(%)	反对(%)	强烈反对(%)
学数学就是要多做题。	8.81	7.23	36.16	30.50	17.30
观察和实验是不可靠的，在数学中它们没有价值。	19.17	35.14	34.19	7.03	4.47
考试成绩是评价学生数学学习水平的唯一标准。	32.19	25.94	24.69	10.00	7.18
数学学习主要就是老师讲，学生听。	16.15	35.09	31.37	12.11	5.28
数学学习中不可能存在师生的交流和对话。	30.75	31.99	26.09	6.52	4.65
数学学习与日常生活经验无关。	19.81	39.32	21.67	12.38	6.82
数学学习离不开死记硬背。	13.04	29.81	30.43	16.77	9.95
每一个数学问题一定有唯一正确的答案。	24.53	32.92	26.09	9.94	6.52
如果在做数学题时，有些条件没有用到，那么，做出的答案不会是正确的。	21.34	28.34	30.57	11.78	7.97

问卷3中，我们采用了一种较新的构造设计调查问卷内容的方法——无约束短文法设计问卷。学生能够畅所欲言，充分发挥自己的想象力。从而可以根据学生的回答分析相关信息。

对于“是否喜欢数学，以及原因是什么”的问题，33.98%的学生表示不喜欢数学，1%的学生表示无所谓或中立，65.02%的表示喜欢数学。在以下的统计中，摘录了一些有代表性的说法。

不喜欢数学的学生，主要是以下几种原因：

①数学成绩较差：“因为我本人数学太差，始终都学不好”；“数学成绩很烂，数学作业很多，数学课的进度很快”；“我数学奇差，对

于我而言，进度无论多慢都听不懂，对数学没有信心，没兴趣，没希望，每天被动学习，怎么可能喜欢呢?”……

②数学作业太多：“对数学本身不讨厌，但上了数学课就有很多很多作业要做，我速度奇慢，就算别的什么都不做，只做数学也做不完”；“整节课都在不停地做题，和做作业有什么区别？老师讲要这样做，而不说为什么要这样做。班主任的课给人压迫感，又乏味，昏昏欲睡。有时进度慢，有时赶课，意味着我们又要赶作业”；“春夏秋冬，不是上新课就是考试，上新课就有作业，考试就有分数”；……

③数学学了没用：“学了没用，与以后生活全无干系，只是为了高考”；“模式单调、乏味，上课气氛沉闷”；“太无聊了，没有实际意义”；……

④数学枯燥乏味：“思维量过大，计算量过大，单一乏味，缺少创新”；“数学越学越枯燥无聊”；……

以下因素让学生喜欢数学：

①能启发思维、有趣：“能够启发人的思维”；“做数学可以使我头脑清醒”；“数学变幻无穷，富有魅力”；“数学具有很强的趣味性，在生活中运用广泛”；“数学让我有无尽的思考，我可以尽情地开动我的脑筋，打开我的思路”；……

②学数学有成就感：“解数学题能锻炼逻辑思维，提高思维的周密性，独自将难题解出很有成就感”；……

③为了高考：“高考150分，不喜欢不行”；“因为要高考，不喜欢会很痛苦，一周八节课，如果不喜欢，我怕还没有到高考就要痛苦死了”；……

④老师讲得好：“因为对数学有兴趣，老师讲课好”；“老师的教学方法很充实，上课也很幽默、风趣”；……

⑤数学是其他学科的基础：“数学是理科的基础，没有数学其他

学科寸步难行";"数学学不好,物理、化学也学不好";……

态度中立的学生认为:"虽然课堂沉闷,但选题都很好,比较有特点,所以态度中立";"它是一门很重要的课程,所以必须重视,但我本身对数学兴趣不大,所以听数学课我很认真,但谈不上喜欢";……

对于"数学课应该怎样上"的问题,学生认为:

①数学课不应该只是做题:"不照本宣科,不拼命做题,有诗意,有笑声,不会让我们常觉得:你必须这样做,而是明白:为什么要这样做。老师不应该常说:'一本练习册都做不完,那还考什么高考。'诸如此类的话,因为对于我这种人而言,做完一本练习册已经很困难!老师应该多用鼓励的话作为课堂中语言的重点";……

②应该讲明为什么:"告诉我们如何能有正确的思路,而不是你要这样想";……

③应该从历史发展的角度讲数学:"把数学放在历史发展的角度进行发人深省的启迪(有点不知所云,说简单一点,就是用一种更合理的方式表达数学,而不是做题)";……

④注意数学知识的归纳总结:"注重知识点的归纳总结,注重解题方法和步骤的归纳总结,减少课堂题量";"讲好题,讲对题,多种方法,讲究效率";"多讲做题的方法,最好是一些窍门";……

⑤注意与生活联系起来:"将数学与生活结合起来,讲有关数学的趣事";……

⑥应该师生互动:"老师和学生一起讨论,研究一种问题的多种解法";"互动,有激情,以学生为主体,学生讲,老师点拨";"不只是老师一个人演独角戏";……

对于"心目中的好老师应该是怎样的"问题,调查表明:

①不以成绩的好坏评价学生:“不以学生数学成绩好坏决定在他心目中的印象,不会因为学生数学成绩不好而否定这个学生,最后置之不理”;“以高考更有效率来吸引学生。教学风格不要一成不变,会审美疲劳,很枯燥;对人真诚,不要只是为了自己的利益,老师要以教好每一个学生为己任,要让每个学生发挥自己的潜力,不要以成绩来评判学生”;“关心每一位学生,用相同态度对待每一位学生,用笑容而不是皱眉面对学生”;……

②幽默、有激情、博学多才:“幽默,充满活力”;“博学多才,课堂上能旁征博引,时刻告诉我们数学在各学科中的应用”;“幽默、风趣、睿智、有经验,能让学生百分之百地集中注意力听课,用通俗明了的例子阐述深刻的数学定理”;……

③能激发学生的兴趣和思维:“善于总结解题与思考的方法,善于分析考试题型”;“启发思路,发散思维,循序渐进,而不是生搬硬套,死板的‘古董’”;“能激起学生学数学的兴趣”;“讲课生动、幽默,能让学生轻松地顺着老师的思路找到突破口”;“能启发学生如何思考,应在讲题时多留下一些思维的痕迹,而不是灌输给学生众多理论知识”;“讲课应生动形象,有号召力,而不是一开口像催眠曲一样乏味、无趣。教学生动,能让学生了解公式的真正含义,而不是仅仅告诉我们公式,要我们去死记硬背”;……

④不出错,注意引导:“不提前上课,不拖堂,不装傻,不讲错”;“上课要有激情,不要带着强烈的催眠效果上课,尽量不要在课堂上出计算错误,不要装傻,或者装傻装得太明显,不要用讽刺句式或挖苦句式”;……

⑤有耐心:“无论学生问什么问题都能一一耐心解答”;“详细为同学们讲解题目,且耐心”;……

对于“学习数学的目是什么”的问题，学生认为：

①为了高考：“除了买东西的时候有点用，考试的时候有点用，没有多大的实际用途”；“第一要高考，第二要证明自己的智商”；“一切为了高考，没有高考就没有人会学这些没有用的东西，以后还要花时间来忘记”；“使头脑灵活一些，考上好大学”；“高考必考，大学必修”；……

②生活中有用：“用于解决实际问题”；“买东西的时候不会被商家‘黑’”；“日常生活无阻碍，买菜不被宰，高考不拖后腿，学好统计学，以后买股票可以赚钱”；……

③没有多大用处：“生活中数学没有那么深，对于以后学习专业与数学无关的人，数学学深了也没多大实际用途”；“其实在生活中，数学的应用并不广泛(特别是高等数学)，学数学完全是出于个人兴趣”；……

④逻辑思维：“培养和训练逻辑思维”；“锻炼人的思维能力”；“完善一个人的逻辑思维，开发人的智力，以及引起我们对数理逻辑的兴趣，顺便激发我们对神奇大自然的热爱”；……

⑤其他学科的基础：“为其他理科学习打下基础”；“为学好经济、金融，数学要学好”；……

学生给“数学的定义”中，尽管有些根本就不能叫“定义”，但是，我们还是从以下几个方面进行了统计：逻辑思维、有用工具、高考学科、难学或魔鬼、一种游戏、发展智力、数与式、没有用处、其他等。由于有些学生的回答无法作出准确的分类对应，因而，不同的人进行统计可能略有差别。另外，这 9 类之间并没有必然的逻辑关系，只是为了更好地达到研究目的。这 9 类中，有代表性的部分说法是(所有的定义见附录七)：

数学是什么

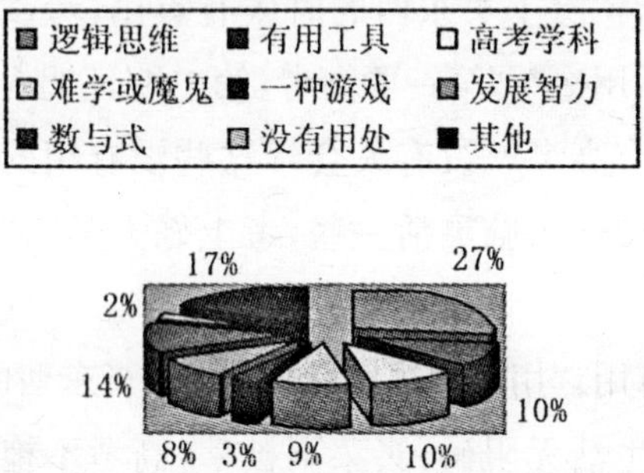

①逻辑思维:“数学是强烈的逻辑推理”;“数学是一种逻辑思维能力”;“数学就是训练你的思维能力”;“数学就是一门培养我们的精密的逻辑思维和思考能力的科目”;“数学是一门提高人类逻辑思维的学科”;……

②有用工具:“在考场和结账时用到的一种技术”;“数学就像老奶奶的拐杖,没有它,老奶奶仍然可以行走,但是不安全,不方便,拥有它,则更加便利”;“给生活带来方便”;“买菜时最广泛的语言”;……

③高考学科:“学数学就是为了高考,绝不是为了国家的繁荣,以后打死也不找跟数学有关的工作”;“数学是高考的必杀技”;“数学就是高考工具”;“数学是打开高考大门的一把钥匙”;“为了高考,不想学也得学的一门学科”;“应付考试的一种工具,打开大学门的敲门砖”;“为了高考,赚大钱”;“是一门不得不学,却又怎么都学不好的枯燥的升学科目”;“数学是150分,为了高考,为了父母的期望,为了上个好大学,要不然,打死我,我也不学”;“为了父母和高考,更为自己的前途”;……

④难学或魔鬼:“魔鬼,难打败的憎恨者”;“数学是杀死脑细胞

的工具”;“数学是学不会的科目,很难,很难,难上加难”;“脑细胞的灭绝师太”;“满清十大酷刑”;“很难学好的东西”;“看似简单,学起来难;听课容易,做题难;平时测验有高分,大型考试高分难;抽象难以变详细”;“数学是一门伟大而神奇的学科,对于一些人而言,它是天堂,对于我而言,它是地狱!(实话!)”……

⑤一种游戏:“数学就是枯燥无味的数字游戏”;“很难玩的数字游戏”;“像是在玩一种数字游戏”;……

⑥发展智力:“一个发展智力,放松心情的游戏,也是一个影响是否能进好大学的重要因素”;“数学是开发智力的强力药品,学会了逻辑,让人更聪明”;……

⑦数与式:“数字的运算和运用”;“数学即数字学问,看似容易其实很难”;“需要理解力的一大堆式子”;“数与数之间的关系”;“离不开数字和符号的学习”;“数学就是数与数之间的学问”;“一堆数字,是我痛苦的根源”;“数字与图像的结合”;……

⑧没有用处:“与生活无关,学了没用”;“数学在实际生活中没有什么用”;……

⑨其他:“如果说吃饭是成长的充要条件,那么数学则是人生的既不充分又不必要条件”;“神级的意识”;“数学是一杯又浓又苦的黑咖啡”;“无聊+无聊=无聊至极”;“数学就像脑筋急转弯转来转去的”;……

(三)调查结果的分析

从调查来看,学生还是比较喜欢数学。因为有65.02%表示喜欢数学,在最喜欢的学科中也有27.42%的人选择数学。然而,并不是所有的学生是因为对数学感兴趣而喜欢数学,而是由于不得不面对高考这一现实,这一结论从调查的多个问题中得到了充分的验证。35.55%的学生对数学感兴趣的原因是由于升学,38.13%的学生学习数学的动因来自于高考,40.30%的学生学数学容易受到考试成绩反馈的影响,这几个数据在各自所调查的问题中都是最高的。其实,“在高分数和高排名的比赛中……数学作为学校科目经常被用来区分每个人的身份,甚至国际比赛的水平”①。另外,从学生对数学的定义,以及学生对学数学的目的认识来看,都可以充分说明高中生对数学的兴趣很大程度上来自高考。这说明传统文化中的“实用思想”、“功利主义”对数学教育不利的一面,导致学生往往只重视实用,而忽视理论思维,常常把数学学习只当作一种“敲门砖”。有人指出,“数学在中国教育中是极其重要的,并且是中小学最重要的科目。中国的学生意识到如果他们想进入一个好学校或一个有名的大学,他们必须学好数学。从小学到中学,中国学生似乎已经对大学的入学考试有所准备。大学的入学考试的优胜者经常是数学学得很好的学生”②。和美国学生比较起来,中国学生更相信勤能补拙,熟能生巧(美国家长或学生更多地认为学习活动的成功或失败主要取决于天赋)。49.74%的学生认为自己数学学不好的原因就是“没用功”,39.57%的学生表示有学好数学的信心,应该说这一结果比较正常。但是,在“对数学不感兴趣的主要原因”的问题中,仍有32.03%认为是“数学难学”。国际数学教育测试表明,中国(包括大陆、香港、台湾)、日本、韩国、新加坡等国家和地区成绩突

---

① Sigmund Ongstad. Mathematics and mathematics education as triadic communication? A semiotic framework exemplified. *Educational Studies in Mathematics*, 2006(61), pp. 247～277.

② Tang Jing. The Popularization of China's Higher Education and Its Influence on University Mathematics Education. *Educ Stud Math*, 2007(66), pp. 77～82.

出，同时也表明"日本的大多数学生并不喜欢数学"。东亚学生在数学测试中比西方国家的学生做得更好，这与东方文化背景有关——受儒家文化的影响。"在东亚社会，学生，老师和家长认为测验和考试是一个学生的学校生活中最重要的事情之一和他们将来生活成功的一个关键因素。也有高风险的大学入学考试。在许多西方社会这似乎不被看做是什么事。"①

对于数学的认识，"数学是研究现实世界的空间形式和数量关系的科学。"只有 20.56%的学生表示认同，而 45.17%表示反对；62.07%的学生认为"数学不存在众多答案"，而反对者只有 7.24%，对比非常强烈；53.41%的学生认为"数学是绝对真理"；68.55%的学生反对"数学是一种探究活动，在活动中伴随着错误、尝试和改进"，只有 5.98%的学生表示同意，可谓泾渭分明；38.82%的学生反对"数学是一种文化体系，有重要的文化价值"，而只有 22.98%的学生表示赞成；40.19%的学生赞成"数学是一种符号游戏"。

从数学的用处来看，49.68%的学生反对"数学能促进人的思维的发展，品德的完善，人格的健全"，只有 14.96%的人表示同意；只有 27.95%认为数学很优美，能够陶冶情操；49.52%的学生赞成"学习数学就是为了高考，除此之外无其他用途"，几乎占了一半；54.35%的学生赞成"数学枯燥无味，没有什么意义"；36.12%的学生反对"数学学习的好坏会影响到将来的发展"，而只有 30.87%表示赞成。总体来说，学生对数学价值的认识模糊，不少人认为"为了高考而学习数学"，没有认识到"数学对个人素质提高"的作用。从

① Preamble. The Thirteenth ICMI Study on Mathematics Education in Different Cultural Traditions A Comparative Study of East Asia and The West. *Educational Studies in Mathematics*, 2000(43), pp. 95～116.

而，认为数学学习枯燥无味成为必然。这也就能够理解为什么学生认为“数学是世界上最没用的最重要的工具”。当然，从调查可发现，尽管某些学生不喜欢数学，甚至讨厌数学，但是，他们还是认为数学对人的思维发展有重要作用，认为数学对现代社会发展有重要影响。

对于如何学数学，54.31%的学生同意“观察和实验是不可靠的，在数学中它们没有价值”；58.13%的学生赞成“考试成绩是评价学生数学学习水平的唯一标准”；而认为“数学学习主要就是老师讲，学生听”的学生占51.24%；认为“数学学习中不可能存在师生的交流和对话”的学生占62.74%；59.13%的学生同意“数学学习与日常生活经验无关”；数学本应该是理解至上的学科，但是调查显示，45.82%的学生同意“数学学习离不开死记硬背”；57.45%的学生认为“每一个数学问题一定有唯一正确的答案”；49.68%的学生同意“如果在做数学题时，有些条件没有用到，那么，做出的答案不会是正确的”。

从调查可以看出，部分学生不喜欢数学的根本原因在于：数学成绩较差影响学习的积极性、数学课作业太多、感到数学学了没用、数学课堂很枯燥等。他们认为，数学课不应该只讲题，即使讲题也要讲清为什么。其实，这是一种矛盾的心态，一方面，学生面对高考要提高数学成绩的现实，另一方面，他们又希望改变目前的数学教学之现状。所以，学生希望从数学文化的视野、与生活关联的角度、师生互动的形式进行数学教学。

学生给出的数学定义各种各样，甚至是千奇百怪或根本就不能叫做定义。统计表明，大约27%的学生认为数学与“逻辑思维”有关，大约14%的学生认为数学与“数与式”相连，大约10%认为数学就是“高考学科”，另有大约9%认为数学“难学”或数学根本就是“恶魔”。不可否认的是，数学对部分同学确实造成了极大的伤害。由此带来的后果是，32.49%的学生明确表示在将来的职业中“避开与数学的联系”或“坚决不与数学打交道”，仅有11.36%的学生表示将来选择与数学有关的职业。由此看来，部分同学对数学表示出极大的厌恶，在这些同学心中数学不亚于可恶的魔鬼。总之，调查显示，无论是对数学本质的理解，还是对数学的目的、价值以及对数学学习的方法的认识都存在偏差，数学教学的现状存在异化现象。数学意义在相当一部分学生的心目中已经丧失。

三、意义缺失的原因探求

在不同的人眼中，“数学既是可恨的，又是可爱的；既是可怕的，又是美丽的；既是清晰的，又是模糊的；既是消极的、令人沮丧的，又是积极的、富有挑战的”①。数学就像寓言中盲人摸象的故事：6位盲人分别摸到了大象的一部分，他们争论不休，却永远无法达成一致的意见。如果认为数学是为了解决长度和面积，计算成本和利润，它就是一种工具。如果认为数学是描述重力或染色体的几何形状，它就是一种语言。如果体验到数学发现与论证的美妙，它就是一种艺术。如果考虑到一些扣人心弦而又未获解答的问题，它就是一片未开发的区域。如果觉得数学是一长串枯燥的计算或者莫明其妙的公式，它就是一种惩罚。其实，在数学教育中，人们对数学本质、数学价值以及数学教学的不同认识的偏差是导致数学意义缺失的根本原因。

---

① Sigmund Ongstad. Mathematics and mathematics education as triadic communication? A semiotic framework exemplified. *Educational Studies in Mathematics*, 2006(61), pp. 247～277.

(一)数学等于升学工具吗

“不同文化传统发展不同种类的数学。”①古代中国的数学与古代希腊的数学之间就有着明显的差异。前者更注重算法和实际应用,而后者则更注重逻辑和演绎推理。中国传统数学的社会性首先表现为它的实用性。李约瑟认为,“中国人在数学工作中一贯有算术、代数头脑,他们明显地不过问那种与具体数字无关的、单从某些基本假设出发得以证明的定理和命题组成的抽象几何学”②。在中国历史上,对直角三角形的兴趣主要是在实用方面,即为了测量的目的。如果说《几何原本》集中体现了古希腊的数学传统,那么中国古代特有的数学传统就在《九章算术》中有着典型的表现。

《几何原本》是一部划时代的著作,它的伟大意义在于它是用公理方法建立起来的数学演绎体系的最早典范。它把重点放在阐明逻辑联系,把几何学当作一个封闭体系对待,而把应用抛到一边。古希腊之所以产生了《几何原本》这样的巨著,这与古希腊人对数学价值的认识有直接的关系。柏拉图主张,学习数学不是为了应用,而是为了锻炼思维,激发学生对理念世界中抽象而绝对的真理的兴趣。从而,古希腊数学的抽象化、理论化、逻辑化就不可避免了。体现在《几何原本》中就是,内容高度抽象,公理是最一般的命题,并且采用公理法演绎推理出其他命题。

《九章算术》是数学知识的光辉集成,它支配着中国计算人员一

---

① Preamble. The Thirteenth ICMI Study on Mathematics Education in Different Cultural Traditions a Comparative Study of East Asia and the West. *Educational Studies in Mathematics*, 2000(43), pp. 95~116.

② [英]李约瑟:《中国科学技术史》(第三卷数学),科学出版社,1978年,第53页。

千多年的实践。从社会根源来看，它与官方有密切的联系，致力于统治阶级所要解决的问题。土地的丈量、谷仓容积、堤坝和河渠的修建、税收、兑换率——这些似乎都是最重要的实际问题。由于历法与天文现象的观察都需要数学的帮助，算法为天文历法服务，从而计算为第一要事。在中国历史上，数学的重要性主要在于它与历法有关。李约瑟认为，在中国从未发展过理论几何学，即与数量无关、而纯粹依靠公理和证明作为讨论的基础来进行证明的几何学。所以，在中国数学中没有第五公设这样的问题，也没有"对顶角相等"。

不同数学传统导致数学教育价值的不同取向。纵观数学教育的发展史，数学教育中存在着两种不同的价值取向：注重实用和注重思维训练。不同的数学价值观也影响数学教育目标的确立。在我国的数学教育目标中，特别注重数学基本知识和基本技能，以及基本计算能力。相当一部分学生认为，"学习数学除了应付考试以外没有任何价值。""学数学就是为了高考，绝不是为了国家的繁荣，以后打死也不找跟数学有关的工作。"甚至有学生得到赤裸裸的等式——"数学＝高考"。不少学生只有在课堂和考试中才感到数学有用，离开了教室和考场就感到数学是不存在的。很多优秀的学生不愿学数学专业或与数学有着密切关系的专业，一些全国高中数学联赛的获奖者毅然放弃保送到高校学习数学的机会，而宁愿选择一些"热门"专业，甚至国际数学奥林匹克金牌获得者也只是把获奖当作一块跳板。在大学里，一些考研学生报考专业时就只有一个要求——"不考数学"的专业。从而就能理解面对"为什么要学数学？"的问题时，为什么那么多学生的回答是：一切为了高考，考上好大学，高考必考。否则，正如有些同学说的，打死也不学数学。于是，数学演变成空洞的解题训练，应对考试的各种题型训练成为教学的主体，名目繁多的各类测验与考试成为评价学生是否学好数学的权威工具。58.13%的学生赞成“考试成绩是评价学生数学学习水平的唯一标准”就不足为怪了，因为数学已经沦落为一种升学工具。

尽管数学作为智力才能的选择工具，比其他学科甚至智力测验更可信，而且也容易操作。但是，数学教育的目的绝不是考试。“很显然，一旦某个学科被列入考试项目，它所教的内容必然是最容易考的东西。而下面的怀疑也是很自然的，那就是作为思维训练的数学能由那些最容易考的题材适当表示吗？不需要我来证实这种怀疑；学校的每门学科都处于同样的危险之中，那就是退化成为了考试而教学。”弗赖登塔尔(H. Freudenthal)说，“考试本是一种有意义的活动，教师可以通过检查教学过程以发现问题，予以改进；学生可以知道自己是否真正学到了东西，学习态度是否正确，以及是否具备必要的学习能力；同时还有有关的一些人想知道，学生究竟学了些什么”①。然而，我们现在的考试带给学生的是无穷的烦恼，他们过多的精力都放在如何取得更好的成绩上，如何进入知名的大学上，思想中许多原有的珍贵的东西被禁锢了，慢慢消失得无影无踪。面对每个月、每个学期，甚至每个星期的排名，我们的学生在他还不知道这个世界是怎么回事的时候，就要开始面对别人告诉他“你不行”。这是多么的残忍啊！事实上，为了要考查学生的才能，有必要把他放在一个非灌输式的环境，有必要唤起他的自发性和进取心。为今后有实用效能而选取的教材必以教条的方式来讲授，此时，成绩的优异，是以对所灌输的教材具有准确和快捷的记忆力为标志。总之，当数学成为应付考试的升学工具时，学生就体验不到发现和

① [荷兰]弗赖登塔尔：《作为教育任务的数学》，陈昌平、唐瑞芬等译，上海教育出版社，1995年，第79页。

应用数学的真正快乐。

(二)学数学就是做题吗

不少人认为,“数学就是升学的工具”。在数学教学中,“数学是升学的工具”如何体现呢?一个必然的现象就是——多做题。一名高中生写道,“学数学是为了高考,学好数学就是要多做题”。部分教师大搞题海战术,学生在题海中苦苦挣扎,反复对号练习。在师生看来,只有多做题,才能保证升学考试中数学拿高分。我国自古以来就有“熟能生巧”的古训,数学教育中历来就是“练习,练习,再练习”。不是有学生感叹,数学是“满清十大酷刑”。在数学教学中,教师总是要求学生快速得到正确答案,让学生多见一些题目和题型,叫学生记住,以便考试时用上。从平时练习、作业或考试来看,很多教师直接用原题,特别是一些热门的高考试题。从而加大了这一趋势,导致了一种误解——认为见得多,就能考得好。由于在数学考试中存在大量的“原题”或“陈题”,那些考前见过或做过这些题目的学生自然而然地占了“便宜”。那么,怎样才能见得多呢?就是不断地做题,从而,学数学就是做题。在某种程度上,这种思维定势还影响着一些大学生,他们考试之前背题目。如果说,这种情形发生在大学文科学生身上还可以理解。然而,一些数学系的学生,在考前也背诵一些重点题目,甚至出现了这样的情况,把背诵的题目答案文不对题地写在试卷上,这种现象确实让人感到匪夷所思。只不过再回过头来想一想,好像也能够理解这种现象了,习惯成自然嘛!当用记忆铺平正确答案的道路时,学生就没有贡献其创造力的余地,也看不出数学与思维的关系。

在“学数学就是做题”的背景下,数学就是计算,计算就是为了得到正确答案。其实,数学不只是一个寻求答案的过程。“计算的目的不是得出数字，而是给出一种见解。”①同样，做题的目的不仅仅是为了得出答案，而是为了更好地促进数学思维。然而，我们的学生经过训练之后，如果能够复述明确的程序和大部分信息，就会被认为“学会了”。考试是要求学生表现学习结果的优势方式。教师记录学生学习过程的典型做法则是公布成绩。教师们总是悲叹学生的健忘，悲叹随着时间的推移，学生原先记住的知识所剩无几。

2008 年 3 月，我们对某部属重点师范大学数学系 2005 级的学生作了一次调查。调查人数 74 人，调查材料是 2007 年某地的一份数学高考试题。卷面满分 150 分，90 分及格，表 1 是学生这次测试的总分统计数据：

表 1

分数段	不及格	90～109	100～109	110～119	120～130	130 以上
百分比	35.14%	24.32%	21.62%	14.87%	4.05%	0%

表 2 是这次测试学生在解答题中得分的统计数据：

表 2

题号 得分	17	18	19	20	21	22
0	13.89%	15.28%	2.78%	6.95%	20.83%	43.06%
0～0.5	20.83%	70.84%	47.22%	75.00%	36.11%	43.06%
0.5～1	12.50%	6.94%	21.53%	8.33%	18.75%	6.94%
1	52.78%	6.94%	28.47%	9.72%	24.31%	6.94%

说明：①试卷一共 22 道题目，其中 1～12 是选择题，13～16 是

① David Williamson Shaffer and James J. Kaput. Mathematics and Virtual Culture: An Evolutionary Perspective on Technology and Mathematics Education. *Educational Studies in Mathematics*, 1999(37), pp. 97～119.

填空题，17～22 是解答题；②表 2 中 0 指该题未得分；0～0.5 指得分小于该题总分一半（不含一半）；0.5～1 指得分大于该题得分一半（含一半，不含满分）；1 指该题得满分。

一份普通的高考试卷，竟然高达 35.14％的重点大学数学系学生不及格，即使及格的学生中多数人也仅仅只是达到及格线，优秀率（135 分以上为优秀，即百分制的 90 分以上）为 0％。从调查数据可以看出，调查学生的大部分得分来自选择题和填空题。我们对比了这些学生当年入学的数学成绩，发现绝大多数人当年的高考数学成绩远远高于这次检测的分数。怎么学了三年的大学数学课程，成绩反而下降了呢？难道说真是学生忘了？事实上，学生从不曾遗忘，而是从未学会我们认为他们已经掌握的那些知识。在强调"学数学就是做题"的过程中，学生"上课记笔记，考前背笔记，考后全忘记"，学生丧失了数学思维能力，这成为我国数学教育的典型写照。在强调"学数学就是做题"的过程中，我们可能赢得了局部战斗，却输掉了整场战争。因为，真正的教育绝不容许死记硬背。我们为学生提供学习资料，帮他们准备考试，也许还帮他们通过了考试，却没有给他们学习的机会，却不能带给他们发展的机会。所以，学生尽管完成了所有的作业，通过了所有的考试，但是大多数学生根本就没有学习。即使有学习也是异化的学习。

不少学生已经对这种状况提出了质疑。一名高中生说："不妨说数学课不应该这样上：仅仅是为了做题而做题，仅仅是为了分数而做题，仅仅是为了将学生'锻炼'成机器而做题。"还有一位高中生是这样描述的："老师讲完大致概念后就开始做习题，然后讲题，感觉数学学习真的只是为了做题，就好像现在所有的学习是为了高考一样。其实我个人对数学感兴趣，因为有的题的解法很奇妙。但是数学老师的讲课方法，让我对数学很失望。难道只有多做题，多见识不同题型，才能学好数学？题型不都是不同方法衍生的吗？因为有些方法是上一辈想了很久总结出来的，所以我们这一辈只要会用便可，而掌握这些方法，只能通过做题。那么数学的发展又是什么？数学的锻炼又体现在哪里？用已知的方法做已知的题，这样就'锻炼'了思维？特别是有时做数列，真觉得是'编者为了这个方法才出这个题'，数列求和放缩，主要就是凑，这样不是也要靠运气了吗？就像有的老师，很多时候也必须用答案来讲题，在这种情况下，我真不知我的数学应该学到怎样的程度才行。"

在数学解题中，有些教师喜欢故弄玄虚，弄一些技巧性强、方法奇妙的解法，以此显示自己解法的高明。有时这样的解法使学生如坠烟云，同时还给他们带来自卑感，使他们错误地认为：为理解和掌握数学，需要他们自己所缺乏的数学天才。一些教师乐于向学生灌输这种自卑感，使学生们感到迷惑，让学生们欣赏、赞叹教师的所谓的"数学天才"。这是何等错误愚蠢的数学教学！这加剧了学数学就是为了解题，为了获得某种技巧的错误想法。然而，知识按其程度变得越来越特殊时，知识就不能称其为知识。数学的真髓永远是偏爱更一般的概念而抛弃特殊的概念，偏爱一般的知识而抛弃特殊的知识，偏爱一般的方法而抛弃特殊的方法。无论如何，我们可以肯定地说，学数学终究不是为了做题。庞加莱说过，数学有三个目的：研究自然的工具，哲学目的，美学的目的。由此来看，认为"学数学就是做题"很难超越庞加莱所说的第一个目的，就更不用说其他两个目的了。其实，做题获得的仅是"呆滞的知识"，仅是做题的数学教育很难超越知识教育，有时甚至连知识教育都不是。

(三)数学是绝对真理吗

长期以来,人们总是渴望确定的知识,渴求那种超越千年而永恒不变的知识。于是,我们总是回到数学领域,数学的真理性对人们来说是不言而喻的。古希腊的数学家之所以坚持一定要用演绎推理,是因为这样可以得到永恒的真理。笛卡尔在《方法论》中指出,迄今为止在所有探求真理的人中,只有数学家成功地进行任何一种证明,即进行明白无误的、确定无疑的推理。M·克莱因认为,在各种哲学系统纷纷瓦解,神学上的信念受人怀疑以及伦理道德变化无常的情况下,数学是唯一被大家公认的真理体系。数学知识是确定无疑的,它给人们在沼泽地上提供了一个稳妥的立足点;人们又把寻求真理的努力引向数学。果真如此吗?四元数的发现,非欧几何的产生以及哥德尔不完备定理的证明都对此提出了质疑。德国数学家外尔(Hermann Weyl)指出,公理化方法只不过是找出基本概念与基本事实的一个完备的集合,使得一门科学的所有概念和定理都可以分别由定义与演绎导出。一个数学证明,首先是按已给的规则去制造公理,其次是对这些公理和已经得出的公式应用三段论的推理规则得出更新的公式。由此看来,真理是某种(理想化的)合理的可接受性,是我们的诸信念之间、我们的信念同我们的经验之间的某种理想的融贯。

欧氏几何历来是绝对真理的化身。数学——可靠性和真理性的典范——似乎是正统的欧几里得学派的真正最后堡垒。下面,我们就来看看三位学者的一次谈话①,其中:PHY 是一位实验物理学家,MATH 是一位纯粹数学家,REL 是一位在物理学中倡导新的时

① Arthur Eddington:《几何是什么?》,《数学译林》,2000 年第 3 期。

间和空间观念的相对论物理学家。

REL:欧氏几何里面有一个著名的命题:三角形任两边之和大于第三边。请问二位,我们今天是不是能拿出比较好的理由来证明这个命题是真实的?

MATH:就我这方面来讲,我很难讲这个命题是真的还是假的。我们能用可靠的推理从其他一些被认为是更为基本的命题或公理把这个命题推导出来。如果这些公理是真实的,那么这个命题也是真实的;如果这些公理不是真实的,那么一般来说,这个命题也不是真实的。至于这些公理是否真实我可说不上来,这也不关我的事。

PHY:但这是不是说,这些公理是自明的呢?

MATH:它们对我来讲无疑是自明的,而且我认为现在一般不需作这种申明了。

PHY:可是,由于你已经能够在这些公理的基础上建立起一套合乎逻辑的、自相容的几何体系,这是不是这些公理为真的一个间接证据呢?

MATH:不,欧氏几何不是唯一自相容的几何体系。例如,选择另一组公理作基础,我就可以得出罗巴切夫斯基几何来,而在这种几何中,欧氏几何里的许多命题一般来说都不为真。从我的观点来看,没有什么理由能在这些几何中作出选择。

……

REL:(对 PHY 说)你为什么要对欧氏几何特别感兴趣呢? 你是不是认为它才是真实的几何呢?

PHY:没错,我们的实验工作证明它是真实的。

REL:你是怎样证明的呢? 比如说,你是怎样来证一个三角形任两边之和大于第三边的呢?

PHY:自然,我只能依靠取大量的典型案例来证,并且我还要受到实验中不可避免的不精确性的限制。我的证明没有纯粹数学家那么普遍,那么完善。但在物理学中大家都承认这样的原则,就是允许我们从广泛到相当程度的实验结果作出普遍的结论来,对这样的证明我就满足了。

由于数学公理的真实性都“说不上来”,它们还是存在怀疑可能的。所以,数学真理是相对的,不是绝对的,欧几里得主义遭到了失败。数学可能是错误的,但这并不是因为那些证明可能靠不住,或者那些公理可能不是真正自明的。数学之所以可能是错误的,是因为“自明”的公理可能为假,而为真的公理可能根本不“明”。其实,把关于数学真理的判定最后归结于一种自明性的感觉的观点,会遭遇到许多困难。第一,许多数学定理很难确立,甚至在数学家看来,它们也决不是自明的。第二,数学的某些结果与根深蒂固的直觉和习惯上的自明感背道而驰。第三,像哥德巴赫猜想那样的在内容上很初等但至今尚未判定的数学猜想的存在问题,确实表明并非所有数学真理都是自明的。第四,即使自明性只被归因于数学的基本公设,所有其他数学命题才能从这些公设推出,然而,指出对什么可被认为是自明的所作出的判断乃是主观判断,这种判断可以因人而异,肯定不能构成判定数学命题的客观有效性的恰当的基础。1817年,高斯在给奥尔贝斯的信中说,越来越相信欧氏几何学的必然性是不能证明的,至少凡人的智慧不能证明,也不能为了凡人的智慧而加以证明。M·克莱因指出,很清楚,因为没有坚固的泥土能替数学垫底,因为“真理性”这块徒有其表的硬地是骗人的。但是,掏光浮土另安一种坚固的基础,楼或许还能稳住。这种基础该是列举完备又措词鲜明的公理和定义,加上一切结果的显示证明,无论它们在直觉上多么显而易见。另外,不要谈真理性了,应当代之以逻辑相容性,也就是数学家口里的一致性。定理与定理相拴相织,整栋楼拧成一股绳。不管它同泥土保持什么关系,它总是岿然一体,很像一座现代摩天楼随风摆,但从下到上结结实实。这样,数学的力量就在于它的一致性,不在于它的真理性。① 罗素曾感慨地说:“我在数学里总是希望得到的那种壮丽的确定性消失在不知所措的困惑之中。若不是我那时那种避世的心情已经开始消失,这一切是会使我感到难过的。”②1931 年,当哥德尔无可辩驳地证明,存在着可被看做真但却不能证明为真的数学命题时,给数学界带来了强烈的震撼。因为,数学已经失去了许多“绝对可靠性”,数学的可谬性将不断增加。从最本质的意义上说,哥德尔定理打破了真与证明同一的信念。因为即使我们采用全部逻辑推理和数学形式证明的工具,仍有些真的数学陈述是不可证的。简言之,在可证的和真的之间永远存在一条不可逾越的鸿沟。哥德尔定理是 20 世纪最重要的极限结果,打破了人类已经坚持了两千多年的关于完全的、无矛盾的知识的梦想。

事实上,无论人们的意愿如何,一切数学教学法根本上都出自于某一数学哲学,即便是很不规范的教学法也如此。从而,数学真理观对数学教育的影响是显现的,当然也是隐现的。因为,教师不同的数学真理观最终会自觉或不自觉地在数学教学中反映出来。例如,在数学教育中,如果数学教师认为数学是静态的、绝对的,那么他无疑就会把数学看成一种可以由教师传递给学生的客观知识,没有探究,没有反驳,只有唯一的正确答案和唯一的解题思路。在

① [美] M·克莱因:《现代世界中的数学》,齐民友等译,上海世纪出版集团,2007 年,第 405 页。

② [英]罗素:《我的哲学发展》,温锡增译,商务印书馆,2006 年,第 195 页。

所有课程中，数学可以教得最好，也可以教得最坏。这是因为，在数学中，没有什么东西必须来自信念或某某权威人物的判断。在一位准备充分的教师指导下，学生可以自己进行实验，自己有所发现，并揭示出许多被告知的基本原理。那么，数学怎么会教得最坏呢？因为它可以作为一套毫无兴趣或用处的计算程序来介绍。随着每一页新的练习，学生们越来越对它疏远。当学生们听到一种神谕似的宣告，如此这般，记不住不行，例如听到“为了除以一个分数，你要上下颠倒而后相乘”，“负负得正”的时候，这种疏远就达到了极端。又如，“为什么－1乘－1等于1，而不是－1?”教师对这个问题的回答如果是“就该这样，别再提这样的问题。”“这是事实，不用去思考它们，直接记住就行。”“不要问为什么，记住就行。”那么就暗示着这个问题对大多数人来说太深奥了，以致无法理解，这时学生也就对数学失去了兴趣。其实，运算法则本质上无所谓“正确”或“错误”，说它们“正确”或“错误”是针对指派给它们的用途而言的。

（四）数学等于逻辑吗

逻辑主义的数学观是长期以来数学家和逻辑学家为了解决和寻求数学的可靠基础而逐步形成的。数学可由逻辑推出这一观点，可以上溯到莱布尼茨。莱布尼茨区分了理性真理（或称必然真理）和事实真理（或称偶然真理）。历史上，很多数学家作过把数学归约为逻辑的努力。弗雷格在其名著《算术基础》中试图把算术归约为他自己塑造的纯逻辑。弗雷格认为，“对于推论的说服力或定义的合理性的一切研究必须是逻辑的。”“如果定义仅仅在后来由于没有遇到矛盾而被证明是有理由的，那么进行证明的严格性依然是一种假象，尽管推理串可能没有缺陷。归根到底，人们以这种方式总是只得到一种经验的可靠性，实际上人们必须准备最终还是会遇到矛盾，而这个矛盾将使整个大厦倒塌。为此，我认为必须追溯到普遍的逻辑基础，这也许远远超出大多数数学家认为必要的程度。”①然而，面对罗素悖论，弗雷格放弃了它。1902 年正当《算术的基本法则》第二卷要付印的时候，他接到罗素的一封信，罗素说他的工作涉及了“所有集合的集合”这一概念，但这是会导出矛盾的。最后，弗雷格发出了这样的感慨：“一个科学家再不会碰到比这更难堪的事情了，即在工作完成的时候，它的基础垮掉了。当这部著作只等付印的时候，罗素先生的一封信，就使我陷入这种境地。”②

罗素和怀特海合著了《数学原理》，希望能证明数学可以化归为严格的符号逻辑，也就是希望能在一个完全相容的框架中建立康托集合论的主要结果。然而，罗素和怀特海的目标很快就被证明是不可能达到的。因为，随着理论的展开，不断增长的复杂性使得整个规划失去了原来所希望的简单性和自然性，甚至直到第二卷才千辛万苦地证明了“1＋1＝2”。另外，用以排除悖论的限制使这一结果显得十分做作，对当时的数学家来说，《数学原理》是一部枯燥乏味，几乎无人问津的著作。哲学家和教育家凯梅尼(John Kemeny)把《数学原理》描述为“实际上被每个哲学家所讨论，而实际上又无人读过的名著”。在《数学与自然科学之哲学》中，外尔指出，数学已不再是仅仅基于逻辑的了(把数学归结为逻辑，一直是罗素与怀特海的巨著《数学原理》的指路明星)，而是基于一个赋有“终极构件”的宇宙，这个宇宙是逻辑学家的某种天堂，而这些构件则相当复杂，是

① [德]G·弗雷格：《算术基础》，王路译，王炳文校，商务印书馆，2007年，第 8 页。

② [美]M·克莱因：《数学：确定性的丧失》，李宏魁译，湖南科学技术出版社，2003 年，第 218 页。

由一些包罗一切的封闭公理管辖着。动机是清楚的，但是有哪一个思想比较实在的人敢说他相信这个超验的世界呢？

哥德尔不完备性定理表明：不仅不能从逻辑公理中推演数学，而且连推出算术也做不到。维特根斯坦反复声明，他不赞同罗素关于逻辑是数学的基础的观点，并称数学决不是立足于逻辑之上。希尔伯特认为，数学具有安全的独立于逻辑的内容，所以永远不可能仅仅基于逻辑。奎因认为，数学已经普遍地被还原为逻辑学，这暗示着数学建立在某种新的牢固基础上，这是骗人的。庞加莱认为，数学科学的可能性本身似乎是一个不可解决的矛盾。如果数学只是在外观上看来是演绎的，那么是没有人去怀疑——完美的严格性从何而来呢？反之，如果数学所阐明的一切命题能够按照形式逻辑的规则相互演绎，那么数学为什么没有变成庞大的同义反复呢？三段论并不能告诉我们本质上新颖的东西，假使每一事物都来自同一律，那么每一事物都必定能归入其中。这样一来，难道我们将要承认，所有那些充斥许多书中的阐明无非是 A 即 A 的转弯抹角的说法？其实，笛卡尔说过：在逻辑方面，三段论式和大部分其他法则只能用来向别人说明已知的东西，并不能求知未知的东西。布劳威尔认为，“把数学还原成逻辑，就如同‘设想人体是解剖学的运用’一样奇怪”①。尼采(Friedrich Wilhelm Nietzsche)的思想更精彩，逻辑(如几何与算术)只能够很好地把握我们已经创造出的所谓实在。维特根斯坦说：“我们进行逻辑研究的本质就在于我们并不寻求通过这一研究而获得任何新的东西。我们需要理解某种原已一直在

① [加]弗拉第米尔·塔西奇：《后现代思想的数学根源》，蔡仲，戴建平等译，复旦大学出版社，2005 年，第 140 页。

我们眼前的东西。"①事实上,科学方法的精髓在于用适合的方法寻找对世界的简单而明晰的映像。这里没有逻辑的方法,有的只是直觉。

在数学史上,许多数学知识的发展并不是严格按照逻辑顺序的,这样的例子比比皆是。例如,从数的发展可以看出,负数以及负数运算的引入,并不是某个人自觉的逻辑思考的结果。数学家是逐步地学到了现在包含在复数系中的各种数以及这些数的运算。到每一类数及其运算终于被纳入数学之中时,数学家早已知道这些数是什么,知道它们一定有哪些性质了。在19世纪最后几十年里,数学家才决定建立按逻辑展开的复数系,才考虑它的逻辑相容性。这样数学家才去寻找公理,使得能由之去推导出各类数的性质,而其实他们早已知道这些性质成立了。又如,微积分的创立初期很多地方就不能自圆其说。尽管它有那么多不严谨的推理,那么多含糊不清的观点,那么多任意的推广,可是竟也没有出现什么大不了的错误,这确实令人惊奇。"勇往直前吧,信仰会跟随你们!"这是达朗贝尔(J. d'Alembert)鼓励怀疑者的话。所以,在数学中绝不要把逻辑的马车放到启发式的马前面。从某种意义上说,寻找数学性质的新知识,或者要保证它们有这些性质,逻辑框架其实是多余的。逻辑只是数学的卫生保健措施,并不是数学的食物源泉,问题才是数学繁衍发育的日常面包。数学主要是由那些能力在于直觉方面而不是在逻辑方面的严密性上的人们所推进的。没有新观点和新目标的不断揭露,数学在追求严格的逻辑推理中,很快就会筋疲力尽,并将由于缺乏新材料而停滞不前。

---

① [奥]维特根斯坦:《哲学研究》,李步楼译,陈维杭校,商务印书馆,2007年,第62页。

数学家之间也存在着很大的差别，有些是直觉型，有些是逻辑型。庞加莱区分了这两种类型的数学心智，即一类是逻辑主义者和解析家，另一类是直觉主义者和几何学家。庞加莱曾经有一个形象的比喻：一种类型主要充斥着逻辑。读着他们的著作，我们就会被他们一步一步引导着，在信任他们的道路上稳步前进。他们的作风就像战士们一道又一道地挖战壕那样，亦即不依赖任何机遇地步步逼近被围攻的敌营。另一种类型则是凭借于直觉了。他们能够一下子提出一个敏锐的、但有时是冒险的问题，就像一个勇敢而迅猛前进中的骑兵。庞加莱曾用“带钩原子”来比喻他的那些思想元素。如果这些原子严格或几乎严格地集中在一个方向上投射出去，此时有用的思想组合可能会多一些，但也有理由担心，这些组合可能较为单调而不够丰富；相反，如果完全随意地投射，也很有可能在这些众多的无序的组合中，突然出现闪闪发光的瑰宝。其实，数学家和其他科学研究者一样，往往并不按照严格演绎的方式行事。他们基本上用的是想象的办法，借助于试探的手段，不断地归纳前进。数学家从事数学研究工作，固然属于发明的范畴；学生在解决一个几何或代数的问题时，实际上也与数学家们的发明具有同样的性质。只是两者在程度深浅和水平高低上有着差距而已。

逻辑或因果性都不可能给予知识生气勃勃的特征，尽管这种特征对它的完美来说是不可缺少的。逻辑方法只能提供数学发现的最终结果，而不是数学发现的生成过程。逻辑方法传授的是数学知识，而不是数学思维。对于数学，有人提出了三个具有代表性的范畴：“形象化、符号-概念化和公理化。”①学校数学往往处于第二范

① Fulvia Furinghetti. Teacher education through the history of mathematics. *Educ Stud Math*, 2007(66), pp. 131～143.

畴，甚至第三范畴。在数学教育中，为什么教师们强调数学的逻辑性呢？首先，绝大多数数学教师教育课程只是训练教师成为一名具有逻辑思维能力的教育者，附带介绍一点教育学的知识。其次，数学本身就是一个紧密相连的结构，一个概念建立在另一个概念的基础上，一个方法建立在另一个方法的基础上。在数学教材中，数学知识的系统论述所依据的是逻辑的连续性，而不是产生的先后顺序。在数学学习中，一个学生如果错过了一个关键的思想，一个关键的内容，可能以后永远也跟不上。从而许多人认为，一切数学内容都可以或必须从头到尾采用推理方法，从有限的公理出发，借助逻辑推导一切。用逻辑推理方式进行数学教学，对于教师来说更为容易。即使对孩子来说，教授抽象概念的运算，远比赋予他们以直觉的领悟，以及掌握这些抽象概念所依赖的现实事物更容易。因此，数学教师特别喜欢逻辑，并倾向于在数学中加入过量的逻辑。然而，这就可能把“不可能的证明讲得似乎成立”，导致“证明是虚假的，本来可以根据心理学的考虑通过承袭性原则而得出法则，现在却让位于一种伪逻辑的考虑”①。

在数学教育中，我们必须清楚地认识到，完全被抽空了意义的数学才能在连续的逻辑建构中得到传递，以纯粹逻辑方式建立起来的几何与代数在中学里不曾有过，以后也不可能有。在数学教学中除注意逻辑外，要更多地注意直观。我们是通过逻辑去证明的，但我们是通过直观去创造的。M·克莱因认为，“我们在陈述数学时不应要求尽可能严格，而应尽可能直观。对于那些学生不自学就能使用的明显事实，可以不加解释就接受它、采用它。学生们不会为一

① ［德］菲利克斯·克莱因：《高观点下的初等数学》（第一卷），舒湘芹、陈义章等译，齐民友审，复旦大学出版社，2008 年，第 20 页。

条直线能否将平面分成两个部分而辗转难眠。因此只须提供学生们认为是必要的证明就够了。鉴赏严密性的能力是学生年龄的函数而不是数学成熟程度年龄的函数"①。在中学数学教学中,"三边对应相等的三角形全等"、"负负得正"、"实数和数轴上的点一一对应"、"有序实数对和坐标平面上的点一一对应"等结论从来就不是通过逻辑证明得到的。所以,我们要意识到完全沉湎于逻辑活动的危险。为了揭示几乎不可攀登的逻辑大厦,我们耗费了太多的精力。这样只会"使人们越来越远离起源,并使人们对于起源的问题以及同时对于所有科学的本真的存在意义和真理意义变得无动于衷"②。

(五)数学教学应该强调公理体系吗

如果认为"数学等于逻辑",那么,在实际数学教学中,一个必然的结论就是:数学教学应该强调公理化体系。历史上,公理方法大约经历了四个阶段:实质公理学,如《几何原本》;从实质公理学向形式公理学的过渡,如非欧几何和射影几何;形式公理学,如《几何基础》;以形式系统为研究对象的元数学的建立。对公理体系影响最大的莫过于《几何原本》。然而,《几何原本》既是人类智慧的胜利,又是教学法上的大不幸。一方面,整个世界从这部经典中学到了数学证明的观念和数学知识的整体的逻辑结构的概念,当然,也学到了宝贵的数学知识。另一方面,很多人包括数学家都误解了欧几里

---

① G. L. Alexandersen:《Morris Kline 访问记》,《数学译林》,1989 年第 4 期。

② [法]雅克·德里达:《胡塞尔〈几何学的起源〉引论》,方向红译,南京大学出版社,2005 年,第 138 页。

得的著作的意义，形成了关于数学的过于狭隘的概念。以为数学就是纯粹的逻辑的发展，数学应该从明确陈述的公理和定义开始，对定义中界定了的数学概念演绎地证明种种结果。体现在数学教材上就是要按公理体系进行编排，体现在数学教学中就是要按照公理体系进行。很明显，数学被欧几里得误导了。

尽管直到19世纪大半段时间以前，数学家一般都把《几何原本》看成严格性的典范。但是，从现代意义来看，《几何原本》从来就不是严格意义上的公理体系，它存在一些严重的缺陷。例如，在《几何原本》中用了重合法，还有一些定义含糊其辞而另一些无关宏旨。如若不然，就不会有后来的希尔伯特的《几何基础》了。再说，数学家也是经过不断探索才得到最终结论的。既然如此，如果数学教学严格按照公理化体系进行，只会出现"冰冷的美丽"而没有"火热的思考"，不会让学生体会如何数学地思维。从貌似教义的公理出发并使用演绎方法，是覆盖数学思维的捷径。尽管公理化方法在数学发展史上起过巨大的作用，但是公理化不是数学最本质的东西。在数学教学中，认为公理体系是最本质的或最主要的方面，只会导致数学教学缺乏活力，只会导致数学教学难以引人入胜。其实，由于教学环境的不同，严格的证明也许并不合适，与其一开始就提出严格的证明，倒不如提供一个直观的轮廓。因为，如果没有直觉的浇灌，逻辑还是荒漠一片。按照公理体系进行教学既不符合数学发展的基本规律，也不符合学生的认知规律，反而会使学生对数学本质的理解出现偏差。

R·柯朗(Richard Courant)在其名著《什么是数学》中，曾表示过这样的忧虑：过分强调数学的公理演绎特点的风气，似乎有盛行起来的危险。事实上，创造发明的要素，以及起指导和推动作用的直观要素，虽然常常不能用简单的哲学公式来表达，但它们却是任何数学成就的核心，即使在最抽象的领域里也是如此。断言数学不是别的东西，而只是从定义和公理推导出来的一组结论，而这些定义和命题除了必须不矛盾之外，可以由数学家根据他们的意志随意创造。如果这个说法正确的话，数学将不会吸引任何有理智的人。它将成为定义、规则和演绎的游戏，既没有动力也没有目标。认为灵感能创造出有意义的公理体系的看法，是骗人的似是而非的真理。F·克莱因说："保持一流大师的遗风：回到固有的生动活泼的思考，回到自然！"由此看来，在数学教学中，欧几里得式的陈述是不可接受的。由形式推理开始，而这本身的严格性就是靠不住的。数学证明必须和获得数学证据以及知识的方法共享教育的舞台和时间。数学教材必须改变欧几里得解释模式，否则它的僵化让学生感到枯燥无味，毫无生气。如果只研究纯粹形式系统的逻辑相容性问题，完全忽视了数学系统发展中特有的人类与历史的内涵，那么这种研究是否会使数学无意义？这大概是胡塞尔在《欧洲科学危机和超验现象学》一书中的主题。公理方法是一种总结、整理经验的方法。外尔曾经用一个形象的比喻对公理方法进行了描述：假设我已解决了一个问题，我已越过一个栅栏或跳过一条沟，于是你们公理论者就跑过来问：用一把椅子绑在你腿上，你还跳得过去吗？这些都应该给数学教育极大的启示，数学教学不应该过分强调公理体系。在数学教学过程中，既需要隐喻，也需要适当的严格性。如果只选择一种，则存在着很大的危险。

(六)数学教学应该很抽象吗

数学是人类理性的骄傲——"清晰而明确的"观念之领地。然而，数学理性的胜利让我们付出了极高的代价。数学意味着抽象，抽象意味着远离现实，从而抽象使实在变得贫乏。爱因斯坦说："只要数学的命题是涉及实在的，它们就不是可靠的；只要它们是可靠的，它们就不涉及实在。”①抽象是数学的一大特征，最抽象的莫过于数学，然而数学却有过分推理的危险。

R·柯朗指出，“具体”、“抽象”、“个别”、“一般”这些词在数学中没有固定的绝对的意义。它们主要是指思想的一种框架，知识的一种状态，以及数学实质的一种性格。一般与个别，演绎与构造，逻辑与想象——它们的相互作用正是活生生的数学的深刻本质。对于特定的数学成就，处于中心位置的可能是数学的这两个侧面的某一个。在长远的发展中则一定要涉及第二者。一般说来，这样一种发展是从“具体性”的基地起飞的，然后用抽象来丢掉压舱物，上升到高层的稀薄空气中，在那里，航行和观察都比较容易；飞行以后，降落并且到达下面刚才勘测过的个别“现实性”的平原上的特定目的地，这是关键性的考虑。总之，飞向抽象的一般性的高空必须从具体和特殊出发，而且不要回到这里。当然，抽象也是一个渐近的过程。例如，对于数列 $0,1,2,3,\cdots,n,n+1,\cdots\cdots$ 罗素就认为，只是在文明的高级阶段，我们才能把 0 当作我们的起点。发现一对野鸡和两天都是数 2 的实例，一定要经过许多年，因为这里面的抽象程度是远非容易的。

数学不是“一堆数字的抽象计算过程”，而是我们借以了解周围世界的基本工具，它与我们的日常生活密切相关。抽象的东西不可避免地同具体的东西结合在一起。在数学教学中，如果教师的抽象和高级水平的概括只能被学生掌握而不能整合进他们的生活世界，那么这种抽象和概括就有可能把数学教育推向危险的境地。20 世

① 许良英、范岱年:《爱因斯坦文集》(第一卷)，商务印书馆，1976 年，第 136 页。

纪60年代起源于美国的“新数学运动”的失败给我们很大的启示。由于新数学是完全抽象的，使用了不熟悉的前后关联，没有让数学成为一门易于被学生接受的学科。托姆认为，新数学是“哲学和教学上的错误”。一味的抽象并不是真实的数学，也不是有意义的数学。其实，“提高所有学生参与到数学学习中去的课程是以问题为基础的，这些问题真实而且可以通过很多途径和方法加以解决”①。在数学教学中，由于我们过分强调数学的抽象性，不与学生的生活经验联系起来，导致学生认为：“数学蛮抽象”，“数学在实际生活中没有什么用”，“数学是抽象的题，难为人”。一些学生甚至强烈要求数学应该“能真正地解决实际问题，而不只是做‘应用题’，因为很多事情无法抽象成很标准的函数”。

“愈多的思维，就有愈多的实在。”②反映在数学教学中就是，初等数学是对最直接的实践经验之反映。人们用整数来表示一个牛圈中牛的数量，而用分数表示一个人收入中的捐赠或纳税所占的份额。一条直线曾是一块田野的边界或一根拉紧的绳子的理想化，而月亮的形状则使人想起球面。其实，大多数数学分支都相当直接地阐释了自然的某些部分。例如，几何学关注空间，概率论是关于随机过程的知识，群论说明了对称性，数学分析是为了研究一些特殊过程而建立的。所以，如果把数当作没有具体内容的抽象东西，并根据一些形式规则进行运算，学生未必能理解，学生总是把数的概念同具体的形象联系起来。数学教学中应当以那种看得见、摸得到

① Carol E. Malloy and William W. Malloy. Issues of Culture in Mathematics Teaching and Learning. *The Urban Review*, 1998, 30(3).

② ［美］约翰·杜威：《人的问题》，傅统先、邱椿译，江苏教育出版社，2006年，第200页。

的东西与数的概念联系起来。即使在高年级中,也应当把数学同处在特定智力发展阶段上的学生真正感兴趣的东西联系起来。皮亚杰(Jean Piaget)认为,形式必然是会有局限性的。儿童的智力不是直线或斜坡式发展,而是阶段式发展。在皮亚杰看来,衡量儿童智力发展的基本标准是看他们的活动是否具备了不同要求的运算水平。皮亚杰将儿童智力的发展分为四种水平:感知运动水平、前运演思维阶段、具体运演阶段、形式运演阶段。这说明,不关注学生智力发展水平,一味强调数学的抽象性是行不通的。从而,"任何学科的基本原理都可以用某种形式教给任何年龄的任何人"这样的命题就值得思考,难道说微积分的基本原理能教给任何年龄的任何人吗?实践已经证明,就是高中生也不能从"ε-δ"开始学习微积分。否则,就是在严格和抽象的借口下丢失了直观推理,并且以此为据让学生接受定理。事实上,"儿童最初出现的数学活动可能看起来是经验性的:把算盘珠子拨拢来或者分开,用子集合体的排列来证实可交换性等等"①。总之,在数学教学中,过分强调抽象是错误的,抽象要在坚实的实验基础上才有意义。

四、数学教育——回归数学意义

数学教育最迫切的是寻求意义。不幸的是,由于数学意义的缺失,学生害怕、反感数学,数学教学几乎都是为了考试而进行的,这实际上剥夺了学生寻求意义的机会。事实上,教师几乎不可能去教授数学知识给一个害怕、反感数学的学生。一个害怕、反感数学的

① [瑞士]皮亚杰:《发生认识论原理》,王宪钿等译,胡世襄等校,商务印书馆,1981年,第84页。

学生不可能对数学感兴趣，即使接触数学也是出于无奈。不是有学生说："高考150分，不学不行。"那么，数学教育路在何方？何时能走出数学意义失落的困境？数学何时才能变成这样的现实："完善一个人的逻辑思维，体验知识的快乐，开发个人智力，提升自身能力，激发我们对数学的兴趣，激起我们对神奇大自然的热爱。"我想，这不仅是一位高中生的梦想，也是所有数学教育工作者的追求。如何让梦想变成现实？从心理学来看，学习中的一个最重要因素是意义，意义是与信息加工的深度相联系的。从数学来看，推理是意义之间的蕴涵。数学意义的缺失很大程度上源于数学意义被置之不理或被误解了。因此，要走出数学教育异化的怪圈，必须回归有意义的学习，回归数学意义。

什么是有意义的学习？意义学习是与机械学习相对的。奥苏贝尔(David P. Ausubel)认为，有意义的学习的实质，就是符号所表示的新知识与学习者认知结构中已有的知识建立了非任意的和实质性的联系。所谓非任意的联系，是指符号所表示的新知识与认知结构中已有的知识在某种合理的或逻辑基础上的联系。所谓实质性的联系，是指新符号或者符号所表示的观念与学习者认知结构中已有的表象、已经有意义的符号、概念或命题之间的联系，这种联系不是字面上的，它可以用观念上等值的、但形式不同的语言符号来表达，但同时不变更其认知内容。奥苏贝尔指出，有意义的学习必须具备以下两个先决条件：首先，对学习材料来说，材料本身要具有逻辑意义，而不是随意编造的无意义的材料。即新知识与旧知识在人类认识范围内可以建立起实质性的联系。其次，对学习者来说，不仅必须具有同化学习材料的适当的认知结构，而且还必须具有掌握学习材料的心向。所以，有意义的学习只能产生在学生已有知识的基础上。也就是说，只有适合学生能力与经验的教学，才会产生有意义的学习。奥苏贝尔在关于意义学习的论述中反复强调学生已有知识的重要性:“如果我不得不把教育心理学的所有内容简约成一条原理的话,我会说:影响学习的最重要的因素是学生已知的内容。弄清了这一点,再进行相应的教学。”①这一条原理是奥苏贝尔整个理论体系的核心,他所论述的一切,都是围绕这一原理展开的。

像奥苏贝尔一样,罗杰斯(Carl Ransom Rogers)把学习分为两类,即无意义学习和意义学习。在罗杰斯看来,所谓意义学习,不是指仅仅涉及知识积累的学习,而是指使个体的行为、态度、个性以及在未来选择行动方针时发生重大变化的学习。这不仅仅是一种增长知识的学习,而且是一种与个人各种经验都融合在一起的学习。罗杰斯认为,教育绝不只是提供学生一些事实性的知识,然后举行考试。教育是有统合目的的不断充实的具有生活意义的成长历程。为了达成教育目的,教师绝不能采用权威式的教学方式。如果教师采用权威式教学,就算他本人有意扮演真理与智慧传授者的角色,他的学生仍旧得不到真理与智慧。真正的教学设计应该给予学生充分的自由,让学生去发现属于自己的真理与智慧。真理与智慧永远是蕴藏于尚未被发现的知识的背后,教师带领学生一起探索、挖掘,才是最理想的教学活动。由此可见,奥苏贝尔的意义学习与罗杰斯的意义学习内涵是不同的,前者强调新旧知识之间的联系,后者关注学习内容与个人之间的关系。所以,由教师提供、学生反复练习的传递知识的方法是毫无价值的,这种方法只会导致学生的不满情绪,只会导致学生逃避学习和厌恶学习。因为学习不是打开盖子,把东西灌输进去,然后通过考试来确定东西是否被吸收进去的过程。

---

① 施良方:《学习论》,人民教育出版社,2001年,第221页。

学生的学习应该体验到数学意义。如果宣称数学意义在于符号体系及对这些符号的操作，那么数学就会成为一种以推理惯例和规则为依据的游戏，这样只会导致对其根本含义的否定；如果把数学作为一种纯粹知识来传授，则只会导致数学文化价值的失落；如果把数学当成绝对真理来传承，只会把学生大脑当成一个容器，往里填东西，使学生缺乏批判地思考，不敢质疑前人。杜威(John Dewey)曾明确地指出："意义……不是一种心理的存在，而首先是行为的一种属性。"①那么，对于数学教育来说，数学意义究竟是一种怎样的"行为属性"呢？

① ［美］W·V·O·蒯因：《从逻辑的观点看》，陈启伟、江天骥、张家龙、宋文淦译，中国人民大学出版社，2007年，第27页。

第四章　从“数学对话”中回归数学意义

意义因对话而获得，意义因对话而丰富。没有对话，就没有交流。没有交流，就没有真正的教育。学习是从已知世界到未知世界的旅途。在这个旅途中，我们与世界对话，与他人对话，与自身对话。然而，数学教学往往用事先准备的对象和手段把学习者引入一个死胡同。其实，真实的教学共同体从来就不是过多地设计出来的。

一、对话与数学对话

（一）对话

美国思想家爱默生（Ralph Waldo Emerson）曾经说过，人生最美好的东西是对话。英语的“对话”（Dialogue）一词源于希腊词“dialogos”。logos 的意思是“词”（the word）。dia 的意思不是“两”个（two），而是“穿越”（through）。因此对话不仅仅局限于两人之间，它可以在任何数量的人之中进行，甚至一个人也可以与自己进行对话。

不同的学者从不同的角度解释了“对话”的含义。在伯姆（David Bohm）看来，“对话仿佛是一种流淌于人们之间的意义溪流，它使所有对话者都能够参与和分享这一意义之溪，并因此能够在群体中萌生新的理解和共识。"①通过对话，思维就像潺潺之水流淌于对话者之间。人们共享意义，意义的分享就像水泥一样把人和社会粘结在一起。伯姆将 dialogue（对话）和 discussion（讨论、辩论）进行了区分。他认为，与对话相对立的词是"讨论、辩论"（discussion），它的真正含义是打破、分裂（break things up）。当存在众多观点的时候，当每个人都提出自己与众不同的观点时，人们就通过讨论或辩论来进行分析，从而把种种观点击破。在对话过程中，没有人试图去赢，它追求的结果是一赢俱赢。在对话中你不会试图去赢取对方，也不会强求别人接受你的观点。

德国哲学家马丁·布伯（Martin Buber）认为，"存在"并非"我"自身所具有，而是发生在"我"与"你"之间。马丁·布伯从人与世界上各种存在物的关系出发，认为存在两种关系，即"我——你"关系和"我——它"关系。"我——你"关系不是一种功利的工具关系，而是一种亲密无间、相互对等、彼此信赖、开放自在的关系。在"我——你"关系中，双方都是主体，来往是双向的，"我"亦取亦予。"我——你"关系是一种真正的关系，是一种"对话"的关系。"我——它"关系不是真正的关系，因为"它"（客体）只是"我"（主体）认识、利用的对象。"我——它"关系是一种考察探究、单方占有、利用榨取的关系。"我"是世界的中心，"我"去感知世界。马丁·布伯说，原初词"我——它"之"我"显现为殊性，自我意识为经验与利用之主体。原初词"我——你"之"我"显现为人格，自我意识为无规定性之主体性。殊性之存在依赖于他区别于其他殊性。人格之存在

① ［英］戴维·伯姆、李·尼科：《论对话》，王松涛译，教育科学出版社，2007年，第6页。

依赖于他进入与其他人格的关系。前者乃自然分离之精神形式，后者乃自然融合之精神形式。①

巴西教育家保罗·弗莱雷(Paulo Freire)因为不满于传统灌输式教育对于人的压迫和非人性化，提出了"被压迫者教育学"。保罗·弗莱雷倡导通过对话实现师生交流。他说："对话是人与人之间的接触，以世界为中介，旨在命名世界。"②他认为，对话不会在想要命名世界的人与不想要这种命名的人之间发生，即不可能发生在否认他人具有说出他们的词的权利的人和说话权利被否认了的人之间展开。对话不能被简单化为一个人向另一个人"灌输"思想的行为，也不能变成由待对话者"消费"的简单的思想交流，更不是那些既不投身命名世界，也不追求真理，但却把自己的真理强加于人之间的一场充满敌意的论战。对话是命名世界的人之间的接触。对话是一种创造行为。对话不应出现一些人代表另一些人命名世界的情况。对话不应成为一个人控制另一个人的狡猾手段。

苏联语言学家伊尔·巴赫金(Mikhail Bakhtin)从对话的视角揭示人们思维的对话本质，把对话看做是人类真实生活的体现。他认为，人类社会生活绝非个人的"独白"，而是交流，不是封闭的自我言说，而是开放对话，并把对话分为"自我"、"我——他"、"我——世界"三种类型。他说："我以唯一而不可重复的方式参与存在，我在唯一的存在中占据着唯一的、不可重复的、不可代替的、他人无法进入的位置。"③所以，在巴赫金看来，对话的前提是承认个体的独特

① [德]马丁·布伯:《我与你》，陈维纲译，三联书店，2002年，第54页。

② [巴西]保罗·弗莱雷:《被压迫者教育学》，顾建新、赵友华、何曙荣译，徐辉审校，华东师范大学出版社，2001年，第38页。

③ 米靖:《论基于对话理念的教学关系》，《课程·教材·教法》，2005年第3期。

性、唯一性。对话是一种在各种价值平等、意义平等的意识之间相互作用的特殊形式。有学者认为,巴赫金学说的要旨在于:“语言的生命在话语,话语的生命在价值,价值产生于对话,对话贯穿于文化。”①

从认识与兴趣的关系出发,德国哲学家哈贝马斯(Habermas)认为,人的兴趣决定了人的科学活动,而每一种科学活动又有它自己特殊的认识兴趣。他把兴趣分为三种:技术的兴趣、实践的兴趣和解放的兴趣。哈贝马斯针对工业文明在现代西方社会的崛起所造成的人与人之间交往的异化状态,试图使人们认识到:“在当今的发达社会中,技术的兴趣所创造的成果——技术,已经被统治集团滥用,给人类带来了不幸和灾难;人们的实践兴趣——人与人之间的平等对话关系,在相当大的程度上遭到了阻挠和破坏,人们达成的共识的途径仍然受掌握着政治与经济大权的少数人所控制。在这种情况下,只有解放的兴趣所指导的批判的社会科学,才能使广大阶层和社会摆脱物质匮乏和人际关系紧张的困境。”②在“交往行为理论”中,哈贝马斯把“对话”视为一种方法,认为“对话”是达成现代交往最合理、最有效的一条途径,只有在真诚的、可理解的对话过程中,才能达成新型的交往关系。在这样的社会交往中,不存在绝对的真理拥有者,也不存在任何垄断话语的特权者。解释的核心意义主要在于通过协商对共识的语境加以明确。为了摆脱主客体对立的困境,哈贝马斯提出了从“单主体性”到“交互主体性”(或“主体间

① 白春仁:《边缘上的话语——巴赫金话语理论辨析》,《外语教学与研究》,2000 年第 3 期。

② [德]哈贝马斯:《认识与兴趣》,郭官义、李黎译,学林出版社,1999 年,第 13 页。

性")的交往行为理论。他说:"交往理性概念的内涵最终可以还原为论证话语在不受强制的前提下达成共识这样一种核心经验,其中,不同的参与者克服掉了他们最初的那些纯粹主观的观念,同时,为了共同的合理信念而确立起了客观世界的同一性及其生活语境的主体间性。"①

德国哲学家伽达默尔(Hans-Georg Gadamer)认为,对话就是对话双方在一起相互参与着以获得真理。对话不是互相争论,对话也不是各谈各的,对话构造了话题的共同视角。在他看来,不通过谈话和回答的对话方式获得一致意见,我们就不能说出真理。语言和谈话的本质中最令人惊异之处在于:当谈论某事的时候,谈话双方都不可能用他的意见包括所有真理,然而整个真理却能把谈话双方包括在各人的意见中。他说:"一种成功的谈话就在于,人们不再会重新回到引起谈话的不一致状态,而是达到了共同性,这种共同性是如此的共同,以致它不再是我的意见或你的意见,而是对世界的共同解释。"②

埃利诺(Linda Ellinor)和杰勒德(Glenna Gerard)认为,"对话就像一条河流,但探不到源头,也找不到尽头"③。在对话概念形成、丰富的过程中,始终贯穿的是这样一种文化:尊重个体及人与人的关系,将单独的个体联结为家庭和社群。池田大作认为,所谓"对话",就是在彼此不同的光的照耀下,可以更加丰富地、更加鲜明地、更加

① [德]尤尔根·哈贝马斯:《交往行为理论》(第一卷),曹卫东译,上海人民出版社,2004年,第10页。

② [德]伽达默尔:《诠释学Ⅱ:真理与方法》,洪汉鼎译,商务印书馆,2007年,第225页。

③ [美]琳达·埃利诺、格伦娜·杰勒德:《对话:变革之道》,郭少文译,教育科学出版社,2006年,第16页。

广阔地照出各自的人生态度和应当前进的道路——可以说是这样一种创造性的精神工作。美国哈佛大学教授杜维明认为，所谓对话，是一种倾听他人的意见，以此来扩充自己，加深自我认识、自我理解、自我批评的大好时机。①

总之，对话思想或对话哲学中的“对话”意义超越了辞典中“对话”的日常意义。日常意义中的“对话”并没有揭示出对话的本质和内涵。因为，在《朗文当代高级英语辞典》中，Dialogue 的意思是：(小说或戏剧中的)对白；(两个对立国家、组织等的)对话、交换意见。在《现代汉语词典》中，“对话”解释为“两个或更多的人之间的谈话”；“国际上两方或几方之间的接触或谈判”。在本书中，对话是一个多层面的过程，它超出了一般意义上的谈话和交流的范畴。它不仅是人与人、人与物在互相尊重、平等的基础上的相互沟通，更是心灵与心灵、生命与生命、灵魂与灵魂以及智慧与智慧之间的相互碰撞。从狭义的角度讲，对话是人们的一种特定的交流和沟通方式。这种方式突出了参与各方的平等性，彼此之间特定人际关系的形成，参与者表达意见和观念的自由与权利，个体思维与集体性思维的本质等众多方面。从广义的角度讲，对话更涉及人类存在的基本哲学命题，涉及人类的历史与文明。

“对话教育”大约是近十年来兴盛起来的概念，但是对话教学早已存在。在西方，最早的实践者可以追溯到苏格拉底。苏格拉底认为：教育不是传授什么知识和技能，而是学习者从凝固的观念中解放出来，觉悟到“无知之知”。学习是在探究真理的教师和学习者之间的沟通中形成的。在东方，《论语》中所记载的孔子师生之间的对

---

① [日]池田大作、[美]杜维明：《对话的文明：谈和平的希望哲学》，卞立强、张彩虹译，四川人民出版社，2007 年，第 82 页。

话，都反映了对话的特征。

在现代，把学习界定为基于沟通的社会过程，来传承对话传统的代表是杜威和维果茨基。杜威的学习理论的核心概念就是基于同环境交互作用的“问题解决思维”（反省性思维）。杜威秉持的“经验”概念一般理解为“同环境交互作用”。学习的经验不仅是主体与环境的交互作用，而且是同客体对话、同他人对话、同自身对话的沟通的重叠性交互作用的经验。维果茨基的代表作《思维与语言》有三个中心论题：外部语言和内部语言；最近发展区；科学概念与自发概念。这些论题都是“沟通学习”理论的具体化。然而，对话教学得到越来越多的关注与巴西教育家保罗·弗莱雷是分不开的。他倡导的对话教育在国际上引起了广泛的影响。他认为，讲解把学生变成了“容器”，变成了可任由教师“灌输”的“存储器”。我们需要“从传递到对话”的转移。弗莱雷用“银行储蓄”生动地比喻了传统的灌输式教育。他说：“教师越是往容器里装得完全彻底，就越是好教师；学生越是温顺地让自已被灌输，就越是好学生。于是，教育就变成了一种存储行为。学生是保管人，教师是储户。教师不是去交流，而是发表公报，让学生耐心地接受、记忆和重复存储材料。这就是‘灌输式’的教育概念。这种教育让学生只能接受、输入并存储知识。无疑，他们的确是有机会对所存储的知识进行收集或整理。”①正是由于保罗·弗莱雷，对话才与教育密切地联系起来了。

简·韦拉(Jane Vella)从量子思维的视角出发，认为对话教育与量子思维非常密切。她说：“在这个宇宙里，人为因素与自然因素并存；确定性和不确定性并存；对立双方并存；万物相互联系。这就是

① [巴西]保罗·弗莱雷：《被压迫者教育学》，顾建新、赵友华、何曙荣译，徐辉审校，华东师范大学出版社，2001年版，第24～25页。

量子思维。”简·韦拉之所以提出量子思维，主要是针对传统牛顿物理学形成的固定思维模式。在这种思维模式下，“我们已经认可等级制度、确定性、因果关系、‘非此即彼’定律及机械宇宙观等理念，即机械思维。”简·韦拉的所谓对话教育是由量子概念构成的。例如：

相关性：在课程设计和教学过程中所进行的一切活动都是相关的。

整体性：整体远大于部分之和。学习者学到的比我们教的要多。

二象性：包容不同意见，使用“亦此亦彼”思维。开放性问题有助于“亦此亦彼”思维和对话沟通。

不确定性：每一种理论应用于不同背景，从而不断地形成新理论。

参与性：观察者自身也是其观察内容的组成部分。每个人对现实的感知因环境和文化的不同而相异。

能量：学习需要能量。对话教育所设计的许多原则与实践活动可以用来积聚、保持学习者的学习能量。①

对话教育与建构主义的一些思想也是相通的。在建构主义看来，合作或对话是教育过程的核心。教育主要的挑战是让学生加入一系列的对话之中。学生从被加工的客体转变为对话关系中的主体。教育通过相互间的协调对话而产生。例如，肯尼思·J·杰根从对话的视角对知识进行了界定，他说：“那些被我们认为是知识的东西就是对话空间中的暂时定位，即话语的范本，这些话语的范本在

---

① [美]韦拉：《如何倾听，怎样沟通：成人对话教育的原理与实践》，涂义才译，教育科学出版社，2007年，第22～23页。

既定场合被授予‘富有知识的讲述(knowledgeble telling)’的地位。”①也就是说,知识是随着对话的继续而不断地生产出来的东西。要想变得富有知识,就必须在某一确定的时间,在正在进行的对话关系中占据某一确定的位置。又如,约翰·理查兹指出,教育的基本任务是把个体引入“这样一种对话之中,该对话开始于原始森林,并逐渐扩展,最后在世纪进程中变得更加清晰”②。弗雷德里克·斯泰尔在《从独白到对话:学习和多元描述的生态建构论方法》一文中就认为:“情境化的、对话式的理解可能发生在真实场景中,也可能发生在检查这些个人间场景的材料时进行的反思之中。”③所以说,对话作为一种教育原则,从简单的意义讲,强调的是师生的平等交流与知识共建。从深层的意义讲,它挑战我们关于师生关系、知识本质,以及学习本质等方面的思维成见、定见与主观认定。从而,对话和对话教育总是与平等、开放、生成、可误、宽容、真诚、信赖、倾听、沟通、交往、合作、创造、共享、理解、反思等概念联系在一起,而与独白、灌输、绝对、权威、专制、命令、服从等相排斥。基于对话的教学代表着未来教育和人类学习的一种发展演进方向。

(二)数学对话

在师生之间的数学交流中,自古以来就有以对话为形式的历史先例。在苏格拉底时代,对话已经成为课堂教育的一部分。在柏拉

---

① [美]莱斯利·P·斯特弗:《教育中的建构主义》,高文等译,华东师范大学出版社,2002年,第24页。

② [美]莱斯利·P·斯特弗:《教育中的建构主义》,高文等译,华东师范大学出版社,2002年,第46页。

③ [美]莱斯利·P·斯特弗:《教育中的建构主义》,高文等译,华东师范大学出版社,2002年,第66页。

图《美诺篇》中的数学对话，描述了师生对话数学的情景。苏格拉底示范了一个童奴可以通过被发问、引导，发现一个正方形面积是给定的正方形面积的两倍。对于边长为二尺的正方形，童奴企图每边加倍，得到两倍面积的正方形。苏格拉底画出图形。

苏格拉底：但它不是包含着四个正方形，每个都与最初那个四平方尺的正方形一样大吗？

童奴：是的。

苏格拉底：它有多大？它不是有原先那个正方形的四个那么大吗？

童奴：当然是的。

苏格拉底：四倍和两倍一样大吗？

童奴：当然不一样。

苏格拉底：所以使边长加倍得到的图形的面积不是原来的两倍，而是四倍，对吗？

童奴：是的。

童奴接着猜测正方形的边长为三英尺，但那样猜测得不到一个面积为八平方尺的正方形。

苏格拉底：如果这条边长是三，那条边长也是三，那么它的整个面积应当是三乘三，是吗？

童奴：看起来似乎如此。

苏格拉底：那么它是多少？

童奴：九。

苏格拉底：但是我们最先那个正方形的面积的两倍是多少？

童奴：八。

苏格拉底：可见，我们即使以三尺为边长，仍旧不能得到面积为八平方尺的图形。

童奴:对,不能。

苏格拉底:那么它的边长应该是多少呢?试着准确地告诉我们。如果你不想数数,可以在图上比划给我们看。

童奴:没用的,苏格拉底,我确实不知道。

……

苏格拉底:那么这个图形的面积有多大?

童奴:八(平方尺)。

苏格拉底:以哪个图形为基础?

童奴:以这个为基础。

苏格拉底:这条线段从这个四平方尺的正方形的一个角到另一个角吗?

童奴:是的。

苏格拉底:这条线段的专业名称叫"对角线",如果我们使用这个名称,那么在你看来,你认为以最先那个正方形的对角线为边长所构成的正方形的面积是原正方形的两倍。

童奴:是这样的,苏格拉底。①

由此看来,数学对话作为数学教育的一部分,至少可以追溯到公元前5世纪。那么,什么是数学对话呢?目前学术界还没有一个明确的定义。一些期刊上尽管出现了少量以"数学对话"为标题的文章,但是,还没有人给出数学对话的定义。即使有它的描述,也是相当狭隘、肤浅,甚至是不恰当的。例如,有人说:"数学对话是指学生用数学语言明确地将思想表达出来,重复和显现学生自身内部思维的数学活动。"(《实施"数学对话"的几点体会》,《湖南教育》,2006

① [古希腊]柏拉图:《柏拉图全集》(第一卷),王晓阳译,人民出版社,2002年,第511～516页。

年第5期)显然,这一描述缺乏对对话本质的理解,涉及对象只有学生,没有把握数学对话的本质内涵。基于对话的丰富内涵,数学对话和一般的数学活动本质上是截然不同的。从数学教学的角度来看,数学对话强调以对话的形式展开数学教学过程。也就是说,基于从绝对主义到可谬主义的数学哲学观,数学对话强调数学教学中师生的民主、平等、宽容、真诚和信赖,强调师生精神相遇和经验共享,强调以开放、生成、理解、体验、反思等方式在经验共享中创生知识和教学意义,强调数学教学是一种生命活动,一切由对话而沟通,由解释而生成。在传统数学教学中,强调数学知识的绝对性,注重以知识、文本、教师为中心,教师是知识的权威,是知识的传授者,学生是被动的知识接收者,剥夺了学生与文本、学生与教师、学生与学生的平等对话,排斥了学生的直接经验和真实体验。为讨论问题方便起见,本书给“数学对话”作一个尝试性的界定。基于对话的丰富内涵,简单地说,以对话的方式进行的数学活动(包括数学家从事的数学研究活动,以及数学教育活动等)叫数学对话。当然,这是从广义的角度来理解的。因为,该定义中不仅包括以对话方式开展数学教育活动,而且还包括数学家以对话方式开展研究活动等。由于在本研究中,我们主要针对的是数学教育这一领域。所以,在本书中,从狭义的角度来看,数学对话是以对话的方式展开的一种数学教育活动。

柏拉图认识到,真理会在正确的发问中显现出来,自知无知就不会无知,相反会产生决定生命意义的知识。其实,数学对话的提出不仅有其理论基础,而且也有其现实背景。因为,数学哲学观表明,数学不再是绝对的,而是具有了相对性,具有了对话性。尝试、犯错、摸索、跌跤——我们的知识就是这样进步的。数学知识作为纯粹演绎的形式掩盖了数学的对话性。学习就是跟客观世界的交往与对话，跟他人的交往与对话，跟自身的交往与对话。这都充分说明数学学习和数学知识的对话性。数学的本质并不在于它阶段性的系统，而在于它的式样的多样性和数学学科特有的对话结构。在所有教学中，进行着广义的对话，教学原本就是形形色色的对话，拥有对话的性格，对话是优秀教学的一种本质性的标识。从数学教育来看，“课堂不是同质性的空间，而是交织着多样的思维表象的异质空间。数学思维是个人内部的推理性思维，这种推理性思维是在同他人的思维进行交流的过程中展开的。同客体的对话、同他人的对话、同自己的对话，构成三位一体的过程而展开。是以对话的语言构成数学的对话的”①。从而，数学教学必须符合实际，要尊重学生，既不能把学生看做小成年人，也不要把他们当作接受训练的宠物或者做游戏的伙伴。其实，学生渴望一些新奇的活动来满足他们的好奇心和旺盛的求知欲。所以，数学教学不是宣读写好的课本，也不是登上讲台发表高见，而是通过对话去发现真理。事实上，“真理是怀着激情和原则就重要事物进行的永恒对话”②。全美数学教师理事会(NCTM)出版的《学校数学课程与评价标准》(NCTM，1989)中指出，数学是一种沟通方式。《普通高中数学课程标准(实验)》中明确提出，“数学教学是数学活动的教学，是师生之间、学生之间交往互动与共同发展的过程”。在新课程理念下，数学教学不再是教师一厢情愿的“独白”，不再是教师一厢情愿的“独角戏”，而是学生、数学文本、教师之间真诚、平等的“对话”。在数学教学中，

---

① [日]佐藤学：《学习的快乐——走向对话》，钟启泉译，教育科学出版社，2004年，第187页。

② [美]帕尔默：《教学勇气：漫步教师心灵》，吴国珍等译，华东师范大学出版社，2005年，第104页。

通过对话交流，师生双方敞开精神、彼此接纳，不同的思维碰出了火花，富有活力和创见的想法不断得到激发。倾听、尊重、对话交流；把握时效；重视别人的经验；强调参与；尊重他人并把他们视为其生活和学习的主体，这些都是对话教育的本质属性。杨小微教授用“基于平等、沟通交流、达于理解”①对对话教育进行了概括。那么，数学对话除了一般对话教育的属性，如平等，民主，互动交往，动态开放，合作发展，创造生成，倾听关爱，以人为本之外，还具有哪些本质属性呢？我认为，其本质属性主要反映在以下几个方面：从数学真理观来看，数学知识具有可谬性；从数学知识自身来看，数学知识具有对话品性；从做数学的过程来看，数学知识的产生离不开证明与反驳的过程等。

二、数学对话的价值

没有对话就没有学习。同样，没有数学对话就没有数学学习。即使有数学学习，也是异化的数学学习，也是意义缺失的数学学习。数学对话有重要的教育价值。

其一，反思“独白式教学”的需要。当代社会生活中日益增长着一种人类行为的独白化。“一切教书的人都认为他必须讲话并能够讲话，而他越是能够前后一贯、有联系地讲话，他就越以为他在传播他的学说。这就是我们大家都知道的讲台危险。”②从而，在数学教

① 杨小微：《在对话中达于理解——关于中学对话教育的理论反思与实践重建》，《课程·教材·教法》，2007 年第 10 期。

② ［德］伽达默尔：《诠释学Ⅱ：真理与方法》，洪汉鼎译，商务印书馆，2007 年，第 254 页。

学中,"讲台危险"就表现为:定义的引出,定理的证明都是单向的,甚至例题的讲解也是如此。定义、定理往往一带而过,一节课讲七八个高难度的习题,学生根本没有思考的时间,就更谈不上话语权了。教师进行的是个人表演,学生成为教学的边缘。教室中只有教师的"独白"而几乎没有学生的声音,学生完全处于"失语"状态。在教师不停的演讲中,产生了一种降低学生认知和学习能力的现象:他们失去了惊喜的能力。数学对话中潜在的认识理由进而发挥创造力的潜能也就被闲置了。没有互相交流,即使漂亮的表述对于学生的思考也没有直接帮助。正如意义丧失是对个体的存在发出的挑战一样,"独白式教学"也是对学生个体的存在发出的挑战。

然而,取得相互一致的基本模式是对话。"思想之箴言唯有在思想与箴言之所说的对话中才能得到翻译。"①学习只有在对话中才能发生。缺乏人与人之间的互动和观点之间的互动,这不是真正的教学。数学思维是个体在与社会的交互过程中发展起来的,讨论、辩论、反驳等活动是数学的基本活动。凡真实的学习皆是相遇,课程的意义在于为学生创设一个相遇的情境。数学学习是学生与数学的相遇,与人的相遇。数学学习是学生与文本的对话,与精神的对话,与心灵的对话。数学不是一种静止的、冷藏库式的知识,数学是真实的、生动的、活动性的,数学是人类文化的重要组成部分。马丁·布伯指出,"教育的目的不是告知后人存在什么或必会存在什么,而是晓喻他们如何让精神充盈人生,如何与'你'相遇"②。在数学教学中,提倡师生的对话和交流就意味着师生关系不是"我——

① [德]海德格尔:《林中路》,孙周兴译,上海译文出版社,2008年,第298页。

② [德]马丁·布伯:《我与你》,陈维纲译,三联书店,2002年,第36页。

它”关系，而是“我——你”关系。“我——它”关系把学生当成客体，学生的学习是被动的，教师是教学的主宰，学生只能听从教师的安排，没有自己的独立性，也没有自由的权利，因而是把他人看成物。“我——你”关系中教师和学生都是主体，教学是双主体的对话。只有认可与尊重“他人的他人性”，才能真正唤醒学生的灵魂，促进学生的发展，完成自我实现的超越。

没有参与，就没有学习。没有笑声，也没有学习。独白式的数学教学扼杀了学生的对话欲望，剥夺了学生的对话权利，削弱了学生的对话能力，导致了学生学习能力下降和创新能力匮乏。在数学教育中倡导对话，就能够弥补“独白”的不足。谈话的能力是人的自然的能力。数学教育不应该只是教师一个人的独角戏。其实，就激发对话而言，隐喻比逻辑更加有效。隐喻帮助我们看到所没有看到的。隐喻是开放性的、启发性的、引发对话的。逻辑帮助我们更清晰地看到我们已经看到的。

其二，挑战“教师绝对权威”的需要。教育诉诸自由，真正的教育关心的是个人的自由。权威的教育是失败的教育，任何权威都是一种阻碍。顺从权威，就是摒弃了智慧。康德认为，自由是理性的唯一要素。然而，由于在人类智力活动中，数学是最严密的，从而数学往往被看做是绝对的真理。在数学教学中的直接表现就是，教师是数学知识的代言人。数学教学就是教师把书本上无可争辩的事实灌输到学生的头脑中，所以教师总是要求学生“注意”、“仔细听”、“认真观察”等。教师早就预设好了问题的模式和答案，一步一步地把学生向教师的答案靠拢，教师的答案往往是最终答案。当学生遇到困难的时候，一些教师并没有把学生作为一个对话的伙伴，反而以其知识的权威高高在上，教师的权威不容挑战。教学成了单向的传道、授业和解惑。教师把数学知识强加给学生，容不得学生的任何质疑。在教师绝对权威面前，学生只有模仿，只有恐惧，没有独立思考，没有大胆创新。数学教育陷入了一种身份的失落中。教师是绝对权威，学生是绝对无知；教师贩卖知识，学生购买知识；教师传递知识，学生接收知识。这并不是一种想象，也不是一种危言耸听，而是已经带来了非常严重的后果。可以断言，当知识变成权威时，它同时也就变成了障碍。同样，当教师变成权威时，他同时也就变成了障碍。

教师不可能代替学生学习，学习的动力应该是学生的求知欲和兴趣，而不是教师的威严。强调数学对话就是强调学生的主动参与、平等交流，不再视教师为绝对权威，教师的答案不再是唯一答案。其实，根本就没有什么权威，即使有所谓权威，也应该体现在具体的交流与对话中，而不是以教师身份作为权威。与对话相伴而生的，必有一种参与和共享的精神。其实，在数学学习中，任何成长阶段的儿童都不可避免地要经历探索和犯错的过程。因为，"数学是一门探索性的科学，它力求理解所有的模式——自然界中的模式，人类创造的模式，甚至由其他模式产生的模式。为了学习数学，学生必须面对符合他们生活的各种各样的模式，这样他们才能理解数学的变化、规律和联系"①。所以，出现错误、出现差异并不是坏事。不要大惊小怪，更不要害怕。错误、差异恰恰反映了师生当时对于问题的思考状态。不要把错误、差异当做负面影响，而要把它们转换为正面价值。事实上，错误往往给予我们经验和阅历，这两者正是生成智慧的重要条件。在数学教学中，讨论意见发生分歧的时

---

① Afzal Ahmed, Alison Clark-Jeavons and Adrian Oldknow. How Can Teaching Aids Improve the Quality of Mathematics Education. *Educational Studies in Mathematics*, 2004(56), pp. 313～328.

候，也往往是学生收获最大的时候。既然如此，数学教学就不是使学生受到威胁，而是给学生安全感；数学教学就不是给学生发展施加压力，而是给予支持。然而，在数学学习中，“一本书都做不完，那还考什么高考”等却成了某些教师的口头禅。在新课程理念下，应该让学生自己去做数学。教师不应该是课堂的中心，而是学生学习的引导者、组织者、合作者。教师角色应该从“驾驶员”到“副驾驶员”的转换。对于惯于站在讲台上长篇大论的教师来说，副驾驶员并不是一个容易扮演的角色。

其三，摆脱“绝对主义数学观”的需要。现在的数学教育是权威主义的温床，是独立和批判性思想的最大敌人。事实上，数学教学经常被装扮成一种宗教仪式，在这里教师就像是教义的掌管人或真理的仲裁者。长期以来，人们一直认为，数学知识是绝对正确的，代表可靠知识的唯一领域。反映在数学教育中就是，逻辑性、严谨性、系统性成了数学教学的重要原则。已知的数学知识成了学习的最大障碍，而不是未知的数学知识。因为，在数学教学中，数学知识是绝对真理，数学教材是毋庸置疑的圣经，数学教学严格按照固有的步骤展开，数学知识只能由教师传输给学生。教师唯恐出错，唯恐不严谨。出错或不严谨对于数学教师来说，可能是最“丢人”的事。所以，教师总是要求学生一字不漏地把课本上的数学定义背诵下来，认为课本中的定义才是最好的定义，以至于在数学教学中常常出现一些不必要的争议。其实，一个好的数学定义是能被学生理解的定义。学生完全可能对数学对象赋予不同的意义，没有必要把它限制成唯一的定义。学生盲从于概念、公式和结论，他就不可能成为一个有创造力的人，而只可能成为一个机器人。由此看来，绝对主义的数学观抑制了数学的对话特征。

事实上，若让数学成为一系列武断的规则，数学意义就会丧失殆尽。比格斯(Biggs)认为,“数学发现的过程分为五类:偶然的、自由探索性的、有指向的、经指导的、有计划的”①,从而一味地强调严格在数学教学中绝不是一个好方法。不要在学生还不明白定义是什么时,就要求学生进行证明。定义、假设、命题、证明不是唯一正确的顺序。语言的描述、推理论证及其逻辑往往跟在基本数学活动之后。教育的目的不是灌注知识,而是让学生掌握学习知识的方法,是给学生打开知识宝库的钥匙。但是,教师教给学生的往往是想“什么”,而不是“怎样”想。不少学生表达了这样的呼声:“告诉我们如何能有正确的思路,而不是你要这样想。”所以,应该允许学生通过讨论、交流、补充、修正等方式把握对数学知识的理解。意义并不事先存在,意义是动态性的、独特的。由于对话包含着沟通、合作、互动、交往、生成等意义,把对话引入数学教学中时,就能摆脱“绝对主义数学观”的影响,转向可谬的、生成的、建构的数学观。学生不是被动的知识接受者,而是知识的主动建构者。教师不再仅仅是知识的阐释者,而是学生知识建构时的引导者。学生在数学对话中实现了数学意义的主动建构。

其四,实现“数学教学双赢”的需要。存在是向每一个观察者敞开的,而作为个体,任何观察者都不能断定他对于所观察到的对象的陈述是否唯一正确,对此作出判断的途径只能是主体间的对话。在对话教学中,倡导的是师生的平等交流和知识共建,对话本身追求的是“双赢”,对意义的共同追求。在对话中,不是一方试图去赢取对方,不是强求让别人接受你的观点,不是互相对抗。由于对话

① Afzal Ahmed, Alison Clark-Jeavons and Adrian Oldknow. How Can Teaching Aids Improve the Quality of Mathematics Education. *Educational Studies in Mathematics*, 2004(56), pp. 313～328.

不是由任何一方决定，而是师生双方互相影响、渗透，通过对话可以发现师生可能出现的任何错误，突破师生双方原有理解的局限性，从对话中获取新意义，抵达新意境，师生双方都从中受益，共同提高，师生都是胜利者。杜维明指出：“对话，是培养听德。对话，是拓展视野，增强自我的反思能力。对话，不是说服对方，不是表彰自己，也不是利用机会改变别人对你的误解。对话的心态应该是，容忍——承认——尊重——参照——学习，直到庆幸差异，尤其与极端对立的人相互对话时，才能体会到‘没有高山，也就没有平地’，少一样，都不好。”①从合理性来看，合理性意味着交往，交往的目的在于增进理解，理解的目的是达成共识，共识以主体间的相互关联为结果，包括相互理解、共享知识、彼此信任及相互一致。所以，“合理性更多涉及的是具有语言和行为能力的主体如何才能获得和使用知识，而不是对知识的占有”②。

三、数学的对话性

数学教学之所以能够实施对话，是由数学的对话性所决定的。数学具有对话的品质，这可以从数学哲学、数学发展、数学知识（包括数学史、数学语言、数学概念、数学定理等）多方面进行认识。

（一）从数学哲学来看

近几十年来，数学哲学发展的一个趋势就是对其进行重构，从

① ［日］池田大作、［美］杜维明：《对话的文明：谈和平的希望哲学》，卞立强、张彩虹译，四川人民出版社，2007年，序二。

② ［德］尤尔根·哈贝马斯：《交往行为理论》（第一卷），曹卫东译，上海人民出版社，2004年，第8页。

绝对主义到可谬主义。柏拉图主义和基础主义都支持数学绝对主义的观点。在柏拉图主义看来，数学的实体，作为柏拉图的理念，能够脱离思维而存在。如果命题 P 表达了实际存在于各种理念之间的关系，那么命题 P 是真的。探求可靠知识，寻求永恒不变的实在的知识对象是他们的追求。对于柏拉图主义者来说，几何的空间性质是绝对的、独立的，即客观的。它们是所有宇宙性质中最高的范例：精确、永恒可以被人类心智所认识。然而，非欧几何的创立，证明存在一种以上的可以想象的几何。微积分中的某些发现完全超出了几何直观的范围。充满空间的曲线和连续但处处不可微的曲线惊得人头晕目眩，这无疑说明几何直观——一向是最坚固的基础——原来很脆弱，而过去的数学被认为是筑于其上的。数学的一个令人迷惑的特点，就是存在某些完全违背直观的性质，有些结果可以令人信服地得到证明，但却超乎想象。

例如，由所给曲线 $y=1/x$ 在 $x\geqslant 1$ 时绕 x 轴旋转时就出现这种情况，所得旋转曲面称为 Gabriel 喇叭，具有下列惊人的性质：我们可以用有限量的涂料把喇叭填满，但无论我们可以重复填满多少次，绝不可能有足够的涂料把表面涂满。这是一个体积有限而表面积无限的物体的著名例子。为了证实这一点，只需注意到：

$$V=\int_1^{\infty}\pi y^2\,\mathrm{d}x=\pi\int_1^{\infty}\frac{1}{x^2}\mathrm{d}x=\pi\left[-\frac{1}{x}\right]_1^{\infty}=\pi$$

$$A=\int_1^{\infty}2\pi y\sqrt{1+(y')^2}\,\mathrm{d}x>2\pi\int_1^{\infty}y\,\mathrm{d}x=2\pi\int_1^{\infty}\frac{1}{x}\mathrm{d}x$$

$$=2\pi\left[\ln x\right]_1^{\infty}=\infty$$

Gabriel 喇叭导出一个非常诡异的悖论：如果你想用涂料把 Gabriel 喇叭的表面刷一遍，你需要无穷多的涂料；然而把涂料倒进 Gabriel 喇叭填满整个内部空间，所需要的涂料反而是有限的。

数学基础三大学派(逻辑主义、形式主义与直觉主义)都试图为数学真理提供一个坚实的基础,企图在有限制但却可靠的真理领域通过数学证明而获得全部数学真理,它们无不以失败而告终。形式主义试图把数学转化为无意义的游戏而保证其基础的安全。至于符号的意义,那不是数学考虑的事情。哥德尔的不完全性定理证明希尔伯特的计划必然失败——任何包含初等算术的形式系统都无法证明其自身的相容性。至于直觉主义,由于他们的可构造性概念严格到如此地步,以至排斥了通常意义下的实数系。从而绝大多数数学家根本不按可构造性的要求去工作。以罗素为代表的逻辑主义,企图以逻辑作为数学基础,把集合论重新系统化,使其能够避免罗素悖论。然而,就它最初的目的而言却是失败的。当集合论被补缀拼凑而排除了悖论时,它变成了一种复杂的结构,很难跟哲学上所谓的“正确推理规则”——“逻辑”统一起来。后来,罗素不得不承认:“我需要像人们对待宗教的虔诚那样获得确实性。我想,在数学中找到这种确实性的希望比别处更大。但是,我发现老师要我接受的许多数学论证充满着谬误;我还发现,要是真的能在数学中找到确实性的话,那将是一个新的数学领域,它具有更坚固的基础——直至今日一直被认为是安全的基础。但当我开始寻求这个基础时,我便一次又一次地想起大象和乌龟的寓言。当构作了一个数学赖以确立的大象时,我发现他步履蹒跚;为了不让大象跌倒,我又造了一只乌龟来扶持他,但乌龟也并不比大象安全。积二十年艰苦奋斗之劳,我得出了结论:在使数学知识变得不容置疑的道路上,我已无能为力。”①

---

①　Reuben Hersh:《复兴数学哲学的一些建议》(上),《数学译林》,1981年第1期。

"可谬主义"接受数学"绝对可靠的不可能性"的观点。M·克莱因高呼,数学——确定性的丧失。穆勒(J. S. Mill)宣称:"人们所推崇于数学真理的必然性,甚至归属于它的特殊的确定性,只是一种错觉。"①基切尔(Kitcher)说:"在反思数学的过程中,曾有许多途径来表示数学知识的先天的先验论观念。我想提交一份拒绝数学先验论的数学知识的图景……对数学先验论的取代——数学经验论——还从未被精辟地表述过。我要努力补上这个缺憾。"普特南(Hilary Putnam)指出:"数学知识反映了经验知识——即数学中的真理检验标准像物理中的一样,都是我们实践中思想火花的成功闪烁,数学是可纠正的而不是绝对的。"赫什说:"对数学哲学提出一个新任务是有道理的:不要追求没有疑问的真理,而要解释真正的数学知识——像其他每一种人类知识一样,数学知识是可误的、可纠正的、探索性的和发展进化的。"拉卡托斯(Imre Lakatos)说:"为什么不诚实地承认数学的可误性,不设法去捍卫可误知识的尊严,以免对它讥讽地怀疑,而在欺骗自己,认为我们能够天衣无缝地修补'原始'直觉织物上的最新裂痕。"②拉卡托斯提出的拟经验主义认为,数学命题不具有必然的真理性,是可错的、相对的。他指出:"非形式、准经验的数学发展,并不只靠逐步增加的毋庸置疑的定理数目,而是靠以思辨与批评、证明与反驳之逻辑对最初猜想的持续不断的改进。"③这就是说,数学研究和数学学习,是一个交流、解释、批

① [美]M·克莱因:《古今数学思想》(第三册),张理京、张锦炎译,上海科技出版社,1979年,第275页。

② [英]Paul Ernest:《数学教育哲学》,齐建华、张松枝译,上海教育出版社,1998年,第24页。

③ [英]拉卡托斯:《证明与反驳》,方刚、兰钊译,复旦大学出版社,2007年.

驳的过程。从而，在新的数学哲学观的审视下，数学不再是绝对的，而是具有了相对性，具有了对话的特征。

数学真理问题是数学哲学的核心问题。徐利治教授和郑毓信教授认为，数学真理是具有层次结构的。第一层次——逻辑合理性；第二层次——模式真理性；第三层次——现实真理性。① 所以，数学真理是可以从不同角度去进行分析的。从后现代的视角来看，数学真理则表现出一些后现代特征：数学真理从追求形而上学的目标与价值转向追求相对的、多样化的理论构建。数学真理是一个具有不同层次性和等级结构的开放体系。既然数学真理是相对的、多样的，具有层次性和等级结构性，那么认识数学真理也就有了多样性和层次性，不同的认识之间必然存在着差异，这个过程也是一个对话的过程。

数学的真理性往往表现为数学证明的“确信无疑”。然而，证明在不同的文化、不同的时代中有不同的含义。数学证明在数学认识论中的作用需要重新检查。什么是数学证明？哈代在刻画数学证明的特征时，就采取了如下的方式：严格说来，证明乃是李特伍德与他所称为吹牛的东西，是编出来打动人心的华丽辞藻，是上课时黑板上的图画，是用来激发学生想象力的一种手法。怀尔德也认为，“证明只是我们用于检验我们之直觉暗示的过程”②。维尔曼(Daniel J. Velleman)提出的观点更为尖锐：“正确的数学证明的存在性，就能

① 邓东皋、孙小礼、张祖贵：《数学与文化》，北京大学出版社，2005 年，第 22页。

② [英]拉卡托斯：《证明与反驳》，方刚、兰钊译，复旦大学出版社，2007 年，第 26 页。

保证定理是真的?”①也就是说,它是否能保证,如果我们继续进行计算来验证定理的特例,我们绝不会找到反例。大多数人会认为这是个愚蠢的问题。因为,在我们看来,如果证明正确,定理必是真的;如果定理是真的,那么验证特例绝不会出现反例。以费马最后定理的证明为例。维尔曼提出,其一,虽然在费马最后定理的陈述中的概念是十分简单的,但怀尔斯的证明中包含的概念却并非这么简单。我们真能相信具有这样复杂概念的推理,真可以对只涉及正整数的计算的结果作出精确的预测吗?其二,我们是不是应该说,怀尔斯所确立的并不是费马最后定理是真的,而只是说如果 ZF 系统是协调的,那么费马最后定理是真的。其三,即使 ZF 系统非常像是协调的,仍然有理由问:是否怀尔斯的证明确实建立了费马最后定理的真实性,或者只是定理的真实性以 ZF 系统协调性为前提条件。从而,维尔曼提出了这样的疑问:“怀尔斯的证明是否能使我们相信费马最后定理的反例永远也不会出现,或者只能使我们相信如果 ZF 系统是协调的,那么反例永远不会出现呢?”

对于数学证明,有些数学家提出了另外一些视角。柴尔伯格(Doron Zeilberger)提出了这样的假设:“在某一精确意义下,我们证明了哥德巴赫猜想成立的概率大于 0.9999,但要彻底证明其真实性,则需要 100 亿美金的预算。”②所以,在柴尔伯格看来,由于绝对的真理性变得越来越昂贵,我们迟早会领悟到,只有少数的非平凡结果能用旧式必然性的标准去认识,多半我们会索性放弃这种老要

① Daniel J. Velleman:《Fermat 最后定理及 Hilbert 方案》,《数学译林》,1997 年第 3 期。

② Doron Zeilberger:《标明价格的定理:明天的半严格数学文化》,《数学译林》,1995 年第 2 期。

记住价格的苦差事，而去完成数学非严格化的进程。有人这样评价：“为什么 Zeilberger 这么愿意放弃绝对真理？最合理的回答是他在追求更深层次的真理。”①

(二)从数学发展来看

数学发展的历史表明数学具有对话特征。数学的严密性是一代一代向前发展的。也许今天我们认为是严格的推理，明天却发现是不够充分的，或者根本上就是错误的。著名数学家哈尔莫斯指出：“虽然大多数的数学创造都是一个人在一张桌子前，在一块黑板前或是在散步中，或者在两个人的交谈中完成的，但数学仍是一个社会性的科学。”②可以说，数学家总是不断地与前人或者当代人进行着对话。在数学发展过程中，这样的例子不在少数。例如，1899年希尔伯特发表了著名的《几何基础》，创立了现代公理方法。那么，希尔伯特为什么要发表《几何基础》呢？我们知道，欧氏几何一直被看做数学演绎推理的典范。但是人们逐渐觉察到这个庞大的公理体系并非天衣无缝。正是对话欧氏几何，希尔伯特才建立了公理化方法的功绩：其一，关于几何对象本身达到了更高的抽象；其二，比任何人更透彻地揭示了公理系统的内在联系。

数学知识不是从一开始就以完备的形态存在的，而是不断变化和发展的。数学知识的完善是一个对话的过程。例如，微积分的对话是在牛顿和莱布尼兹之间展开的。牛顿主要是在力学研究的基础上，运用几何方法创立微积分，而莱布尼兹则主要是在研究曲线

① J. Borwein, P. Borwein, R. Girgensohn, S. Parnes:《正确理解实验数学的意义》,《数学译林》,1997 年第 2 期。

② John Ewing, Paul Halmos:《他的原话》,《数学译林》,2009 年第 2 期。

的切线和面积的问题上，运用分析学方法引进微积分概念。牛顿在微积分的应用上更多地结合了运动学，称连续变量为“流动量”，记为x,y,z等，把它们的导数称为“流数”、“流术”等。莱布尼兹的表达形式简洁，他所发明的微积分符号$\mathrm{d}x,\mathrm{d}y,\mathrm{d}y/\mathrm{d}x,\int$等，远远优于牛顿的符号。又如，函数概念是随着时间的推移，是随着数学家们不断的对话而完善的。“函数”一词最初只是当作“幂”的同义语来使用的。莱布尼兹1692年在他的论文中首次使用。然而，莱布尼兹并不是把“函数”按幂的意义来使用，而是使其具有与此完全不同的意义。其后，经过贝努利兄弟、傅里叶、柯西、黎曼、狄利克雷、维布伦等数学家的多次扩张，才得到今天众所周知的函数定义。

演绎主义风格隐藏了数学家所做的努力，隐藏了数学家经历过的冒险。其实，数学家做数学的过程并非一帆风顺。在数学家的工作中，数学实验往往是用一些具体的特例来检验一个猜想，这是一种惯例，只不过一般人通常看不见。数学家的实验最终都进了废纸篓。直觉、猜想、错误都被抹去，碰到的困难都未宣布，繁琐的计算都未泄漏，公布出来的只是精心演绎的最终结果。有时甚至不公开指明产生一个具体结论的真知灼见和来龙去脉，这样的省略是令人遗憾的，而且使人产生这是一个难懂的题目的印象。也就是说，数学展示给我们的只有“冰冷的美丽”而没有“火热的思考”。然而，不可否认的是，数学家做数学的过程其实是一个证明与反驳的过程。创造的过程所包含的是摸索、犯错、猜测和假设。要掌握一个关键的概念，形成一个猜想并找到一个证明，需要的是想象力、直觉、预见、洞察、实验、偶然的联想、好运、艰苦的工作和巨大的耐心。

自笛卡尔以来，知识一直被认为是一种特殊可靠的人类信仰。然而，波普尔提出了“证伪主义的科学观”，即科学的本质是大胆猜想，科学的方法是批判与反驳。科学不等于真理，知识本质上是猜测性的。在波普尔看来，我们的知识大都是通过事例、通过别人讲述、通过读书、通过学习怎样进行批判、怎样容纳和接受批判、怎样尊重真理而获得的。观察和理性都不是权威。观察、推理甚至直觉和想象的最重要功能，是帮助我们批判考察那些大胆的猜想，我们凭借这些猜想探索未知。对于数学，他说："每当我们发现有一个数学理论，我们不知道它是真还是假时，我们总是通过试图反驳它来检验它，先是在表面上检验，然后比较严格地检验。如果我们失败了，那就试图去证明它，或者反驳它的否定。如果我们又失败了，那么，对这理论真理性的怀疑就有可能重新抬头，我们将试图再次反驳它，如此等等，直到我们得到一个结论，否则，便把这个问题搁置起来，因为它太难了，无法解决。"①

拉卡托斯将证伪主义的观点推广到了数学领域。数学通过批评猜测以及大胆的非正式的证明而发展起来。因为，要确定一个数学命题为真，就要提出一种对它的证明；要确定一个数学命题为假，就要提出一种对它的反驳。他认为，多证多驳法是数学发现中的一种非常普遍的探试模式。数学理论是按照问题——猜想——证明与反驳的模式发展的，数学理论的可检验性依赖于潜在的证伪者。非形式化的数学理论的发展的简单模式由下面几个阶段组成：

①原始猜想。

②证明（一个粗略的思想实验或者论证，把原始猜想分解成一些子猜想或者引理）。

③“全局的（global）”反例（针对原始猜想的反例）出现。

④证明之复查：发现了针对全局反例的是一个“局部”反例的

① ［英］卡尔·波普尔：《猜想与反驳——科学知识的增长》，傅季重等译，上海译文出版社，1986年，第282页。

“过错引理”。这一过错引理也许先前一直是“隐藏的”或者可能是被错误地混淆了。现在它被提示出来，并且作为一个条件进入原始猜想。定理——经过改进的猜想——以新的证明产生的概念作为其主要的新的特征取代原始猜想。

这四个阶段组成了证明分析的本质内核。但是，还有一些进一步的标准阶段常常会出现：

⑤检查其他定理的一些证明来看看其中是否会有新发现的引理或者新的证明生成的概念产生：这一概念也许会被发现正处在不同证明的十字路口，从而显示出其基本的价值。

⑥检查先前接受的但是现在又被驳倒的猜想中的推论。

⑦反例转变为新的例子——新的探求的领域展开了。①

也就说，数学发展是下面这样的模式：

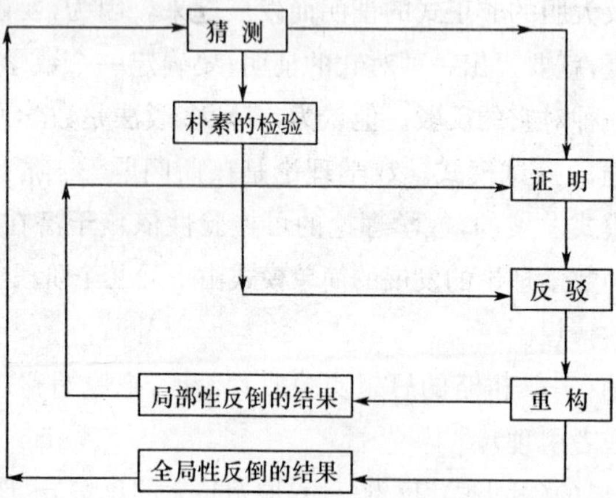

在波普尔看来，存在三个世界。按照波普尔的划分，主观知识

① ［英］拉卡托斯：《证明与反驳》，方刚、兰钊译，复旦大学出版社，2007年，第138页。

是第二世界的知识，客观知识是第三世界的知识。人类思想的产物，如数学定理以及对这些证明中有关的讨论以及定理证明都是客观知识。但是，欧内斯特(Paul Ernest)和波普尔的认识有所不同。欧内斯特不仅把波普尔的客观知识划为客观知识，并且还认为人类思维的产物也是客观知识。所以，对欧内斯特来说，客观知识是指共有的、主体间的知识，即使是隐含、未充分表达清楚的也算在其中。

从主观数学知识与客观数学知识的关系出发，欧内斯特认为，主观数学知识与客观数学知识的转换是一个社会议定过程，即这是一个证明与反驳、猜测与改进的过程。欧内斯特用下列图形刻画了主观数学知识与客观数学知识之间的循环关系：

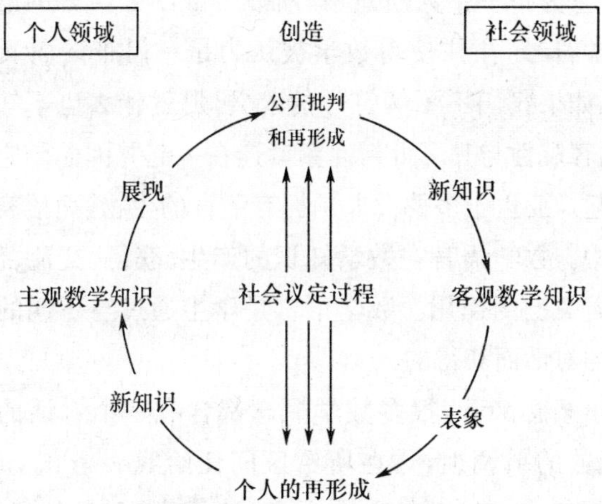

又如，就拿数学悖论来说，悖论既让你乐在其中，又使你焦躁不安；既让你恼怒，又使你欲罢不能。悖论对数学的发展起着举足轻重的作用。可以说，几乎在数的概念的发展的每一步之中都曾受到悖论的困扰。在 2500 年中，数的概念的每次扩张，从整数的有限集到分数，到负数，到无理数，到复数，一直到超穷数，其间的每次扩张都是以克服所存在的矛盾的方式进行的。悖论的出现意味着思维触及了思维尚不能以不自相矛盾的形式加以把握的数学深层本质，克服悖论的过程本身就是一个证明与反驳的过程。

(三)从数学知识来看

数学知识中的符号语言、定义、定理、证明等，它们本身都存在着一个对话的基础①。从数学语言来看，数学内容是运用包含着大量符号的数学语言来表述的。一切理解都是语言问题，一切理解都在语言性的媒介中获得成功或失败。数学是一种语言，而且就其结构和内容而言，它是现实中优于任何普通语言的最完美的语言。事实上，由于它为每一个人所理解，所以说数学是语言的语言。由于大量的数学符号，往往使得数学被认为是一门难懂而又神秘的科学。当然，如果我们不了解符号的含义，那就什么也不知道。可以说，数学的客观性与其可批判性紧紧连在一起并因而与它的语言表达连在一起。亚里士多德说人是拥有语言的生物，而语言只可能存在于谈话中。数学语言在数学知识的产生、获得、交流、形成、辨析过程中起着关键的作用。数学语言是学生通过与不同的人在不同的背景中的对话而获得的。

从数学概念来看，很多数学概念都含有一个对话的基础。例如，对于函数的单调性，你在所给区间任给我一个 x_1，x_2，我就有 $f(x_1)<f(x_2)$ 或 $f(x_1)>f(x_2)$。类似地，对于函数的奇偶性，你在定义域内任给我一个 x，我就总有 $f(-x)=f(x)$ 或 $f(-x)=$

① 胡典顺、何晓娜、赵军：《数学教学　走向对话》，《数学教育学报》，2008年第3期。

$-f(x)$。又如,对于函数的周期性,如果一个函数是周期函数,那么你在函数定义域内任取一个 x,我就总有一个不为零的常数 T,使得 $f(x)=f(x+T)$ 成立。同样,在极限定义 ε - δ 中,你任给我一个 ε,我将为你找到一个相应的 δ 等等。

从数学定理来看,很多数学定理或性质都含有一个对话的隐喻。例如,一个简单而重要的结论:$a+b\geqslant 2(ab)^{1/2}$(a,b 是正数)。这个结论经常用来求最值的相关问题,即“和定积最大,积定和最小”。然而,在利用这一简单而有效的结论的时候,我们经常出错,原因就在于我们忽视了对话的隐喻,即“一正、二定、三相等”。

从数学证明来看,希腊民主生活的对话性质是数学证明的起源。古希腊的城邦实行“奴隶主的民主政治”,于是有了说服对方,争取选票的需要。反映在文化上,便有了进行证明的动机。所以,数学证明的想法是从交换意见中发展起来的。证明就是要说服人。从而,数学证明作为一个论断是用来说服别人的,事实上存在着一个聆听者。进一步,数学证明不仅是从对话形式发展而来,而且要得到数学共同体的确认也必须要使用这种对话形式。例如,英国人古斯里(Francis Guthrie)提出的“四色地图问题”。1852 年,英国年轻的绘图员古斯里在给英国地图涂色时发现:如果相邻两个地区用不同的颜色涂上,只需四种颜色就够了。古斯里把这个发现告诉了正在大学数学系读书的哥哥,他的哥哥相信是对的,却不能加以证明。于是请教数学家德·摩根(De Morgan)。然而,德·摩根也不能回答这个问题。于是,德·摩根写信给哈密尔顿,但是他俩都未能解决。1872 年,英国当时最有名的数学家凯莱(Cayley)正式向伦敦数学会提出这个问题。1878 年,他把这个问题通报给会员,寻求证明。1879 年,肯普发表了一篇论文,然而,11 年后发现存在问题。1880 年,泰勒发表论文宣布证明了四色地图问题,66 年后也发现存在错误。正是一代一代数学家对话“四色地图问题”，哈肯（W. Haken）和阿佩尔（K. Appel）才最终借助计算机完成了四色地图问题的证明。四色地图问题的证明过程如此，数学中的其他难题的证明又何尝不是这样呢？从拉卡托斯数学发现的逻辑过程“先提出猜想和非形式的证明，然后对猜想和非形式证明进行反驳”可以看出，这个过程必须是对话的。这一切都充分说明：数学具有对话性，只不过数学的对话性以各种不同的方式渗透到数学中。

四、基于数学对话的教学意蕴

（一）感受数学对话

数学对话是师生双方对数学意义的共同探究。数学对话形式是多元的，我们应该关注数学对话的多样性。其一，倡导师生与文本对话。因为数学文本大都将结论直接呈现给读者。我们知道，数学教材的系统的论述所根据的是逻辑的连续性，而不是历史的先后。但是，中学数学课程都没有对这个事实作出说明，因而使学生产生一种印象，以为数学进化的历史次序和书中所写各章的次序一样。所以，教师备课时，要认真与教材展开对话，弄清教材编写的意图，针对学生认知水平和已有经验，科学地处理教材。要做好与文本对话，首先，教师应积极地探索和研究，提高自身的数学专业素质和教育科学素质，提高驾驭数学课程的能力。其次，教师应根据不同的内容、目标以及学生的实际情况，对课题进行加工、改编、补充和完善，进行“二次创作”。

同样，学生也享有对文本知识自主建构的权力，学生对文本有自己的理解。由于学生的认知经验与文本呈现的既定结论之间存在差异，只有通过相互之间的“碰撞”才能产生认知的飞跃。对于文本中精炼的数学语言，严谨的推理过程，学生需要认真领会和认真思考。对不明问题要追问到底，大胆提出自己的想法，要敢于挑战文本的权威地位，质疑文本不足之处。通过与文本的对话，学生的数学学习活动不再只限于记忆、模仿和接受，而是充分发挥和培养学生的独立、创造力以及批判精神。

其二，追求师生间平等对话。在多重对话中，师生相互之间的对话是最主要的对话。首先，要保障师生的平等关系，对话承认师生都是教学过程中的主体，都是具有独立人格价值的人，两者在人格上完全平等。师生关系是“我——你”关系，而不是“我——它”关系。保罗·弗莱雷说：“通过对话，教师的学生（students-of-the-teacher）及学生的教师（teacher-of-the-students）等字眼不复存在，新的术语随之出现：教师学生（teacher-students）及学生教师（students-teacher）。教师不再仅仅是授业者，在与学生的对话中，教师本身也得到益处，学生在被教的同时反过来也在教育教师，他们合作起来共同成长。在这一过程中，建立在‘权威’基础上的论点不再有效；为了起作用，权威必须支持自由，而不是反对自由。”①其次，在数学对话中，教师不要说“你是错的”之类的话。因为，“你是错的”传递给学生的信息是他们思考问题的方式并不值得推崇。错误是迈向理解的必经阶段。所以，如果可能，就换一句话：“你的想法有道理，但是……”或者“非常有趣！”等等。听到表扬或肯定只会让学生做得更好。当然，应该显示教师的真诚，而不是虚情假意。要建议，而不是强迫学生接受。在师生之间的对话中，问答是对话的主要形

① [巴西]保罗·弗莱雷：《被压迫者教育学》，顾建新、赵友华、何曙荣译，徐辉审校，华东师范大学出版社，2001年版，第31页。

式，一个恰当的、具有吸引力的问题，能启迪学生思维，调动学生动手、动脑的积极性，激发学生的学习兴趣。问问题是为了使学生专注参与，而不是将问题作为惩罚工具。在对话中，教师对学生的提问目标要准确。最困难的问题莫过于那些意义指向不明的问题。要给学生提供思考的时间和方向。放慢节奏，有所思考，才会有不断的更新和创造。例如，提出“相交线有什么性质?”这样的问题，一定会让学生感到无所适从。教师的提问应当是学生能够理解的，提问的构成不仅要使学生再现已有的知识，而且应能引起学生的注意。如提问“两点确定几条直线?”太简单了，提问“负负为什么得正?”又太难了，这样的问题都不能使学生积极思考。对话中，不仅要求教师提出能够激起思考的问题，还要能激励学生自己提出问题。不仅要求学生会回答问题，更重要的是要学会对答案提出质疑。不是提出一些低层次的、结果性的、收敛型的问题，而是提出一些较高层次的、过程性的、发散型的问题。再次，在师生之间的对话中，教师要当好对话的引导者和倾听者。没有倾听，对话将不复存在。没有倾听，师生中流动的思想将失去联系。对话不能漫无边际，也不能在粗糙的或较低的思维层面上纠缠不休。因为，“漫无边际的清谈起着遮盖作用，把已有所领会和理解的东西带入虚假的澄清境界，也就是说，带入琐琐碎碎不可理解之中”①。教师要当好倾听者，要关注学生，要倾听学生的声音，不干预学生发言，不急于对学生的发言作评价，当好副驾驶，及时把对话拉回到主题上来。

其三，鼓励学生与同伴对话。在学生之间的对话中，学生要能够提出自己的观点和主张，并能够有效地与同学交流。学生之间的

① [德]海德格尔:《存在与时间》，陈嘉映、王庆节译，三联书店，2006 年，第 192 页。

对话不能只停留于经验和观点的交流，必须产生碰撞和引发问题，否则就不能引起思维上的变化。学生之间的对话是一种民主和平等的关系，是交流与合作的关系。首先，任何人都无权把自己视为唯一主体，把自己的意志强加给他人。学生既要表达自我，又要肯定他人。其次，学生个人观点的表达要真实和准确，要具有独立性。教师要鼓励每个学生表述自我观点。例如，0.999…=1吗？在对话中，学生可能谁也说服不了谁。但重要的是对话者要敢于独立真实地表达自我，让学生感受到不同观点之间产生的心灵震撼。再次，在对话中，每一位学生除了注意倾听他人观点，还要作出必要的回应，或以辩驳，或以赞同，或以补充。倾听的时候要集中注意力，不要因为过于相信自己而忽略别人的表述，也不要因为急于辩驳而打断他人。

其四，激励学生与自我对话。教学应该具有丰富性(rich)、回归性(recursive)、关联性(relational)和严密性(rigorous)。布鲁纳(Jerome Seymour Bruner)声称，如果没有回归性，任何关于思想的理论都是无用的。教育过程很大程度上包括一种能力，即通过反思自己的思想从而以某种方式将自身与自己所知道的区分开来。真理生成的方式是思想者的追问。其实，反思也就是一种与自我对话的能力。在数学教学中，与自我对话能够促进学生对自己原有知识基础和学习背景进行不断的检验和发展。从数学解题来看，反思是解题过程中的一个重要环节。弗赖登塔尔指出，反思是数学思维活动的核心和动力。波利亚认为，如果没有了反思，就错过了解题的一次重要而有效益的方面。通过回顾所完成的解答，通过重新考虑和重新检查这个结果和得出这一结果的思路，学生们可以巩固他们的知识和发展他们的解题能力。在解题活动中，与自我对话就是要对解题的全过程进行自觉、深入、反复的思考，再看一看、想一想，逻辑上有无漏洞？解题方法是否正确？有无其他方法？有无捷径？结论能否推广？能否变化条件得出新的命题？等等。又如，学生在学习向量时，通过阅读教材，“我们把既有大小又有方向的量叫做向量。长度为0的向量叫做零向量”，“零向量与任一向量平行”，经过自我对话，学生得到这样的想法“既然零向量也是向量，零向量就应该有方向”，“零向量与任一向量平行，那么零向量的方向是任意的”。如果这样的想法是合理的，又产生了疑问“在讨论两向量的夹角以及两向量的垂直时，为什么又把零向量排除在外？”这样，学生通过与自我对话后，既彷徨又兴奋，他们一般会积极翻阅资料，或是希望从同学或老师那里得到合理的解释。可以说，数学对话作为数学教学改革的方向和新的数学教学理念是无可争议的。

(二)重视数学交流

交流是数学和数学教育中很关键的一部分，是分享观点和澄清理解的一种方式。数学交流是人们运用数学语言传递数学信息，表达数学思想，从而达到相互沟通，加深理解的过程。“每一次数学交流，不仅包含了数学概念和数学关系的含义，而且也阐述了意义、态度和信念。”①数学交流是数学对话的一种具体表现形式。数学交流是各国数学课程共同关注的重要内容。许多国家如英国、日本、澳大利亚、新加坡、荷兰等，都给予数学交流足够的重视，纷纷把“数学交流”列入国家课程标准或教学大纲。全美数学教师理事会(NCTM)出版的《学校数学课程与评价标准》中，从数学认识的角度

① D. Wagner, B. Herbel-Eisenmann. “Just don't”: The suppression and invitation of dialogue in the mathematics classroom. *Educ Stud Math*, 2008(67), pp. 143～157.

分析了数学交流的重要性，认为数学交流的目的是帮助学生更好地理解数学知识。美国《学校数学的原则与标准》(2000)提出，数学交流的目的就是为了加强对数学的理解，表现在四个方面：通过交流组织和巩固数学思想；向同伴、老师及其他人连贯地、清晰地表述数学思想；分析和评价他人的数学思想和策略；使用数学语言准确地表达数学思想。我国的《普通高中数学课程标准(实验)》在表述课程目标时也强调要“提高学生的数学表达和交流能力”。其实，“数学关系可以用各种不同的方式在儿童与成年人中进行交流”①。通过数学交流可以表达自己的数学思维，倾听他人的数学表达，发展和深化对数学的理解。在数学教育中，实现数学交流应该注意以下因素②：

第一，数学语言的运用。数学交流是以数学语言为载体和工具的。“如果我们把语言看成一个文化参数，那么这个参数影响着学校数学中的教与学。”③要很好地进行数学交流，必须善于使用数学语言。与自然语言相比，数学语言更具有一般、简洁、精确和抽象等特性。掌握数学语言，其实也是掌握数学知识的过程。因为数学语言本身就是数学学习的内容。数学语言学习要求学生必须具备较强的语言转换能力。通常数学语言可分为文字语言、符号语言、图形语言三类。建立起各种形式的语言之间的“互译”关系，在数学学

---

① Afzal Ahmed, Alison Clark-Jeavons and Adrian Oldknow. How Can Teaching Aids Improve the Quality of Mathematics Education. *Educational Studies in Mathematics*, 2004(56), pp. 313～328.

② 胡典顺、赵和平：《新课程理念下数学交流能力评价初探》，《中学数学教学参考》，2007 年第 10 期。

③ Charoula Stathopoulou and Fragiskos Kalabasis. Language and culture in mathematics education: Reflections on observing a romany class in a greek school. *Educational Studies in Mathematics*, 2006(64), pp. 231～238.

习中具有重要意义。普通语言的通俗具体；图像语言的直观、形象；符号语言的形式化，实际上是使思维活动进行了若干次“具体——抽象——具体”的转换，因而有助于数学知识的理解。

第二，数学基础知识。数学交流的基础是数学知识，否则就会成为空谈。传统的数学知识观认为数学基础知识主要指代数、几何中的概念、法则、性质、公式、公理、定理等结果性知识，范围狭窄，仅限于代数和几何的知识，而且强调的都是静态的客观性知识，注重知识的严谨性和精确性。其实，数学知识不仅包括“客观性知识”，而且还包括从属于学生自己的“主观性知识”。由于客观的数学知识是具体的、静态的数学结论，而数学活动经验具有主观性和动态性，因此，数学知识是客观与主观，静态与动态，过程与结果的统一体。

第三，数学的视觉化表示。学生在问题解决过程中也许画些图形，或者构造表格，或者构造方程，这些表征能够帮助他们理解数学思想和得到推论，帮助他们组织正在进行的思维活动。数学表征可分为内部表征和外部表征。简单地说，内部表征就是学习者的图式或者认知结构或个体拥有的心智结构。内部表征是认知主体在自己的思维内部为数学对象和数学过程创建的心智图像。外部表征就是思想或者概念的具体体现，或者可以定义为数学知识的具体体现。数学的视觉化表示属于外部表征的范畴，是认知主体与他人进行数学交流的一种重要的手段。数学的视觉化通常可分为文字表示、符号表示、图形表示和模型表示四种方式。

第四，情感与态度。情感和认知是不可分割的。其实，“信仰、情感和态度在数学批判性思维和创造性思维的发展中发挥着非常重要的作用”①。完整的数学教育包含知识、智力、智慧等因素，还应

① ICMI Study 14. Applications and Modelling in Mathematics Education-Discussion Document. *ZDM*, 2002, 34(5), pp. 229～239.

该包含情感、态度和价值观。数学是人类的重要活动之一，对学生来说，数学可以是一种有趣的和令人愉快的社会文化活动。数学交流的情感形态表现于师生之间，生生之间在课堂内外的情感交流，是伴随着数学知识的发生而同时展现的。在交流和探索的过程中，我们要不怕挫折、锻炼毅力、体验成功，并学会与人合作。

无论上述哪种因素，要真正地实现数学交流，必须做到“自然”。不自然就不会产生共鸣，不自然就失去了对话的前提，不自然就不会有真正的数学交流。海德格尔认为，“真理的本质，亦即无蔽，是由一种否定而得到彻底贯彻的”①。伽达默尔指出，“真理就是去蔽(Unverborgenheit)。让去蔽呈现出来，也就是显现(Offenbarmachen)，这就是讲话的意义”②。不合情理、超脱常规的思路，绝不是“去蔽”，只会使学生感到茫然。“人为的意义最终是不成功的、不可能的和自我耗竭的。”③“帽子里突然跑出一只兔子”，只会让学生简单地“跟着老师走”，认为老师比自己聪明，这不利于学生个体知识的生成。反而学生会过分迷信老师，认为自己不是学数学的材料。所以，教师应该尽量沿着问题解决的原始思路、学生的思维轨迹来分析问题，力图通过自然的、合乎情理的启发和诱导，让学生感到老师讲的方法并不神秘，自己也能想到。这样才能激起师生之间真正的数学交流。在这个过程中，教师应该尊重学生，欣赏学生，建立良好的课堂氛围，让学生敢于说，让学生愿意说。教师要给学生多点

---

① [德]海德格尔：《林中路》，孙周兴译，上海译文出版社，2008 年，第 35 页。

② [德]伽达默尔：《诠释学Ⅱ：真理与方法》，洪汉鼎译，商务印书馆，2007 年，第 55 页。

③ [美]莱斯利·A·豪：《哈贝马斯》，陈志刚译，曹卫东校，中华书局，2002 年，第 76 页。

欣赏，多点耐心，鼓励学生尝试着用自己的方式去解决问题，发表自己的看法。对于学生的想法要给予积极的反应和评价，欣赏他们的点滴进步。对于学生的一些奇思妙想，少些责备，没有弄清楚之前，不要武断地下结论，不能伤害学生的积极性，不要打击学生的自信心。有时候，学生的想法也许看起来有些"荒谬"，但是它的背后可能隐藏着创造性思维的火花。要坚信：最自然的才是最真实的。我们来看看下列两个问题。

问题1：已知 x,y 是实数，$\frac{x}{3^3+4^3}+\frac{y}{3^3+6^3}=1$，$\frac{x}{5^3+4^3}+\frac{y}{5^3+6^3}=1$，求 $x+y$ 的值。

某教师是这样讲解的。记 $s=3^3$，$t=5^3$，则已知条件变为：$\frac{x}{s+4^3}+\frac{y}{s+6^3}=1$，$\frac{x}{t+4^3}+\frac{y}{t+6^3}=1$，把它们分别通分、化简得：

$$s^2-(x+y-4^3-6^3)s-(6^3x+4^3y-4^3\times6^3)=0,$$
$$t^2-(x+y-4^3-6^3)t-(6^3x+4^3y-4^3\times6^3)=0。$$

从而，s,t 是以 u 为字母的方程 $u^2-(x+y-4^3-6^3)u-(6^3x+4^3y-4^3\times6^3)=0$ 的两个根，由韦达定理得，$s+t=-(x+y-4^3-6^3)$，从而，$x+y=3^3+4^3+5^3+6^3$。

上述解法巧妙地利用了根与系数的关系，给解题带来了方便。但是，这种做法技巧性太强，犹如"帽子里突然跑出一只兔子"。指望学生能够想到这样的方法是不现实的。其实，遇到分式，自然的反应就是通分。为什么不通分呢？把已知条件中的两个等式进行通分运算，保留 $3^3,4^3,5^3,6^3$ 的形式。

$$(3^3+6^3)x+(3^3+4^3)y=(3^3+4^3)(3^3+6^3),$$
$$(5^3+6^3)x+(5^3+4^3)y=(5^3+4^3)(5^3+6^3)。$$

观察这两个等式，要求 $x+y$ 的值，就需要 x 与 y 的系数是一样的。显然，只需把这两个式子相减即可。

$(5^3-3^3)x+(5^3-3^3)y=(5^3+3^3)(5^3-3^3)+6^3(5^3-3^3)+4^3(5^3-3^3)$，等式两边除以 (5^3-3^3) 不难得出答案。

问题 2：对 $(1+2008^2+2008^2/2009^2)^{1/2}-1/2009$ 进行化简。

某教师是这样讲解的。首先证明等式：$\{a^2+1/b^2+[a/(ab+1)]^2\}^{1/2}=|a+1/b-a/(ab+1)|$。当然这个等式是容易证明的，只需要将两边平方即可。再在该式中令 $a=2008, b=1$，可以算出答案是 2008。

不可否认，利用上面的等式可以解决这个问题。但是，教师是怎样想到这个等式的呢？明显带有死记硬背的痕迹。从数学思维的角度来说，这种做法极不自然，并不可取，无法进行师生对话。其实，我们知道，遇到二次根式化简问题时，最自然的办法就是把被开方数变成平方式，基于这样的想法，完全可以这样做：为了方便，记 $a=2008$，则 $b=a+1$，上述式子中的根式部分可化为 $(a^2+a+1)/(a+1)$。从而，不难得出答案。这种解法用到的都是基本的数学思想方法和基本知识。显然，这种想法是解决这个问题最自然不过、人人都能够想到的方法。只有这样，学生才有话可说，师生才能真正地对话。所以，数学教学应该跟着感觉走，自然至上。有时候，自然的想法也许是一个“笨方法”，但是不要忽视“笨方法”的思维价值。因为，最自然的东西才是最宝贵的，才是学生真正能够想得到的。炫耀自己解法的高明和技巧的高超只会让学生望而却步，这样的教师是无法走进学生思维世界的。

（三）体现过程价值

长期以来，数学教学重视知识的传授，忽视知识发生过程，不讲背景和过程，把结论硬塞给学生。不注意引导学生经历观察问题、发现问题、提出问题、探究和解决问题的完整过程。割裂过程与结果的连续性，没有合理理解数学教学的过程特征，忽视过程本身的丰富的内在价值。实际上，这是一种忽视数学对话特征的表现。目前，我国新一轮数学课程改革提出了“知识与技能、过程与方法、情感态度与价值观”的三维课程目标。强调数学教学的过程特征，彰显数学教学的过程价值是《普通高中数学课程标准(实验)》的突出特色之一。郭元祥教授认为，“教育作为一种培养人的活动，是以过程的形式存在，并以过程方式展开的，离开了过程就无法理解教育活动，更无法实现教育目标，过程属性是教育的基本属性”①。

怀特海指出，在算术中，我们写“二加三”等于“三加二”。我们考虑的是，聚集物的两个过程。这种类型的聚集物用“加”这个词(或记号)表示，并且，其意义限定于与数有关。我们断言：两个程序得到有同样多成员的集合。这个数事实上是“五”，但是没有说出来。这就是说，数学活动是一种过程性的活动，应该让学生置身于适宜的数学过程中。然而，在数学教学中，常以“去情景”和“去过程”为特征，数学过程表现为“烧中段”，使教学失去了丰富的过程特征。重结论、轻过程的数学教学把形式生动的过程变成了单调刻板的条文背诵，它剥离了知识与能力的内在联系，排斥了学生的思考和个性，把教学过程庸俗化到无需智慧努力只需听讲和记忆就能掌握知识的那种程度。这种静止的、冷藏库式的知识妨碍了学生的发展，扼杀了学生的思维能力，这实际上是对学生智慧的摧残。

数学教学是数学过程的教学。数学教学不仅要反映数学活动

---

① 郭元祥：《论教育的过程属性和过程价值》，《教育研究》，2005 年第 9 期。

的结果,而且还要反映数学思维活动的过程。任何概念原理体系,不论暂时看起来多么完备,它总是一种过程性、生成性、开放性的存在。在数学教学中应特别注意:知识结构的建立、推广、发展的过程;数学概念、公式、定理、法则的提出过程;解题思路的探索过程;解题方法和规律的概括、发展过程,在过程中展开学生的思维并加以正确引导。具体地说,在数学概念教学过程中,要引导和启发学生经历辨别、分化、抽象、概括等心理过程;在数学定理教学过程中,应引导学生搞清它们的来源,分清它们的条件和结论,弄清抽象、概括或证明的过程;对于基本技能的训练也要由简单到复杂,由单一到综合循序渐进地发展的过程;对于能力的培养,也要经历由发现和提出数学问题,进行分析、综合、抽象和概括,进行判断、推理和解决问题,使学生能力逐步提高的过程。

在新课程理念下,应该让学生在自主探索、合作交流、平等对话的过程中真正理解和掌握基本的数学知识与技能、数学思想方法,获得广泛的数学活动的经验。数学教学不应该是单一的、枯燥的、以被动听讲和练习为主的方式,而应该是一个充满生命力的对话过程。让学生在亲身体验和探索中认识数学,解决问题,理解和掌握基本的数学知识、技能和方法。在合作交流、平等对话的氛围中,倾听、质疑、说服、推广而直至感到豁然开朗。数学学习应该是学生的主体性、能动性、独立性不断生成、张扬、发展、提升的过程。学生从中感受数学发现的乐趣,增强学好数学的信心,形成应用意识、创新意识,使学生的理智和情感世界获得实质性的发展和提升。强调过程,强调探索新知的经历和获得新知的体验,意味着要面临问题和困惑、挫折和失败。但是,这却是一个人的学习、生存、生长、发展所必须经历的过程,也是一个人的能力、智慧发展的内在要求。所以,数学教学是在教学过程中进行的。那么,数学教学应该体现哪些过程价值呢?

其一,发展理性精神。数学不仅是对客观规律的描述,也是创造性的艺术,并是富有理性美的艺术品。M·克莱因指出,数学是一种精神,一种理性精神,正是这种精神,激发、促进、鼓舞和驱使人类的思维得以运用到最完善的程度。亦正是这种精神,试图决定性地影响人类的物质、道德和社会生活;试图回答有关人类自身存在提出的问题;努力去理解和控制自然;尽力去探求和确立已经获得知识的最深刻的和最完美的内涵。事实上,数学给人的不只是知识和思想方法,数学是理性思维的典范。从而,数学教学过程的重点是培养和发展学生的理性思维,它不同于形象思维,也不同于物理和化学等学科中的实证思维。也许一个人一生中可能很少使用已学过的数学专业知识,但是他最大的收益在于掌握了数学的精神、思想和方法,提高了自己的理性思维能力。

其二,形成合理数学观。数学教学过程影响学生对数学学习和数学本质的认识,如果在教学中要求学生只是模仿和记忆,只是训练和操作,那么学生就会把数学看成是:学数学就是做数学题;每个问题中所给出的条件对于这个问题的求解来说,一定是"恰好的";老师给出的每个问题都是可解的;每个问题都有唯一的正确答案;数学是枯燥的,与日常生活没有联系等。反之,如果注重教学过程,使学生理解知识的来龙去脉,寻找知识间的内在联系,建立完善的知识结构,那么学生就会逐渐地认识到数学知识是有着内部联系的整体和自身发展的规律,而这些又可以通过自己的努力去探索、尝试性地建立起来,这些观念将会使他们消除数学知识的神秘感,勇于探索,并善于寻找数学知识与现实世界的联系。

其三,揭示数学思维。"数学是思维的体操"。没有任何一门学科能像数学那样为学习它的人提供大量进行思维训练的机会。数学是一种智力活动，而不仅仅是一整套知识或技术。数学思维过程往往表现为探究的过程、思考的过程、抽象的过程、预测的过程、推理的过程、反思的过程等。数学中的很多抽象概念常常以精炼的定义形式出现，略去了其形式过程，在教学过程中，应该使学生经历比较、抽象、假设、验证等一系列的概念形成过程。数学中的内容基本上是以“定理——证明——例题——习题”的模式来安排的，往往以最简约的形式给出，省去了复杂的探索过程。事实上，数学结论的发现与提出，都是经历了一系列曲折的过程，教学中应该注意引导学生经历定理发现的过程——实验、比较、归纳、猜想和检验等。同样，一种解题方法的得出并不是一蹴而就的，也要经历艰苦的探索过程。在教学中必须将问题解决的思路探索过程充分暴露在学生面前，使学生获得解决问题的思路和探索方法。

其四，问题解决。问题是数学的心脏。数学的真正组成部分是问题和问题解决，数学教学的核心就是培养学生解决数学问题的能力。数学知识的发展就是从问题经由猜测和反驳的过程进入新问题的过程。数学是“做”出来的，没有一门学科像数学教学过程一样需要解决那么多的问题。事实上，无论是数学教育的目标还是数学素养的要求，都强调使学生具有识别问题、分析问题以及数学地解决问题的能力。《普通高中数学课程标准(实验)》中明确提出，要“提高数学地提出、分析和解决问题的能力”。在数学教学过程中，应该注意启发学生提出问题，引导他们一起认真讨论、分析和解决，帮助学生用数学的思维方式，数学地理解和解决问题，包括抽象化、运用符号、建立模型、逻辑分析、推理计算等。

最后，再创造和再发现。教科书中的许多陈述，往往是美丽而冰冷的数学，火热的思考被淹没在形式化的海洋里，如何点燃和激起学生火热的思考，并欣赏数学冰冷的美丽，是数学教学的一项基本任务。为了数学教育的需要，需要对数学结论进行再创造式的整理。提供适于教学法加工的材料，往往需要数学上的创新。弗赖登塔尔反复强调，学习数学的唯一正确的方法是实行再创造和再发现，数学教师的任务是引导和帮助学生去进行这种再创造和再发现工作，而不是把现成的知识灌输给学生。学生的这种再创造和再发现与数学家作出发现的过程具有相同的性质，都具有创新的成分，只是程度上的差异。数学教学的再创造和再发现的过程也包含自主建构和个人体验的过程。在数学教学过程中，应该强调学生的自主活动，强调探究、交流和对话。只有这样，学生在教学过程中的智力参与才会大大提高，学生才可能深刻理解数学的精神和实质，所获得的知识才是有效的知识，才能获得发现的快乐。

第五章　从“数学文化”中回归数学意义

一直以来，数学教育注重的是知识的传授和技能的训练，学生基本上是听讲、模仿和记忆，对于以知识为载体，提高学生思维水平，形成批判意识，培养理性精神等缺乏认识和实践，没有认识到数学的文化性，不了解数学是一种文化。事实上，数学不仅是数学知识的汇集，更重要的是它包含着十分丰富而深刻的文化内涵。如果说一个一个具体的公式、命题、定理以及计算是我们可以看到的数学内容，那么，数学文化则是一种无形的客观存在。所以，数学教育要考虑两个层次：具体的知识层次和无形的文化层次。

一、文化与数学文化

（一）文化

“文化”一词，在德文中为Kultur，在英文与法文中都为Culture，是从拉丁文Cultus而来。文化是一个内涵丰富的概念，学术界对文化的定义有许多种，不同的学者对文化有不同的理解。1871年泰勒(Edward Tylor)在《原始文化》一书中提出了关于文化的经典定义：“文化，或文明，就其广泛的民族学意义来说，是包括全部的知识、信仰、艺术、道德、法律、风俗以及作为社会成员的人所掌握和接受的任何其他的才能和习惯复合体。"①这一解释使文化的意义比较具体明了,常常为一般学者所引用。在这一定义中,虽然泰勒没有明确地加上文化的物质方面,但是《原始文化》一书中对于物质文化常常谈及。梁漱溟先生在《东西文化及其哲学》一书中说:"你且看文化是什么东西呢?不过是那一民族的生活的样式罢了。"在《中国文化之要义》一书中,他又说:"文化,就是吾人生活依靠的一切。"钱穆先生在《文化与生活》中说:"文化必由人类生活开始,没有人生,就没有文化。文化即是人类生活之大整体,汇集起人类生活之全体即是文化。"在《中国历史研究法》一书中,他又说:"文化是全部历史之整体","换言之,文化即是人生。此所谓人生,非指各人之分别人生,乃指大群体之全人生,即由大群体所共同集合而成的人生,包括人生之各方面、各部门,无论物质的、精神的均在内,此始为大群体人生的总全体"②。这就是说,文化是相对于某人群而言,一个人群的全部生活和他们所创造的一切财富都是文化。由此来看,两人的说法有些相似,也有不一致的地方。在《中国文化论争》一书中,张岱年先生和程宜山先生认为:"文化是人类在处理人和世界关系中所采取的精神活动与实践活动的方式及其创造出来的物质和精神成果的总和,是活动方式与活动成果的辩证统一。"③这个定义强调了文化的动态性(活动方式)和静态性(活动成果),强调活动方式既有精神活动又有实践活动,强调活动成果既有物质成果又有精神成

① [英]泰勒:《原始文化》(重译本),连树声译,广西师范大学出版社,2005年,第1页。

② 顾明远:《中国教育的文化基础》,山西教育出版社,2004年,第14～15页。

③ 张岱年、程宜山:《中国文化论争》,中国人民大学出版社,2006年,第2页。

果。这个定义是比较全面的。陈序经先生认为，“一个比较完备而透彻的文化的意义，是要对于物质的文化与精神的文化的两方面，能够加以兼顾”①。从而，“文化”一词，不但含有物质文化的意义，而且含有精神文化的意义。克罗伯(A. Kroeber)对文化的界定是：“文化由外显的和内隐的行为模式构成；这种行为模式通过象征符号而获得和传递；文化代表了人类群体的显著成就，包括它们在人造器物中的体现；文化的核心部分是传统的观念，尤其是它所带的价值；文化体系一方面可以看做是活动的产物，另一方面则是进一步活动的决定因素。”②这就是说，文化有外显和内隐两种行为模式，文化与群体、传统等概念密切相关。然而，在杜威看来，“所谓文化，也是某种属于个人的东西；文化是培养观念、艺术和广泛的人类兴趣的鉴赏能力。如果效率就是狭隘的行动，而不是活动的精神和意义，那么文化就和效率对应”③。也就是说，文化不仅涉及群体的传统，也涉及个体的东西。在中国古代，“文化”一词是“文治与教化”的意思。所以，在人类社会活动所创造的成果的意义上，文化是文，还不是文化，只有考虑到这些成果同时还意味着对人自身的改造，才是文化。怀特海指出，“文化是思想活动，是对美和高尚情感的接受。支离破碎的信息或知识与文化毫不相干。一个人仅仅见识多广，他不过是这个世界上最无用而令人讨厌的人。我们要造就的是既有文化又掌握专业知识的人才。专业知识为他们奠定起步的基础，而

---

① 陈序经：《文化学概观》，中国人民大学出版社，2005 年，第 23 页。

② 郑毓信、王昌宪、蔡仲：《数学文化学》，四川教育出版社，2001 年，第 45 页。

③ [美]约翰·杜威：《民主主义与教育》，王承绪译，人民教育出版社，2001 年，第 133 页。

文化则像哲学和艺术一样将他们引向深奥高远之境”①。怀特海论述的文化是从教育的视角出发的，强调支离破碎的知识不是文化，文化应该有“文治、教化”的意思，文化应该有对人自身的改造——引向深奥高远之境。

（二）数学文化

近年来，尽管有越来越多的关于数学文化的成果问世，但是学术界对数学文化的定义还缺乏一致的看法。在《数学辞海》中，对数学文化的定义是这样的：由数学的内在力量与外部力量共同作用而不断发展的文化系统称为数学文化。关于数学文化的探讨，包括数学对人类文化的影响，人类文化对数学发展的作用，数学自身作为一种文化的历史进程和发展机制等方面的课题。② 这个定义的说法比较笼统，没有指明文化系统中含有哪些因素。同样，从系统论的观点出发，黄秦安教授认为，“数学文化可以表述为以数学科学为核心，以数学的思想、精神、方法、技术、理论等所辐射的相关文化领域为有机组成部分的一个具有强大功能的动态系统”③。其实，不同的学者对数学文化有不同的理解。在《数学文化学》一书中，从数学共同体的角度，郑毓信教授认为，“数学文化的涵义，即是指特定的数学传统，也即是指数学家的行为方式”④。显然这一说法是以“文化”

---

① ［英］怀特海：《教育的目的》，徐汝舟译，三联书店，2002 年，第 1 页。

② 《数学辞海》编辑委员会：《数学辞海》（第六卷），中国科学技术出版社，2002 年，第 614 页。

③ 黄秦安：《数学哲学与数学文化》，陕西师范大学出版社，1999 年，第 180页。

④ 郑毓信、王昌宪、蔡仲：《数学文化学》，四川教育出版社，2001 年，第 44 页。

定义中的“群体”为出发点的。因为，在“文化”的定义中往往强调“各个群体所持有的行为、观念和态度等”。如果从数学家这一共同体来看，这一说法有一定道理。然而，在人类的数学活动中，并不是只有数学家这个唯一的群体。例如，不同的民族就有不同的数学文化传统。又如，学生在解决一个数学问题时，实际上也与数学家的创造具有同样的性质。与数学家的创造相比，学生的再创造只是程度深浅和水平高低上有着差距而已。学生的数学学习也是一种创造，弗赖登塔尔称这种创造为“再创造”。另外，即使针对数学家这一群体，数学文化也不应该仅指“数学家的行为方式”，这与文化的内涵并不相符。在下面的定义中用了修饰语“主导的”，明确提出了“以数学家为主导的数学共同体”，“所谓数学文化，是指以数学家为主导的数学共同体所持有的行为、观念、态度和精神等，也即是指数学家共同体所持有的生活（或行为）方式，或者说是特定的数学传统”①。当然，这一定义与郑毓信教授的说法在本质上没有差别，它们是相似的。在《数学学科德育——新视角·新案例》②一书中，数学文化是指人类在数学行为活动的过程中所创造的物质产品和精神产品，物质产品是指导数学命题、数学方法、数学问题和数学语言等知识性成分；而精神产品是指数学思想、数学意识、数学精神和数学美等观念性成分。显然这一定义是从文化的两个层面进行阐述的，表述比较具体，容易把握。但是，定义中对物质产品和精神产品的区分比较勉强。就拿数学思想、数学方法来说，我们经常使用“数

① 人民教育出版社中学数学室：《数学文化》，人民教育出版社，2003 年，第 31 页。

② 张奠宙、马岷山、陈双双、胡庆玲：《数学学科德育——新视角·新案例》，高等教育出版社，2007 年。

学思想方法”这样笼统的表述，这就意味着它们是紧密联系的，强调指导思想时就是思想，强调操作过程时就是方法。

在某些论文或著作中，甚至存在一些对数学文化的错误解读。例如，“所谓的数学文化，笼统地说，是指从一个特殊的视角对数学所作的分析”①。又如，“数学文化，笼统地说，就是指从文化这样一个特殊的视角对数学所作的分析”②。再如，“数学文化是一种外延广泛的学科，它涉及多种学科”③。从这些所谓的“数学文化”定义可以看出，定义者根本没有弄清“文化”的含义，或者误读了郑毓信教授在《数学文化学》中的论述，“数学文化学，即是指从文化这样一个特殊的视角对数学所作的分析”④。从文化定义的内涵我们知道，文化既含有物质成果，又含有精神成果；文化既有一种动态性，又有一种静态性。但是，在上述数学文化的定义中，强调的是对数学所作的“分析”、“文化分析”，强调数学文化是“一种学科”，偏离了文化的内涵。或者说，误解了“数学文化”与“数学文化学”，以为它们是一回事，以至于“数学文化”变成了“一种学科”。

在本书中，数学文化是指人类在数学活动的过程中所采取的数学精神活动与数学实践活动的方式及其创造出来的数学物质成果和数学精神成果的总和，是数学活动方式与数学活动成果的辩证统一。之所以这样定义数学文化，是由于数学活动不仅是数学家的活动，它更是全人类的活动。数学活动不仅创造数学物质成果（如数

① 丁广峰：《数学文化与素质教育》，《中学数学教学参考》，2003 年，第 5 页。

② 邹庭荣：《数学文化欣赏》，武汉大学出版社，2007 年，第 2 页。

③ 方延明：《数学文化》，清华大学出版社，2007 年，第 27 页。

④ 郑毓信、王昌宪、蔡仲：《数学文化学》，四川教育出版社，2001 年，第 12 页。

学概念、知识、方法、语言等)，也创造数学精神成果(如数学品质、数学精神、数学审美等)。数学既有外显的行为模式，也有内隐的行为模式。数学既有知识的一面，也有文化的一面。所以，数学不应该等同于知识的简单汇集，而应该看成是人类的一种活动。从而，在数学教育中，不仅要重视数学的知识价值，更应该重视数学的精神、思想、方法、观念等文化价值。《普通高中数学课程标准(实验)》提出，“通过在高中阶段数学文化的学习，学生将初步了解数学科学与人类社会发展之间的相互作用，体会数学的科学价值、应用价值、人文价值，开阔视野，寻求数学进步的历史轨迹”。从数学文化的视角来说，这种提法是有一定道理的。

二、数学的文化性

数学一直是文明和文化的重要组成部分。其实，很多人，包括柏拉图在内，都把数学看做是文化的最高理想。数学一直是形成现代文化的主要力量，也是现代文化极其重要的因素。怀特海在其著名的演讲《数学与善》中宣称：考虑到数学有无穷多的主题内容，数学甚至现代数学也是处于婴儿时期的一门科学。如果文明继续发展，那么在今后两千年，人类思想中压倒一切的新特点将是数学地理解问题占统治地位。美国数学家怀尔德提出了“数学是一种文化体系”的数学哲学观，数学知识是一种文化传统，而数学活动就其性质来说是社会性的，从而，每一种文化都有它自己的数学，这种数学随着相应文化的死亡而死亡。在怀尔德看来，数学文化是一种不断进化的物种。可以说，数学是一棵富有生命力的树，它随着文明的兴衰而荣枯。今天，数学已由看不见的文化进入公众的视野，成为与公众生活息息相关的看得见的文化。那么，如何理解数学的文化性呢？数学的文化性体现在以下几个方面。

其一，数学是人类共同创造、共同享受的文化，它打有各民族的文化烙印。其实，影响数学的有许多完全不同的文化，如果认为只有唯一一条好的主渠道，那将是非常危险的。数学是多元化的，每一个民族都有它自己的数学，都有它自己的特征。作为中国古代灿烂文化一部分的传统数学，也表现出多方面的特征：鲜明的社会性，形数结合，以算为主，寓理于算等。吴文俊教授认为，我国传统数学有它自己的体系和形式，有它自身的发展途径和独到的思想体系，不能以西方的模式生搬硬套。我国古代数学是从问题而不是从公理出发，以解决问题而不是以推理为宗旨。这与西方以欧几里得几何为代表的所谓演绎旨趣迥异，途径亦殊。在数学发展的历史长河中，数学机械化算法体系与数学公理化演绎体系曾多次反复互为消长，交替成为数学发展的主流。即使今天，数学中也存在两种数学文化，一类数学家以解决问题为主要目的，而另一类则更关注建立和理解理论。

其二，数学对人类文化的重要影响。众所周知，希腊几何学哺育了柏拉图的理想主义哲学，柏拉图强调要研究超经验的形式或理念：正义的观念、理想的国家、善的概念。可以说，在形成每个人所持有的人生观和世界观方面，数学所起的作用是决定性的。事实上，如果不从数学在西方思想史上所起的重要作用方面了解它，就不可能完全理解人文学科、自然学科、人的所有创造和人类世界。从而，我们就不难理解为什么M·克莱因这样评价古希腊文化："古希腊人在文明史上首屈一指，在数学史上至高无上。他们虽然也取用了周围其他文明世界的一些东西，但希腊人创造了他们自己的文明和文化，这是一切文明中最宏伟的，是对现代西方文化的发展影响最大的，是对今日数学的奠基有决定作用的。文明史上的重大问题之一，是探讨何以古希腊人有这样的才能和创造性。”①

其三，从数学本身来看，数学必然是一种文化。因为，数学是一种工具。数学对于人类的许多实际问题都能给出最完满的解决，数学无疑是一种普遍的工具。数学是一种方法。数学主要是一种寻求公理思想的方法。这种方法一般从定义、公理出发，经过严密的逻辑推理，推导出一系列结论。其实，数学是一种方法，更是一门创造性的艺术。数学的发明创造——从数学问题的提出到数学定理的证明，都离不开数学家超凡的直觉能力和想象能力。数学是一种精确而简练的语言，有着国际通用的符号和表示法。数学语言对于不同民族的人来说，是一种世界性的语言。它不仅是最简单明了的语言，而且也是最严格的语言。数学是一种精神。数学不仅是一种理性精神，而且体现了人类勇于探索、勇于克服困难、不断奋发向上的精神。在《数学的精神、思想和方法》一书中，米山国藏认为数学精神主要包括：应用化的精神；扩张化、一般化的精神；组织化、系统化的精神；致力于发明发现的精神；统一建设的精神；严密化的精神以及“思想的经济化”的精神。数学体现人类对美的追求。数学家的工作常想把真实和美统一起来。但当不得不在这两者中选择时，他们通常选择美。所以，数学不仅是一门有着丰富内容的知识体系，而且也是一种文化。这也就充分地说明了数学的文化性质。

三、审视数学知识教育

既然数学是一种文化，那么在数学教育中，就不仅要关注数学

① [美]M·克莱因：《古今数学思想》(第一册)，张理京、张锦炎译，上海科技出版社，1979 年，第 27 页。

知识的掌握，更应关注数学的文化价值。但是，在实际教学中，我们关注得更多的还是知识，还是考试成绩，没有引导学生进入知识的意义世界。郭元祥教授指出："多少年来，中小学课程实施和教学过程一直停留在表层的知识教学的状况，深陷'唯知识主义'的泥潭，我们许多教师怎么也摆脱不了表层的知识教学的局限性，而对于'知识之后是什么'这类问题缺乏足够关切。"①然而，"植物离开它的根，离开使它成为有机整体的一切，还能存活吗？那些离开其根基、离开激发它们的原则而存在的种种主张，能不丧失它们的本质和生机、它们引人注目的强制力吗？它们只能像苍白的幽灵徘徊在我们近旁，足以毁坏我们在可见世界的愉悦，却完全不能向我们打开另一个世界，不能为我们的活动提供一个合适的目标并为我们的生活提供一种意义"②。同样，对于数学教育来说，单纯的数学知识教育就犹如"植物离开它的根"一样，丧失它的本质和生机，并不能为数学教育"提供一种意义"。从而，对数学知识教育进行审视是完全必要的。

那么，什么是数学知识？对"数学知识"的不同的回答表明不同的立足点。在苏格拉底那里，一切知识都是回忆。知识只是灵魂从生前的存在里带来的。数学知识也不例外。对柏拉图来说，知识就是真理。在他看来，真正的知识只有一种：数学知识。这与柏拉图认为知识并不是由感官得到的而仅只是由理智获得的结论是相符的。一般来说，数学知识包括数学概念、数学命题（包括公理、定理、

---

① 郭元祥：《课程理解的转向：从"作为事实"到"作为实践"》，《课程·教材·教法》，2008年第1期。

② [德]奥伊肯：《生活的意义与价值》，万以译，上海译文出版社，2005年，第13页。

公式、法则）以及数学思想方法等。例如，在中学数学教学大纲中，数学基础知识一般是指：数学中的概念、性质、法则、公式、公理、定理以及由其内容反映出来的数学思想和方法。

（一）数学知识教育的特点

可以说，目前我国的数学教育本质上是数学知识的教育。通过考试检查教师该教的内容是否教了，检查学生该学的知识是否学了，学了后又是否掌握了。评价一份数学试卷的好坏就是看它对数学知识点的覆盖情况。所以，数学知识教育从根本上来说就是以数学知识为中心而不是以人为中心的教育，或者说以数学知识为本而不是以人为本的教育。在这里，课本上印着的是知识，笔记本上记录的是知识，教师传授的是知识，学生学习的是知识，考试的内容是知识。它有如下几个方面的特点①：

其一，传递知识是教育的唯一目的。数学知识教育关注的往往是课本知识、大纲知识和高考知识，关注的技能往往是考试中常常用到的方法和技巧。数学知识教育把数学看成是“科学的数学”或“学科的数学”，强调的是基本知识、基本技能，倡导的是计算能力、逻辑思维能力和空间想象能力。把数学当成是一个绝对真理，数学教学就是学习这些绝对真理。在有些人看来，数学真理属于“西方文化中最难以动摇的元叙述”。传承这些绝对真理的媒介就是教材。教材是汇集了人类知识精华的著作，具备学术性和权威性。教材是至高无上、毋庸置疑的圣经。在这种观点下，教材便是教学的出发点和内容，是教师必须坚守的教学依据。教师备课应“吃透教

---

① 胡典顺：《从数学知识教育到数学文化教育》，《中学数学教学参考》，2008 年第 6 期。

材”,学生学习应“围绕教材”,学校考试应“紧扣教材”,试题答案应和教材“保持一致”。学生学习数学就是记住教材中的定义、定理,然后加以运用,解决一个个既定的数学问题。从而在一定意义上来说,数学知识教育是以数学教材为中心的教育。

其实,知识传授仅仅是手段,生命发展才是目的。知识并不等于智慧,知识无法与智慧相比。“智慧是即兴自发的知觉(Spontaneous Perception),它使一个人坚强、自由。”①所以,智慧是无法换取的,智慧也无法在书中寻获,更无法加以聚集、背诵或储存。“爱弥儿的知识不多”,卢梭说,“我的目的不是教给他各种各样的知识,而是教他怎样在需要的时候取得知识,是教给他准确地估计知识的价值,是教给他爱真理胜于一切”②。诺曼·朗沃斯认为学习阶梯应该是:数据→信息→知识→理解→观察→智慧。从信息教育到更高级的知识领域,最上面的智力可能远远超过我们的能力。所以,知识传递不是数学教育的最终目标,数学教育应该带给学生智慧。数学教育应该在心智上让学生激动,在心灵上让学生震撼。

功利主义常常把数学看成是由事实、法则、技巧构成的一套工具。从而,数学教育的现实往往是这样的:强调的是“表层知识”,传递的也是“表层知识”。于是,排除数学内涵的推理而赞成数学外延的推理,数学变成一种无意义的过程。在数学教学中,十分重视概念、性质、定理的背诵和掌握,而对于这些知识背后隐含的数学思想方法却不进行深入的挖掘。不仅是在中国大陆,中国台湾也是如

---

① [印]克里希那穆提:《一生的学习》,张南星译,群言出版社,2004年,第120页。

② [法]卢梭:《爱弥儿——论教育》(上),李平沤译,人民教育出版社,2005年,第284页。

此。有人作了这样的比较,“美国同中国台湾一样,都会复习旧知,呈现新问题,让学生做习题。关键是这个过程有很大的差别。台湾教师更关注证明过程而不是数学内涵,要求学生多练习解题过程技巧而不是理解问题背后的原因”①。表层知识剥离了对学生的意义,造成数学意义的失落。那么,什么是“表层知识”?表层知识是这样的一些知识,即机器人能通过编程而“明白”的知识。它是那些可以通过记忆而获得的事实、程序和行为。然而,数学毕竟是人类的活动而非计算机的程序。如果只知道结果,而不知推导的方法,那么所获得的仅仅是一堆死知识。怀特海认为,表层知识是“惰性的知识”。所以,表层知识几乎没有什么意义。那么,什么是有意义的知识?“有意义的知识是自然知识。”“自然知识是我们称作为‘第二自然’的知识。它是当信息、感觉意义和深层意义聚合在一起时所产生的。”②也就是说,当知识与学生已有的知识和经验充分地连接时,这样的知识就成了自然知识。对学生来说,自然知识是有意义的知识。从而,在数学教学中,应该让更多的知识成为自然知识,因为学生需要的正是自然知识。

可以说,重视“表层知识”,其实质就是把知识作为客观事实。也就是把课程“作为事实”。郭元祥教授指出,课程理解和课程观应超越“单一要素论”,课程应该从“作为事实”到“作为实践”③。因为,

---

① Bih-jen Fwu, Hsiou-huai Wang. Practice Makes Perfect on the Blackboard: A Cultural Analysis of Mathematics Instructional Patterns in Taiwan. *ZDM*, 2006,38(5).

② [美]雷纳特·N·凯恩、杰弗里·凯恩:《创设联结:教学与人脑》,吕林海译,高文审校,华东师范大学出版社,2004年,第90页。

③ 郭元祥:《课程理解的转向:从“作为事实”到“作为实践”》,《课程·教材·教法》,2008年第1期。

“作为事实的课程”这一概念及其内在的知识观，将知识看成是外在于教师和学生的要素。“作为事实的课程”意味着知识可以通过提问、记忆、布置作业、测验等方式，从拥有知识的教师向没有知识的学生传递。正是由于“作为事实的课程”将“知识看成是一种社会规定的结构，它外在于学习者并需要掌握”，所以，师生之间就存在一种特定的权利关系。与“作为事实的课程”相比，“作为实践的课程”的出发点“并非知识的结构，而是知识中如何被共同活动着的人们所生产”①。知识不再被理解为是从教师到学生的分配和传递，知识成为师生合作工作的产物。事实上，只有那些自己对数学充满热情，并且将数学视为一门蓬勃发展的科学的人，才能真正地教好数学。波利亚指出，有一条绝对无误的教学方法——教师厌烦的课题，整个班级也会无例外地厌烦。“作为实践的课程”，对于学习者是一种可能性，这种学习者作为活生生的人，所关心的是使他自己的生活世界具有意义。从而，传递知识的教育是不够的。教育必须以人为本，要考察学生的全面发展。不仅考察学生知识的掌握，而且应考虑学生身心的发展，能力的培养，思维的拓展。

其二，提高成绩是教师的最大职责。数学知识教育强调教师是数学知识的传授者，数学解题的指导者，教师是课堂中的主导。教师是知识的权威，是学生获取知识的唯一来源。教师的职责就是“传道、授业、解惑”。“要给学生一杯水，教师必须有一桶水。”学生与教师的关系就是一杯水和一桶水的关系，这一比喻形象地说明了数学教育就是“被灌输”和“灌输”的过程。学生是一张白纸、一个空瓶，教师就是不停地在这张“白纸”上“写”，往这个“空瓶”中“灌”，师

① [美]麦克·扬:《未来的课程》，谢维和等译，华东师范大学出版社，2003年，第34页。

生之间的情感和思想交流荡然无存。所以,在数学课堂中,教师围绕各种题型讲细、讲透,试图让学生一听就懂。然而,结果往往是,一听就懂,一做就错。在数学课堂后,布置大量题目,让学生以题代学,埋头做题,忽视数学概念、数学思想方法的学习。因为,评价一个数学教师成功与否的唯一标准就是看他所教学生的数学成绩。特别地,学生在高考、中考考试中的成绩是评价一个教师成功与否的关键因素,甚至于成为考评教师的唯一依据。正是由于学生成绩好,从而就造就了一批“名师”。当然,“名师”也就几乎成了“升学率高”的代名词。教师为了履行自己的最大职责和实现经济利益最大化,在数学教学中,就是把数学知识不断反复,数学题目不断翻新,目的只有一个——提高学生数学成绩。事实表明,在我国的各类数学考试中,离开教师的指导学生注定是得不到高分的。因此,在一定意义上来说,数学知识教育是以教师为中心的教育。

其实,教师不应该只是一个提高成绩的人,教师更应该是一个指向智慧、指向真理的人。在数学教育中,如果唯一目的是提高数学成绩,就意味着对学生反复训练,学生成为做题的机器。从而,数学教学对师生双方来说是一种痛苦,教师教得累,学生学得苦。然而,训练是一种隔离心灵的活动,而真正的教育是人与人精神的相遇。教师为考试而教,学生为考试而学的数学教学只能是反复训练。

其三,追求高分是学生的主要任务。注重“双基”学习,追求基础知识的扎实和基本技能的熟练。勤于习题演练,重视系统训练,注重知识梳理的结构掌握,进行多种多样的“变式训练”,“精讲多练”,通过做题来巩固和强化知识,已成为我国普遍的数学教学模式。事实上,“注重基础,强调熟练,要求严谨”已成为国际上对我国学生数学学习特色的一个最主要的评价。和国外同龄学生相比,我国学生更擅长于数学应试和竞技,书面解题能力表现较为突出。调查表明,不少学生认为:数学就是做题,没有什么用处。在学生心目中,“数学是高考的必杀技”,“数学就是高考工具”,“数学是打开高考大门的一把钥匙”等等。确实,要想让学生没有这种想法确实不容易。因为,在数学知识教育中,普遍存在层层加码,课业负担沉重,实行“题海战术”和“大运动量训练”,学生成了做题机器的现象,学生学习的目的就是追求高分。如何检查学生获取知识的情况,唯一的办法就是考试。因而,解题变成了单纯应付考试的机械训练,学生忙于记忆各种类型的题目及固定算法,为了得到一个好分数,考试充当数学知识教育的“指挥棒”。特别地,高考是一种最有效的知识教育的“指挥棒”和“风向标”。所以,在一定意义上来说,数学知识教育是以考试为中心的教育。

然而,只知道学某种科目,通过考试后就把它丢在一边的人,绝不是学生。真正的学生是要去学习、研究、探索、发问、发现的。反思我国的高考(即大学入学考试),不难发现,“大学入学考试系统(the College Entrance Examination System,简称 CEES)不仅磨灭了大多数学生独立思考的能力,而且也剥夺了他们学习的兴趣。CEES 是扼杀中国学生创造才能的主要原因之一”①。在排得满满的数学课中,我们的数学教育失去了数学的灵魂,在教师照本宣科、学生埋头记笔记的学习方式中,失去了思维的能力和乐趣。我们的“好学生”往往是按照传递的方式接受知识的人,或者说,他们只不过是接触了并且愿意接受教师规定的概念、知识。这就不难理解为

① Tang Jing. The Popularization of China's Higher Education and Its Influence on University Mathematics Education. *Educ Stud Math*, 2007(66), pp. 77～82.

什么会出现“第十名现象”，即离开学校后，那些有所成就的学生往往既非前几名的学生，也不是成绩差的学生，而是那些成绩中等的学生。由此看来，考试获得高分的学生不一定就是好学生。数学并非只是意味着给出一些规范化的答案，而是让学生自己学会分析问题。只有那些理性地分析问题和选择解决问题方法的学生才是好学生。通过了考试，不一定就有了智慧。可以说，智慧和通过考试是两回事。所以，考试的目的不应该是发现问题，淘汰他，而应该是发现问题，促进他。考试的目的在于为学习过程提供指引，而不是最终的审判。

(二)数学知识教育的缺失

应该说，知识教育本身并没有错，离开了具体的数学知识，数学学习就成了一句空话。尽管数学知识是数学教育不可或缺的重要组成部分，但是，当知识教育就是整个数学教育的时候，数学教育的问题就会非常明显，数学意义的失落也就显而易见。

其一，数学知识与数学文化的分离。客观地说，在数学知识教育中，存在于数学中的无形的数学文化并不是说在数学知识教育中没有体现。数学文化与数学同在，只要有数学，就一定有数学文化。但是，数学知识教育往往不重视、不挖掘、不渗透数学知识中包含的十分丰富而深刻的文化内涵。关注的往往是数学表层知识，而不是包括数学文化在内的整个数学知识。因为，切断语脉、意义中立、抽象化的数学知识，是数学知识教育中数学知识的典型特征。这种知识充其量只是呆滞的知识，与其称作知识，不如称作信息。这种知识犹如“洞穴假象”中的“影子”，只有转过身来看看外面的世界，才能看到丰富多彩的数学文化。如果一个数学概念、数学定理、数学性质没有意义或者没有思想，那么它就是一个完全没有生命、毫无价值的东西。小威廉姆 E·多尔(William E. Doll,Jr.)说:“视科学为唯一的途径,我们却失去了许多宝贵的东西。我们失去了或忽视了故事(我们的文化)与精神(我们作为人的意识)。”①

其实,在数学知识的那种众所周知的冷漠、原始、不变的外表背后,隐藏着一个动人、狂烈、不断变化的数学文化世界。所以说,丧失现实的、具体的、文化的、语脉的,沦为信息的数学知识,从根本上剥夺了学生在数学学习过程中同客观世界对话的关系。因为,这样的知识必然导致以“去情景”和“去过程”为特征的数学教育,把形式生动的数学知识变成了单调刻板的条文背诵,剥离了师生之间的对话,同时也就剥离了数学知识与数学文化的内在联系。数学是看不见的文化,充满活力的文化。其实,数学知识是部分,数学文化是整体。数学知识是数学文化的结晶。数学知识往往归于静态的逻辑关系,而数学文化是一个动态的创造过程。所以,我们不应将“数学教育”简单地等同于学生获得各种具体知识和技能。这样势必割裂数学知识与数学文化的密切联系。把数学文化还原为空洞的数学知识时,它肯定是残缺不全的。从而,数学教育只剩下“冰冷的美丽”而无“火热的思考”。一个充满活力的数学美女,只剩下一副X光照片上的骨架了。

其二,传授知识与教书育人的分离。在数学知识教育中,教师十分重视数学知识的传授,往往只注重“知识点”,特别是与考试有关的知识点,千方百计地加以深化和强化,却不注意对数学思想和本质的揭示,不注意促进学生的发展,忽视对学生的成长的关注。教师只教书不育人,甚至“目中无人”。鲁迅先生曾经说过,小的时

① [美]小威廉姆 E·多尔:《后现代课程观》,王红宇译,教育科学出版社,2000年。

候，不把他当人，长大了以后，也做不了人。缺乏对人关怀的教育，知识只会导致不幸，甚至毁灭。其实，教育是人的魂灵的教育，教育的本质是育人，而不是知识的堆积。学生不是接受知识的容器，而是一支有待点燃的火把。然而，一些教师不善于“点火”，而急于“灭火”。数学教学设计的立意不高是一个普遍性的问题，没有很好地挖掘数学知识蕴含的价值内涵，没有更好地体现数学教育的育人功能。部分教师往往把数学知识静态化，远离数学知识的生长过程。知识讲解的重点、难点和关键点往往指向考试的重点、难点和关键点，而不是指向学生成长的重点、难点和关键点。没有从学生发展的角度，从教书育人的角度来理解知识；没有让学生获得更多的自信和更多的成就感；没有让学生得到幸福和快乐；看不到人及其作用，没有将人及其创造性置于中心地位。数学知识失去了数学文化的内涵，数学课堂失去了数学文化的内涵，教师自身也失去了数学文化的内涵。从而，数学教育也失去了数学文化的内涵。可以说，知识与育人相分离的教育不是真正的教育，这种教育也不可能培养出真正的人。

从而，学生发出这样的呐喊就不足为奇了，“数学，你是个坏蛋，你害我脑细胞不知死了多少。我美好的青春年华就毁在你的手上。你总是打破别人的梦，你为什么要做个人见人恨，人做人更恨的家伙呢？如果没有你，我将笑得多灿烂呀！如果你离开我，我绝不责怪你无情。”（摘自2004年全国高中数学联赛决赛，湖北赛区一学生写在试卷上的一段话。）更有甚者，有些学生宣称：数学是“魔鬼”，数学是难打败的“憎恨者”，数学是杀死脑细胞的工具，数学是满清十大酷刑，数学是“地狱”等等。面对这样的“呐喊”，这样的“宣言”，难道我们不应该进行深刻的反思吗？对于数学教育来说，当传授知识和教书育人相分离的时候，一个必然的结果是：相当数量的学生因过不了数学这把“筛子”留下太多的阴影，造就许多“失败者”的心态，并以这种心态去面对今后的人生。所以说，数学知识教育消解了数学教育的功能和作用。

其实，数学不仅仅是线条的组合，不仅仅是事实和规律。数学不仅是对符号世界的描绘，更是情感的流溢，是一幅美不胜收的“风景画”，它具有生命，具有人情味，尽管它很少表现具有人情味的一面。数学往往表现为穿过透明胶片映射在屏幕上的成排的枯燥符号，成行的精炼文字，以及一览无余的数学公式。但是从这些文字与符号的背后，通常是数学家思想的出处，灵感的源流，以及指引他们从一个发现到另一个发现的想象力。数学只有与自然、文化保持接触，才能永葆青春。在数学教育中，我们应该知道，数学不是早已被雕琢在石头上的东西，也不是世代相传而无变化的知识。即使是算术与平面几何中的基本原理，也一度曾是有争议与深究的主题。经过许多世纪的不断质疑、辉煌的猜测与认真的改进后，现今称为数学的大厦才得以建成。所以，数学教育要触及人性的一面，如果不触及在构筑数学大厦中起作用的人性因素，数学教育的育人价值就无从谈起。

其三，学习知识与学会做人的分离。在数学知识教育中，学生只关注数学知识的学习和考试，忽视综合素质的提高。发展了智力，却戕害了情感；获得了智力，却变得自私、贪婪。学校给学生太多的好胜心，而不注意培养学生的好奇心。教师和学生更关心谁是第几名，比谁好，学生对数学的好奇心，却很少关注。在数学知识教育中，忽视对学生发展的全面考察，分数是决定学生命运的唯一依据，从而不可避免地加剧了学校之间、教师之间、学生之间的恶性竞争，你防着我，我防着你，以邻为壑。现代社会适当提倡竞争无可厚非，但是，如果只有竞争，没有合作，这就大错特错。21 世纪教育的四大支柱是:学会学习,学会做事,学会合作,学会做人。这是新世纪的教育理念,也是新世纪对教育的要求。数学教育也不能例外。割裂学习知识与学会做人的联系,到头来学生内心深处是空洞的,缺乏理想,缺乏想象,缺乏激情,缺乏数学学习的兴趣,甚至厌烦、冷漠数学,这不能不说是数学知识教育的悲哀。最终,数学知识仅仅成了求职谋生的手段,数学知识的增长伴随着对数学意义的漠视,也伴随着学生心灵的贫困和心胸的狭窄。

(三)数学知识教育的根源

数学知识教育的兴起并非没有依据,知识中心主义、传统文化、知识观和科学观等都对数学教育具有重大影响。

其一,知识中心是我国教育的一大特征。长期以来,数学教育强调“数学双基”,提倡“数学三大能力”,数学教育表现出明显的以知识为本位的倾向。这从《数学教学大纲》、《考试大纲》可见一斑,《数学教学大纲》一般先列出数学教学内容,《考试大纲》明确提出对知识的要求,它们依次是了解、理解、掌握三个层次。例如,历年《数学教学大纲》中就有:形数知识(1951 年),算术、代数、几何和三角的基本知识(1956 年),代数、平面几何、三角和平面解析几何的基础知识(1963 年),代数、几何的基础知识(1989 年),代数、几何的基础知识(1992 年)等等。在知识内容的基础上,然后提出发展能力的一些要求。如在 1956 年的大纲中开始提出发展学生的逻辑思维和空间想象力,在 1963 年的大纲中明确了中学数学中传统的三大能力,即计算能力、逻辑思维能力和空间想象能力。另外,从教育观念、教育理论体系和教育实践中都可以清晰地看到知识中心倾向的存在。例如,教师将自己的工作称为“教书”,学生则称自己的工作是“读书”,学校则被人们当作学习知识的殿堂,“教学”被很多人认为就是指“书本知识的授受”活动。数学以“科学的形态”出现在教育教学理论中,片面强调数学知识的系统化、形式化、逻辑化。教学的知识本位倾向在被学校教育实践所放大。理论上强调教学要以间接经验的授受为主要内容,但在实践中很大程度上被发展为唯一的内容,普遍存在“烧中段”现象。数学课程设置绝对地以数学知识为主,数学教学几乎全是知识教学。数学教学考评的工具主要是书面考试,这种考评方式着重评价、检测学生对数学知识掌握的牢固程度和系统程度,而难于检测学生其他方面素质发展的情况。从而,学生掌握了大量、细致、牢固的数学知识,但普遍表现出不会应用、不善创造、动手能力差、缺少独立生存与发展的能力。爱因斯坦说,如果一个人忘掉了他在学校里所学到的每一样,那么留下来的就是教育。这段话也许能给我们某些启示。

其二,传统文化对数学教育的深远影响。考试文化是中国文化的一大特点。强调“背诵、模仿记忆”,突出“熟能生巧”。从而,在数学教学中,反复训练占据了重要的地位。实际上,通过考试选择人才的制度本身没有过错。但是,渲染“金榜题名”,主张“一张考卷定终身”,这样的考试就存在着巨大的危险。长期以来,“万般皆下品,惟有读书高”、“书中自有颜如玉,书中自有黄金屋”的思想在人们心目中根深蒂固。把教育纳入考试制度之中,固然有其有利的一面。如果教育从属于考试,那么必定强调数学知识和技能的学习,导致背诵和记忆。其实,死记硬背只会让学生养成不可救药的坏习惯。忽视数学文化视野的开阔,只会使数学教育僵硬化、机械化和功利化。斯宾塞(Herbert Spencer)说:“为我们的完满生活作准备是教育应尽的职责;而评判一门教学科目的唯一合理办法就是看它对这个职责尽到什么程度。”①于是，“学海无涯苦作舟”，“故天将降大任于斯人也，必先苦其心志，劳其筋骨，饿其体肤，空乏其身，行拂乱其所为，所以动心忍性，曾益其所不能。”等等。我们常常以此来勉励学生。从而，用“虚幻的幸福”取代“现实的成长”，流行这样的观点是必然的，“用今天的痛苦换取明天的幸福”。

其实，求知不仅对哲学家是最快乐的事，对于学生来说，也是一件最大的乐事。仅仅作为结果而存在的幸福会被过程的不幸福所抵消。从而上述观点就值得推敲。“如果说成年人的快乐便是一切，甚至可能要以牺牲现在的快乐为代价，那么为什么人生后期的生活应该看做比前期的生活更为重要呢?”②英国教育哲学家约翰·怀特(John White)的警告值得我们反思。卢梭说：“当我们看到野蛮的教育为了不可靠的将来而牺牲现在，使孩子受到各种各样的束缚，它为了替他在遥远的地方准备我认为他永远也享受不到的所谓的幸福，就先把他弄得那么可怜时，我们心里是怎样想法的呢？即使说这种教育在它的目的方面是合理的，然而当我看见那些不幸的孩子被置于不可容忍的束缚之中，硬要他们像服苦役的囚徒似地继续不断地工作，我怎么不感到愤慨，怎能不断定这种做法对他们没有一点好处？欢乐的年岁是在哭泣、惩罚、恐吓和奴役中度过的。”③其实，我们之所以折磨那些可怜的孩子，是为了让他们好。可是，我们不知道这样做却给他们招来了死亡。杜威说得更直接，“教育是

---

① [英]斯宾塞：《斯宾塞教育论著选》，胡毅、王承绪译，人民教育出版社，2004年，第27～28页。

② [英]约翰·怀特：《再论教育目的》，李永宏等译，励达广、桑新民审校，教育科学出版社，1997年，第43页。

③ [法]卢梭：《爱弥儿——论教育》(上)，李平沤译，人民教育出版社，2005年，第69页。

生活的过程,而不是将来生活的准备"①。显然,"教育准备说"的根本缺陷就是无视儿童现实存在的价值,因为教育所准备的是成人生活的种种职责和权利。儿童也是一种生命的存在,儿童不应该被看做候补人,列在等待批准的名单上。杜威特别强调,"准备"是一个捉摸不定的观念。他说:"这些知识在当初学习的时候是互相割裂开来的,因而,这些知识同其他经验并没有什么关联,所以在实际的生活情境中,这些知识便不能发挥效用了。……也不能产生真正的预备作用。"如果学习是达到某种目的(或实现某种利益)的手段,一旦你达到了预计的目标,就会把手段忘记。"利益只是浮动于表面的企求,……凡是利益都是有条件的、偶然的、不确定的企求,它不足以使生活具有意义或者带来幸福。"②显然,这种学习不是真正的学习。

尊师重教、师道尊严是中国教育的传统。中国的教育传统讲究"天地君亲师"的权威,有"一日为师,终身为父"的传统。把教师放到与父母同等的地位,当然有其有利的一面,显然也有其不利的一面。容易产生盲目崇拜,迷信权威,不敢怀疑和批判,不敢否定,更不敢创新。传统教育倡导"教,上所施,下所效也。""非礼勿思,非礼勿闻,非礼勿视,非礼勿动。"导致传统教育方法就是"只灌输知识的结果,不解释求知的过程,也就是学生只知其然,不知其所以然"。有人说,中国几千年的教育就是两个字"听话",看来有一定道理。所以,最终学生不敢讲,不敢闯,一个个成为没有个性的人。

---

① [美]约翰·杜威:《民主主义与教育》,王承绪译,人民教育出版社,2001年,第6页。

② 赵汀阳:《论可能生活》(修订版),中国人民大学出版社,2004年,第16页。

在《中国文化论争》一书中，张岱年、程宜山两位先生把中国文化的基本精神概括为:刚健有为、和与中、崇德利用、天人协调。其中，刚健有为思想是处理各种关系的人生总原则，和与中思想主要解决人与人的关系，崇德利用思想主要解决人自身的关系，即精神生活与物质生活的关系，天人协调思想主要解决人与自然的关系。中国传统文化固然有其积极的一面，但是，也不能否认其消极的一面。与西方文化相比，中国传统文化表现为重归纳、轻演绎。例如，在《论语》中的每一句话，都是一种结论，从不给予证明或解释。然而，苏格拉底的“产婆术”则截然不同。反映在中国古代数学中，数学就缺少严格求证的思想，十分重视计算，历来有重视计算的传统。在当今的数学教学中，就特别强调计算的正确率、计算速度。甚至有人提出这样的观点:速度是考试的生命。

其三，知识观和科学观对数学教育的影响。在历史上，数学一直是确定性、绝对性和永恒性知识的光辉典范。毕达哥拉斯说，数学统治着宇宙。柏拉图认为，真理是完美、永恒不变的，而物质世界存在缺憾，居于不断变化之中，所以人们无法从物质世界中获得真理。数学则是永恒不变的真理的最好例证。例如，2＋2＝4，圆周上任意一点到圆心的距离相等，这些概念以前是真的，现在是真的，并且永远是真的。数学表明人人都认可的普遍真理可以找到。在《理想国》中，柏拉图将理念世界与物质世界区分开来。随着柏拉图数学理念的神化，数学研究和数学知识生成过程中的人性与社会文化因素就被掩盖起来。同样，伽利略这位物理学家或物理学的自然发现者，既是发现的天才，又是掩盖的天才。因为，“伽利略在从几何的观点和从感性可见的和可数学化的东西的观点出发考虑世界的时候，抽象掉了作为过着人的生活的人的主体，抽象掉了一切精神的东西，一切在人的实践中物所附有的文化特性”①。

随着数学理性的复兴，伽利略创立的自然科学成为科学的典范。科学等同于“伽利略自然科学”，并且惟“数学科学”独尊。笛卡尔曾自豪地宣布，科学的本质是数学。他曾有一个大胆的设想：一切问题化为数学问题，一切数学问题化为代数问题，一切代数问题化为代数方程问题。马克思说，一门科学只有在成功地运用数学时，才算达到完善的地步。由于伽利略以来自然科学的快速发展，实证科学不断取得成功，而形而上学一再遭到失败。特别是以数学和物理学为代表的实证主义科学的不断膨胀，实证主义的科学观盛行起来。于是，人们认为，唯一真正的科学是实证科学。胡塞尔认为，“现代人让自己的整个世界观受到实证科学支配，并迷惑于实证科学所造就的‘繁荣’。这种独特现象意味着，现代人漫不经心地抹去了那些对于真正的人来说至关重要的问题。只见事实的科学造成了只见事实的人”②。在胡塞尔看来，实证主义导致欧洲的人性危机，它将科学的理念还原为纯粹事实的科学，科学丧失其对生活的意义。实证主义的科学观是片面的，它看不到主体与客体之间的统一关系，看不到客体的意义是由主体授予的，看不到客观的事实是依赖于由主体所建立的理论的。所以，社会的理性化过程并未给人带来个性的自由与解放，反而加速了人的“物化”。在数学教育中，强调数学的逻辑结构，忽视数学赖以产生和发展的人文背景；强调数学与人文两个世界的截然区分，忽视了数学与人文文化的关联以

① [德]埃德蒙德·胡塞尔：《欧洲科学危机和超验现象学》，张庆熊译，上海译文出版社，2005年，第78页。

② [德]埃德蒙德·胡塞尔：《欧洲科学危机和超验现象学》，张庆熊译，上海译文出版社，2005年，第7页。

及数学本身的人文意义和人文价值,从而导致数学与数学文化的分离。

如果说实证主义侧重的是知识的理论层面,那么功利主义则侧重的是知识的技术层面。斯宾塞关于“什么知识最有价值——唯一的答案是科学”的著名回答,反映的正是功利主义的心声。在斯宾塞看来,“最重要的知识是科学”,“最有价值的知识是科学”,“最有效的学习是科学”,“科学的价值是无穷无尽的”。于是,只看到科学的工具性和功利性,看不到科学的文化性和精神性。在数学教育中,只看到数学的“考试效用”,看不到数学的魅力,抽掉了数学的意义;只看到数学的知识性,看不到数学的文化性,抽掉了数学的真正灵魂。学生获得的是支离破碎的数学知识,感受到的是考试的压力,感受不到数学的文化内涵,感受不到数学意义的充盈,也感受不到数学教育的意义。所以,数学教育应该实现从数学知识教育到数学文化教育的转变。

四、基于数学文化的教学意蕴

(一)从知识到文化

什么是教育?雅斯贝尔斯是这样解释的:“所谓教育,不过是人对人的主体间灵肉交流活动,包括知识内容的传授、生命内涵的领悟、意志行为的规范,并通过文化传递功能,将文化遗产教给年轻一代,使他们自由地生成,并启迪其自由天性。因此教育的原则,是通过现存世界的全部文化导向人的灵魂觉醒之本源和根基,而不是导向由原初派生出来的东西和平庸的知识。真正的教育绝不容许死记硬背，也从不奢望每个人都成为有真知灼见、深谋远虑的思想家。”①这充分说明，只有平庸的知识教育并不是真正的教育。

教育是指向人的。任何一门学科的教育，首先是对人的教育，那种忽视学生情感、态度与价值观养成的数学教育，甚至以损害学生自尊心和自信心为代价的数学教育，绝对不是成功的数学教育。数学并不是一系列的技巧。技巧只不过是微不足道的方面，技巧远远不能代表数学，就如同调配颜色远不能当作绘画一样。技巧是将数学的激情、推理、美和深刻的内涵剥落的产物。由此看来，单纯传授知识的教育是一种结果教育、继承的教育，这种教育不可能走在时代的前面。因为，智慧并不表现在经验的结果上，也不表现在思考的结果上，而表现在经验的过程中，表现在思考的过程中。从这种意义上来说，目前的数学知识教育不仅难以走出“应试教育”的困境，而且不利于创新人才的培养，不利于创新国家的建设。从而，由知识教育到文化教育是数学教育的必然选择。从根本上说，数学文化教育就是数学教育的关注点不仅仅是数学知识，而是包括数学知识在内的整个数学文化。不再以数学知识为中心、以数学知识为本，而是以人为中心、以人为本。不再仅仅让学生是现有知识的接受者，而要成为知识的创造者。所以说，数学文化教育是以人为本的教育，其出发点和归宿都是人。其实，中学数学课程并不是针对任何专门技术训练而开设的，它是公共文化的一部分。对于数学教育，我们要小心，不要教出这样的学生，他们不去欣赏作为我们伟大数学文化实质的乐曲。

尽管任何教育都有知识的参与，没有知识参与的教育不可能存

① [德]雅斯贝尔斯：《什么是教育》，邹进译，三联书店，1991 年版，第 3 页。

在。然而在数学教育中，我们不能过分强调数学知识的抽象性、演绎性、确定性，而忽视数学知识的具体性、经验性、可误性。在数学文化教育中，并不是要排斥数学知识，没有知识内容，数学教学就是无米之炊。但是，这里的知识不再是切断文化命脉的知识，那种机械的、枯燥的、刻板的知识在数学文化教育中一去不复返。也就是说，在数学文化教育中，不仅要见树木，而且要见森林；不仅要关注数学知识的细节，更要关注数学知识的本质，关注数学知识背后所蕴含的思想和方法。其实，比数学内容更为重要的是它典型、清晰、简单地给出了一些思维模式的范例。所以说，数学文化教育中的知识是富有文化内涵，充满文化精神的知识。那种生动的、活泼的、鲜活的知识在数学教育中处处可见。在数学文化教育面前，关于数学教育目的的提法，从“双基”，到能力，再到素质，都显得苍白和空洞。在数学文化教育中，不仅要包括知识、技能、能力的教育，更重要的是还应该包括数学思想方法、数学精神、数学理性、数学品质的教育。知识、技能和方法的传授是在数学文化熏陶中进行的，完全摒弃了把数学当成是单纯的科学工具、学科形态的数学教育观，把弘扬数学精神，培养良好数学思维习惯，养成良好的数学素质放在首位，让数学精神、数学思维、研究方法、推理方法深深地铭刻于学生的头脑之中。

在数学文化教育中，教师不再仅仅是数学知识的传授者，更是数学文化的传播者。教师不仅要讲数学概念如何定义，数学性质、数学定理如何证明，更要讲为什么要这样定义以及性质、定理的发现、发明过程。也就是说，“鸳鸯绣出任君看，不与郎君度金针”这样的现象将不复存在。数学文化教育推崇的是理性精神和人文关怀的文化教育观，把育人放在首位。教师不会将学生引向某一个特定的目标，而是培养完整的人。教师的角色发生了重大变化，不再只是一心只教“圣贤书”的“教书匠”，而是既教书又育人的教育者，真正实现国务院总理温家宝在第十届全国人民代表大会第五次会议上提出的“教育家办教育”的宏伟蓝图。

在数学文化教育中，学生不再是只会读书的“书呆子”，“两耳不闻窗外事，一心只读圣贤书”难觅踪迹。学生不仅学会了读书，还学会了做人，并且是做富有激情、理性和责任的人。通过数学文化教育，学生心灵不会被数学知识所窒息，只会从数学知识中解脱出来。学生不仅掌握了数学知识，而且通过数学文化的熏陶，学生学会了伟人是怎样创造的，学会了伟人是如何做人的。怀特海说：“人类的智力能从实例中抽象出某一类型东西来。人类这个特征的最明显的表现就是数学概念和善的理想。”①亚里士多德认为，“那些说数学科学并不涉及善和美的人是错误的”②。

在应试教育的背景下，虽然数学文化教育成为普遍的教育现实尚有一定难度，尚需一段时间。但是，在大力提倡素质教育的今天，数学文化教育作为数学教育改革的方向和新的教育精神应是无可争议的。《普通高中数学课程标准（实验）》中大力提倡数学文化教育的事实已经充分地说明了这一点。那么，在数学教学过程中，数学文化教育如何开展呢？

今天，在数学教育中，一个普遍的现象是：毕业年级的数学课程早早结束，用一年的时间反复让学生操练，直至可以在几秒钟内给选择题打钩。所以，下面的现象就再正常不过了。

---

① 邓东皋、孙小礼、张祖贵：《数学与文化》，北京大学出版社，2005 年，第 7 页。

② [古希腊]亚里士多德：《形而上学》，苗力田译，中国人民大学出版社，2003 年，第 270 页。

古希腊数学家丢番图(Diophantus)有一段著名的墓志铭:“过路人,这里埋着 Diophantus,下面的数字,可以告诉你,他的一生有多长。他的生命的六分之一是愉快的童年;在过了他生命的十二分之一,他的面颊上长了细细的胡须,如此,又过了一生的七分之一,他结了婚。婚后五年,他获得了第一个孩子,感到很幸福。可是,命运给这孩子在这世界上光辉灿烂的生命,只有他父亲的一半。自从儿子死了以后,他在深切的悲痛中活了四年,也结束了尘世的生涯。”

某学生略加思考,设丢番图活了 x 岁,列出一元一次方程:$x/6+x/12+x/7+5+x/2+4=x$。两分钟后解出了方程,丢番图活了 84 岁,他非常高兴。然而,他用方程求解的方法却被老师斥为“最笨解法”。老师的“聪明解法”是这样的:既然 1/6,1/12,1/7 对应的年龄段是整数,那么答案就是 6,12,7 的最小公倍数,即 $12\times7=84$。老师还说:“只有傻子才动笔算选择题。”

其实,人类自学会结绳记数之后,直到古巴比伦时期才学会运用简单的线性方程。显然,方程的出现并不是为了应付考试,而是为了造福人类,帮助人们处理日常问题。方程反映了用数学符号提炼生活中某种关系的过程。我国古代数学家刘徽注释《九章算术》说,“程,课程也”。群物总杂,各列有数,总言其实,令每行为率。二物者再程,三物再三程,皆如物数程之。并列为行,故谓之方程。又如,巴比伦泥板中的基本问题:“求一个数使它与它的倒数之和等于一个已知数。”“已知两个数之和与两个数之积,求此两数。”等。再如,古埃及的兰德(Rhind)纸草书中也有这样的问题:“把 700 块面包分给 4 个人,第一个人 2/3,第二个人 1/2,第三个人 1/3,第四个人 1/4。”即:$2x/3+x/2+x/3+x/4=700$。

从数学的发展来看,人类对方程求解孜孜不倦的探索大大推动了数学的发展。可以说,16 世纪最壮观的数学成就也许是意大利数学家们发现的三次方程和四次方程的代数解法。在得到三次方程、四次方程的求解公式后，人们期盼能够得到五次方程的求解公式。五次方程公式解的不可能的明确论断乍看起来是个令人失望的结果，但失望却孕育着财富。在我们感叹两位天才数学家阿贝尔和伽罗瓦凄凉一生的同时，“数学抽象的顶尖艺术”——“群论”诞生了。庞加莱说，群论就是摒弃其内容而化为纯粹形式结构的整个数学。在方程求解的探索中，既闪耀着人性光辉的一面，也显露了人性丑恶的一面。当学生了解这些事实后，必能给学生心灵以震撼。泰塔格利亚(Niccolo Tartaglia)度过了一个苦难的童年，然而，他天资聪颖，自强不息，勤奋好学，终于找到了三次方程的求解公式。在信誓旦旦保密的提前下，卡丹(Girolamo Cardano)从泰塔格利亚那里获取了三次方程求解的秘诀，但是他背信弃义，在1545年出版《大法》公布了三次方程的求根公式。在数学文化教育下，方程的学习不仅仅是让学生知道什么是方程，怎样解方程，更不是让学生打钩，获得一个好分数，而是让学生不仅看到东西方的数学文化、数学思想的碰撞，体验方程深刻的文化内涵，而且在学会解方程的同时，也学会了做人——做一个有智慧的人，做一个高尚的人。可以肯定地说，在数学文化教育中，所谓的“聪明解法”不会提倡，打钩现象不会发生，这是确信无疑的。

《普通高中数学课程标准(实验)》强调，数学是人类文化的重要组成部分，数学学习活动中提倡自主探索、动手实践、合作交流等学习方式。通过探究、交流、欣赏、体验、感悟数学文化。那么，在数学文化教育的背景下，如何设计数学探究性学习课题？下面我们就以勾股定理为例加以说明。

勾股定理是一个承载着数学文化的好题材，它涉及丰富的数学文化内涵。勾股定理蕴含着丰富的数学思想和方法，关于勾股定理的证明方法已有近400种。在《周髀算经》中记载，公元前1100年，周公和商高的对话中，就提到“勾三股四弦五”。毕达哥拉斯定理，即古代中国发现的勾股定理。在大英博物馆所藏的一块巴比伦泥版上有如下数学问题：“已知矩形的长为4，对角线为5，问宽是多少？”解法是“4乘4得16，5乘5得25，从25中减去16，余9。因为3乘3得9，故即为所求的宽”。显然，巴比伦人用的是勾股定理。在数学文化教育中，“勾股定理”这节课就会这样设计：在趣味拼图中探究勾股定理①。

(1)探究目标

知识与技能：通过拼图游戏，让学生经历图形的平移与旋转过程，发现直角三角形三边之间的数量关系。加深对勾股定理、整式运算、面积等知识的理解。

数学思考：让学生经历观察、实验、比较、拼图、计算、证明、交流等过程，培养学生的观察能力、动手能力、归纳能力、抽象思维能力和创造能力，体会数形结合的思想。

解决问题：形成解决勾股定理证明的基本策略，体验证明策略的多样性。学会合作、学会交流、学会尊重、学会倾听、学会欣赏、学会共享，形成评价与反思意识，培养创新意识。

情感与态度：积极参与到探究活动中，独立地思考问题，克服困难，获得探究成功的体验，建立自信心，感受勾股定理的文化价值。

(2)活动方案

问题情景：人类一直想要弄清楚其他星球上是否存在着“外星人”，并试图与他们进行联系。那么我们怎样才能与“外星人”接触

---

①　胡典顺：《新课程理念下数学探究性学习课题的设计》，《数学通报》，2008年第12期。

呢？科学家曾建议用“勾股定理”的图形作为与“外星人”联系的信号。两千多年来，人们对勾股定理的证明颇感兴趣。因为这个定理太贴近人们的生活实际，以至古往今来，下至平民百姓，上至帝王总统都愿意探讨、研究它的证明，因此不断出现新的证法。事实上，利用拼图也可以证明勾股定理。让我们动起手来，拼一拼，想一想，去感悟数学的神奇和妙趣吧！

任务分解：在学生分组的基础上，老师分配探究任务。

①探究方案 1

（Ⅰ）如图 1，准备两个相同的直角三角形（直角边为 a,b，斜边为 c）和一个直角边为 c 的等腰直角三角形。

（Ⅱ）用这三个直角三角形，拼一拼，摆一摆，看看能否得到一个直角梯形。你能利用它说明勾股定理吗？

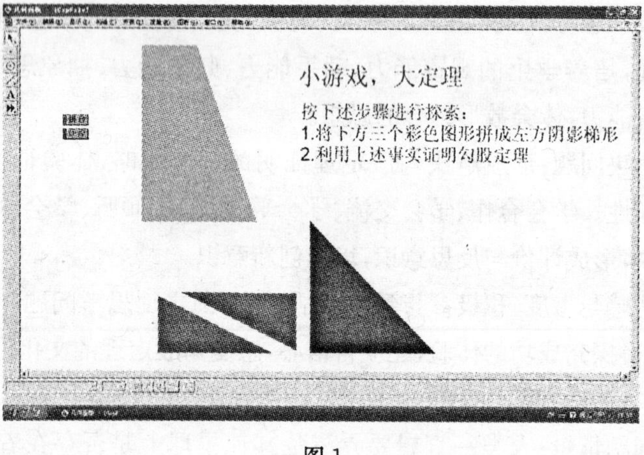

图 1

②探究方案 2

（Ⅰ）如图 2，准备四个相同的直角三角形（直角边为 a,b，斜边为 c）和一个边为 c 的正方形。

（Ⅱ）用这四个直角三角形和一个正方形，拼一拼，摆一摆，看看能否得到一个大正方形。你能利用它说明勾股定理吗？

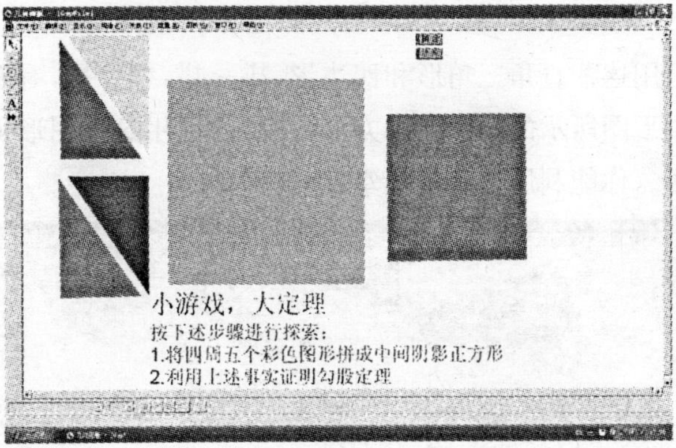

图 2

③探究方案 3

（Ⅰ）如图 3，准备四个大小相等的直角三角形（直角边为 a,b，斜边为 c）和三个边长分别为 a,b,c 的正方形。

（Ⅱ）用这些直角三角形和正方形，拼一拼，摆一摆，看看能否得到两个边长相同的正方形。你能利用它们说明勾股定理吗？

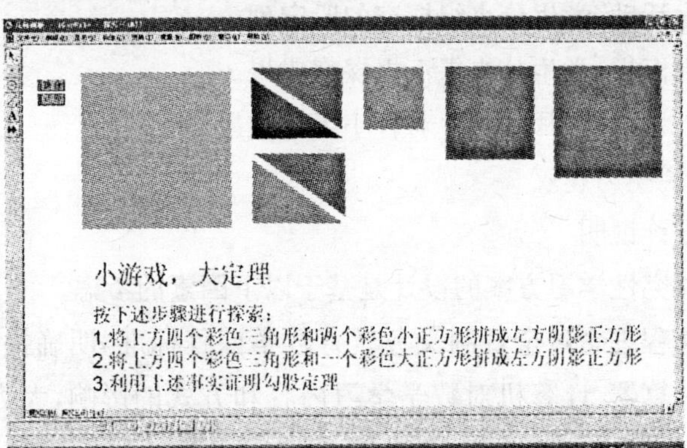

图 3

④探究方案 4

（Ⅰ）如图 4，准备三个长度大小不等的直角三角形和两个不同的四边形。

（Ⅱ）用这些直角三角形和四边形，拼一拼，摆一摆，看看能否首先得到如下图所示的两个小正方形，然后再利用这些图形得到一个大正方形。你能利用它们说明勾股定理吗？

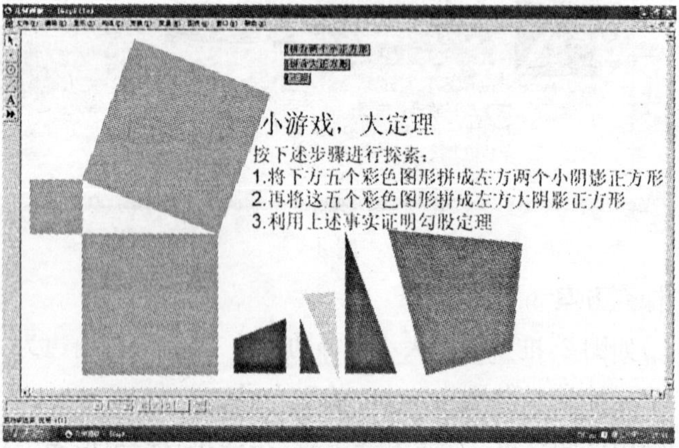

图 4

学生活动：学生分小组探究勾股定理。

成果汇报：学生分小组汇报探究成果。

成果评价：老师和学生对各小组的成果进行评价。

(3)说明与建议

①设计说明

本探究性学习方案的设计是基于以下因素的考虑。

新课程理念：《全日制义务教育数学课程标准》明确提出：要充分考虑计算器、计算机对数学学习内容和方式的影响，大力开发并向学生提供更为丰富的学习资源，把现代信息技术作为学生学习数学和解决问题的强有力工具，致力于改变学生的学习方式，使学生乐意并有更多的精力投入到现实的、探索性的数学活动中去。

“七巧板”的启示：七巧板称为“中国的拼图板”，是我国传统儿童玩具，是家喻户晓的益智游戏。它是我们的祖先运用面积的分割和拼补的方法，以及有相同组成成分的平面图形等积的原理研究并创造出来的。用七巧板拼成各种有趣的图样，对于锻炼人们的智力和培养人们的思维想象能力、审美情趣是十分有益的。

出入相补原理：所谓出入相补原理，就是一个平面图形从一处移至他处，面积不变。又若把面积分割成若干块，那么各部分面积的和等于原来图形的面积，因而图形移置前后诸面积间的和、差有简单的相等关系。

拼一拼，想一想：在本课题中，通过丰富的拼图活动，学生经过自己的操作和思考，经历验证勾股定理的过程，感受解决同一问题的不同方法，激发数学学习的兴趣，开阔学生的视野。

②使用建议

过程建议：探究活动以小组的形式展开，每组 5～8 人，并选出组长 1 人。在探究过程中，教师应该深入到各小组中倾听学生们的讨论，了解学生的思考过程，注意引导学生进行联想，将形与数的问题联系起来。鼓励学生大胆地拼摆，对于学生可能摆出来的不同于参考答案的图形，教师应该给予应有的鼓励。教师可以组织各组在全班互相交流，展示本组成果。教师进行点评时，注意引导学生及时反思自己的活动过程以及在小组中的表现，并对该探究性问题提出拓展建议。

拓展建议：建议教师从数学知识和动手能力等方面对勾股定理进行拓展。

拓展 1：请你把勾股定理证明探究的过程写成小论文的形式，并总结其中所包含的数学思想和方法。

拓展2:你能否自己想出一些证明勾股定理的方法?不妨试一试,并与其他同学交流一下自己的感受。

拓展3:上网收集和查阅勾股定理的其他证明方法,勾股定理的不同表述形式,与勾股定理有关的知识,并进行小结。

评价建议:探究性学习的对象应是各个方面的,评价除了要重视研究的最终成果,即能够利用拼图完成勾股定理的证明外,还应注意探究的过程,以及学生多种收获和体验,多种能力的形成。关注学生学会学习,学会做事,学会合作,学会交流。注意利用勾股定理解决其他一些实际问题。小论文和研究报告的评价应该强调思维和表述的清晰性,强调探究过程中所表现出来的探究的思想和克服困难的态度。

(二)展现火热思考

新课程理念下,如何开展数学文化教育?如何把静态的、学术形态的"数学知识"转化为动态的、教育形态的"数学文化",把"冰冷的美丽"变成"火热的思考"?其实,在数学教学中,充分展现数学的思维过程是数学文化教育的重要体现。因为,通过数学思维的展现,学生可以亲身感受到数学并不神秘,数学并不是从数学家或者数学教师头脑中蹦出来的生硬的教条,数学也不是一堆绝对真理、一种符号游戏、一种逻辑结构。他们将亲身体验到:无法找到解决方法时的失落;曙光渐露时的欢欣;检查论证过程中是否有漏洞时的疑惑;断定某种想法切实可行的满足;发现一种新奇解法的震撼。从而,学生沉浸在一个充满丰富文化内涵的意义领域中。

如何展现数学思维过程?这一直是广大课程专家和一线老师十分关心的问题,也是一个存在众多争议的热门话题。下面,基于同样的教学内容，两位实习老师给出了不同的教学思路。深入反思后，也许能给我们某些启示。这是一节三角形知识的习题课，题目来源于某一版本的练习册。授课的实习教师是某师范大学2004级数学专业的师范生，实习年级是某师范大学附中初二年级。

如图1，已知等腰直角$\triangle ABC$中，$\angle BAC=90°$，点D,E分别是腰AB,AC上的点，且$AD=AE$，$AF\perp BE$交BC于F，$FG\perp CD$交BE的延长线于G，求证：$BG=AF+FG$。

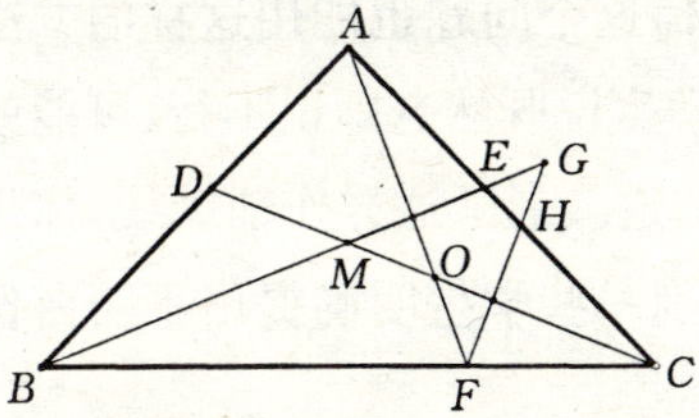

图1

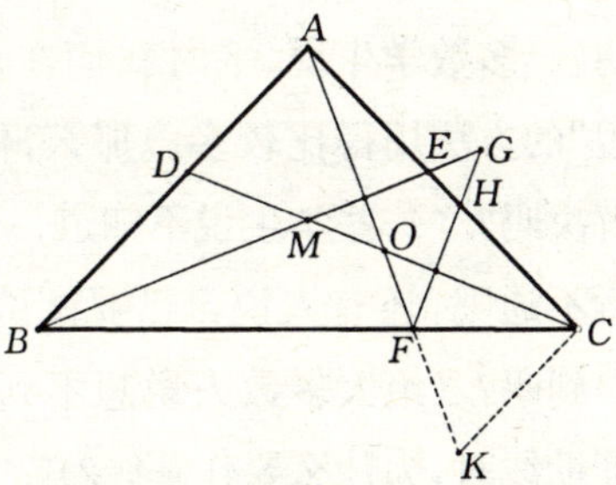

图2

我们先来看一看实习老师甲的教学思路。抄完题后，实习老师甲给了学生大约几分钟的时间思考，找了几个学生，但是没有一个能够说出问题解决的思路。接着老师又给了一些提示，说平时我们做这样的题目的时候一般采用“截长补短”的方法，这个问题这种方法行不通，大家考虑一下是否有其他的思路。学生又考虑了大约几分钟，还是没有学生能够做出来。这时，老师就只有自己讲解了。

如图2，老师的思路是这样的：过C点作$CK\perp AC$交AF的延长线于K。易知$\angle ABE=\angle CAK$，又$\angle BAC=\angle ACK=90°$，$AB=AC$，所以$\triangle ABE\cong\triangle CAK$，所以$BE=AK$。又易知$\angle MBC=\angle MCB$，$AF\perp BE$，$FG\perp CD$，所以$\angle AFB=\angle HFC$，从而$\angle KFC=\angle HFC$，易知$\triangle CFH\cong\triangle CFK$，所以$FH=FK$。再由$\angle CHF=$

$\angle K=\angle AEB$，所以$\angle GHE=\angle GEH$，所以$GE=GH$，从而得证。

老师讲完后，强调了一些要注意的地方，就开始讲其他的问题了。此时，部分学生流露出惊奇和疑惑不解的神情，课堂出现一些骚动。甚至有学生小声说，这么"恶心"的方法，老师怎么想出来的。下课后，我对部分学生进行了访谈。

这个问题你听懂了吗？（一些学生说，听懂了，也有不少学生说没有听懂，证明太复杂了。）关于线段之间关系的问题一般如何证明？（多数学生说，平时我们在做这样类似的题目的时候"截长补短"的方法用得比较多。）那么，你相信这个问题也能用这样的方法解决吗？（一些学生说不知道，一些学生说既然老师说不行，可能就行不通吧，还有人说自己要试试才知道。）老师这样作辅助线，你想得到吗？（绝大多数人说想不到，特别一些学生明确提出不明白作辅助线时，为什么要作垂线？）

访谈完学生后，回到办公室。我问实习老师甲，你是怎样想到这样作辅助线的？实习老师的回答让我震惊：昨天做了很长时间，当时没有做出来，就把这个问题放下了，准备过一会再做，结果后来忘记了。今天上课才想起来，因为时间紧，自己就没有做，直接看了老师用书后面的答案，上面的解题过程就是资料后面的方法。

由于在同一年级的实习生也要讲这个问题，显然，上述教学思路不能令人满意。于是，我和实习生就一起讨论问题。经过讨论，我们发现，相对而言，下面的思路显然更好，能够反映数学的思维过程。

把上面的解答思路作一些调整。由于易证$\angle CAF=\angle ABE=\angle ACD$，所以$\angle AEB=\angle CHF$，所以$\angle GEH=\angle GHE$，所以$GE=GH$，则只需要证明$BE=AF+FH$即可。在$AF$的延长线上截取

$FK=FH$，容易证明$\triangle CFH\cong\triangle CFK$，则$\angle CHF=\angle CKF$，所以$\angle AEB=\angle CKF$。再证明$\triangle ABE\cong\triangle CAK$就可以了。也就是说，在作辅助线时，不直接作$CK\perp AC$交$AF$的延长线于$K$。因为，这样作辅助线太突然了，不能看出为什么要这样做，是怎样想到的。如果按照讨论后的思路就非常清楚了，这样解题思路更自然。其实，上述思路就是我们经常讲的“截长补短”法。只不过不是把线段GF都补在线段AF的延长线上，而是根据条件只补了一部分罢了。由于时间紧，我建议实习老师乙按上述思路进行教学。

在实习老师乙的课堂上，开始学生也找不到解决的方法。但是，实习老师就进行了适当的提示。以前遇到这样类似的问题是怎样做的？学生回答用“截长补短”的办法。那么，这个问题如何实现“截长补短”呢？注意，在实习老师乙的提示中，没有实习老师甲那么武断的说法——“截长补短”这个方法行不通。下面是后来学生的思考与师生对话的大致过程，显然超出了我们的“预设”。（以下S表示学生，T表示老师。）

S1：老师，我认为这个题目可以采用“截长补短”的方法。如图3，延长AF至Q，使$FQ=FG$，证明$\triangle ABG\cong\triangle CAQ$即可。连接$CQ$，$GC$，$GA$，$AM$。易知$AM$平分$\angle BAC$，因为$\angle ABM=\angle CAF$，$\angle BAM=\angle ACF=45°$，$AB=AC$，所以$\triangle ABM\cong\triangle CAF$，$AM=CF$。又易知$\angle MBC=\angle MCB$，$AF\perp BE$，$FG\perp CD$，所以$\angle AEM=\angle CHF$，而$\angle EAM=\angle HCF=45°$，所以$\triangle AEM\cong\triangle CHF$，所以$AE=CH$。由$\angle AEM=\angle CHF$易得，$\angle AEG=\angle CHG$，$GE=GH$，所以$\triangle AEG\cong\triangle CHG$，所以$\angle AGE=\angle CGH$。又易证$\triangle CFG\cong\triangle CFQ$，所以$\angle AGB=\angle CQA$，从而可证$\triangle ABG\cong\triangle CAQ$，所以$BG=AQ$，即$BG=AF+FG$。

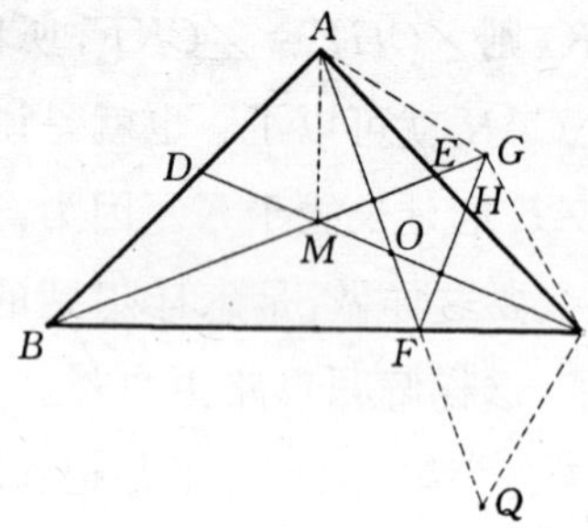

图 3

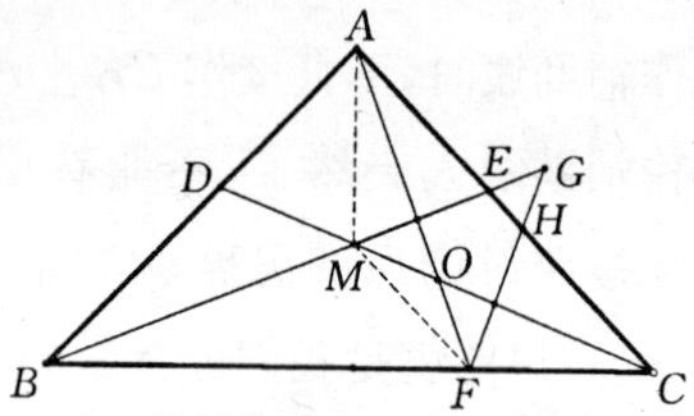

图 4

T:S1 的想法很好,他把整个线段 GF 都“补”在 AF 的延长线上,采用的是“补短”的方法。美中不足的是过程有点复杂,大家能否简化一下?

S2:老师,根据 S1 的证明思路,由$\triangle ABM\cong\triangle CAF$ 可得 $BM=AF$,也就是说只需证明 $GM=GF$ 即可。

T:确实是这样,只要证明 $GM=GF$ 就可以了。同学们能够证明吗?

S3:能够证明 $GM=GF$。如图 4,连接 AM,MF,易证$\triangle ABM\cong\triangle ACM$,已证$\triangle ABM\cong\triangle CAF$,所以$\triangle CAF\cong\triangle ACM$,所以 $AF=CM$,$\angle ACM=\angle CAF$,所以 $AO=CO$,所以 $FO=MO$,所以$\angle OMF=\angle OFM$。又 $AF\perp BG$,$FG\perp CD$,所以$\angle GMO=\angle GFO$(因为两三角形中有一对对顶角相等),从而$\angle GMF=\angle GFM$,所以 $GM=GF$,得证。

T:很好,S2、S3 的想法很有点意思,通过点 M 巧妙地把 BG 分成了两段,简化了 S1 的解法。他采用的是什么方法呀?

S4:他采用的是“截长”的方法。

T:说明这个问题采用“截长”和“补短”都可以。

S5:老师,S1 的方法是把 GF“补”在 AF 的延长线上,可不可以

把 AF 补在 GF 上呢?

T:S5 的想法有点挑战性,同学们愿意试一试吗?

S6:老师,把 GF 延长至 N,使 $FN=AF$,再证 $GB=GN$ 就行了。

T:把你的思路说给我们听一听。

S6:如图 5,连接 AN 交 BC 于 P,因为容易得到 $\angle MBC=\angle MCB$,又 $AF\perp BG$,$FG\perp CD$,所以 $\angle HFC=\angle AFB$,则 $\angle AFP=\angle NFP$,又 $AF=FN$,FP 是公共边,所以 $\triangle AFP\cong\triangle NFP$,所以 BF 垂直平分 AN,AP 是 $\triangle ABC$ 的高,所以点 M 在 AP 上,$\angle FAP=\angle FNP$。又由于 $AF\perp BG$,$AP\perp BC$,所以 $\angle FAP=\angle FBM$,从而 $\angle FNP=\angle FBM$。再证 $\angle PBN=\angle PNB$ 就行了。刚才已证 BF 垂直平分 AN,则易知 $\angle BAP=\angle BNP=45°$,则 $\angle PBN=\angle PNB=45°$,所以 $\angle GBN=\angle GNB$,故 $GB=BN$。

T:S6 的证明方法简洁、漂亮。看来只要我们开动脑筋,就一定能够想出多种证明方法。以后,大家遇到类似这样的问题——要证明线段之间的相等关系,“截长补短”是一种重要方法。大家还可以思考一下,这个问题能不能只“截一部分或补一部分”呢?(此时下课铃早已响了,但学生们流露出兴奋的神情。)

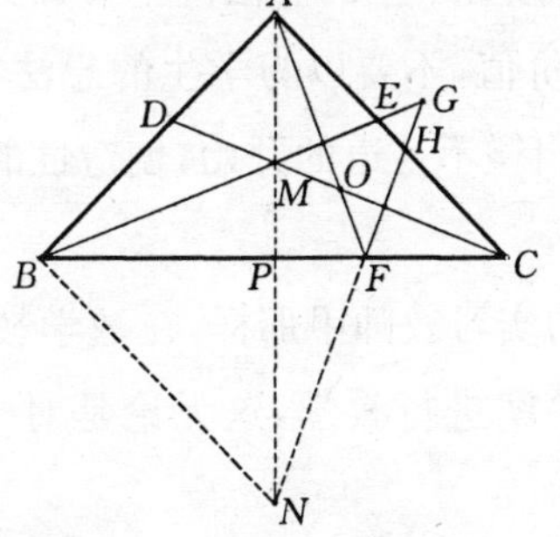

图 5

我们总是强调，数学教学是数学思维的教学。那么，数学教学要体现数学思维过程，培养学生的思维能力。如何体现？如何培养？有人说，要提倡学生独立思考；也有人说，要培养学生主动思维的习惯；还有人说，要发挥教师的主导作用等。其实，要真正做到这一点，不仅要关注学生的思维活动，也要关注老师的思维活动。

其一，部分老师在教学过程中，总是想显示自己比学生高明，比学生聪明。从而，不能耐心倾听学生的想法，习惯于发表自己的想法，让自己的想法左右或影响学生的想法。不可否认，一些较为传统的数学问题，对于老师来说是一个“老”问题，老师的解题经验自然比学生丰富，因为其解法可能已烂熟于心。在解题过程中，老师往往直达这些问题的较为简洁的解法，忽视或忘记了自己当初艰苦的探索过程。但是，对于学生来说，再“老”的问题都是“新”问题，因为他不像老师那样见过很多次，他完全可能是第一次遇到。“只有通过学生思考的真实性，才能证实教师思考的真实性。教师不能替学生思考，也不能把自己的思考强加给学生。”①所以，应该给学生思考的时间，应该注意倾听学生的想法。不要因为学生的想法可能复杂一些就认为没有价值，不要以为学生的想法“微不足道”。其实，伟大的思想可能源自微不足道的开始，创造性的方法往往来自学生的思考。

其二，像上面的实习教师甲那样，在数学教学中不经过自己的思考，直接用参考答案进行教学，这无论是对于新手教师的成长，

---

① ［巴西］保罗·弗莱雷：《被压迫者教育学》，顾建新、赵友华、何曙荣译，徐辉审校，华东师范大学出版社，2001年，第28页。

还是对于学生数学思维能力的培养都是不利的。没有自己的思考体验就不会知道学生的思考困难究竟“难”在何处,就不能理解学生的思考方法和思路。现在有一种不好的倾向,那就是忽视教师的作用。有些人认为,在新课程理念下,既然教师是合作者、咨询者、平等中的首席,那么,在教学过程中,教师的作用就无关紧要了,关键在于学生的表现。事实上,没有教师的指导,数学课堂气氛可能活跃了,但是教学效果可能反而下降了。在数学教学中,忽视教师作用的做法是绝对错误的。没有教师的指导,没有教学的预设,数学教学不可能变为讨论与交流的过程,有效的过程,意义的过程。

其三,在数学教学中,存在教师以自己的思维和语言行为来代替学生的思维和语言,忽略学生的内心感受的现象。教师总想按预先设计的目标完成教学任务,常常只有预设而不见生成。教师期望学生按教案设想做出回答,不要节外生枝,否则就努力引导学生得出预定答案为止。从而,学生觉得教师的每次分析总是百发百中,无往不利,对于自己常常思维受阻困惑不解。事实上,数学课堂绝不可能如教师所期望的那样一步步推演下去。其实,教与学的活动是错综复杂的过程,充满了问题、矛盾、错误以及大量的疑惑,试图简化、量化教学活动的动态性只会歪曲其本质。所以,老师应该具备引导“生成”的教学能力,强烈的捕捉生成性资源的意识,应对“生成”的教学机智和智慧等基本素质。教师必须转变静态的封闭型数学“教程设计观”,树立动态的开放型数学“学程设计观”。点燃学生智慧的火花,让数学教学课堂成为师生共同创造的舞台,让数学教学从一元走向多元,从静态走向动态。

总之,数学是思维的体操。没有任何一门学科能像数学那样为学习它的人提供大量进行思维训练的机会。数学思维过程往往表现为探究的过程、思考的过程、抽象的过程、预测的过程、推理的过程、反思的过程等①。在数学教学中,教师应该将问题解决的思路探索过程充分暴露在学生面前,使学生获得问题解决的思路和探索方法。

① 胡典顺、徐汉文:《数学教学的过程特征和过程价值初探》,《数学通讯》,2007年,第23页。

第六章　从“数学经验”中回归数学意义

数学思维是一种高度抽象的心智活动过程，数学推理和证明并不依赖于经验事实，但这并不表明数学与经验是没有关系的。事实上，经验是影响数学发展和数学学习的一个重要因素。数学的认识归根结底来自经验、来自实践。在数学理论体系尚不成熟的时候，经验常常成为数学发展的主要动力。在数学教育中，意义与经验相互依存，数学因为其与日常情境的联系获得意义，经验是不可忽视的因素。由于某些原因，人们往往忽视经验的作用。脑科学研究告诉我们，所有的学习都是经验性的。我们所学的东西取决于整体性的经验，并不仅仅取决于呈现方式。

一、经验与数学经验

（一）经验

“经验”是西方哲学史中的一个重要概念。在西方哲学史上，经验主义和理性主义这两个传统既相互对立，又彼此补充。柏拉图将理念世界和物质世界区分开来，亚里士多德用感觉论取代其师柏拉图的先天论，认为人的知识源于对事物的感觉。到了近代，洛克认为，每一个观念必定或者是直接来源于感觉经验，或者是由这样起源的观念组成。感觉经验是知识唯一可靠的来源,人的心灵最初只是一块白板。笛卡尔则是理性主义传统的继承者,他认为关于真理的认识是人生而有之的,获得这种认识的唯一正确途径是理性直观和演绎推理。贝克莱和休谟否认抽象实体的存在性,他们的根据是直接经验提供给我们的只是殊相,而非共相。休谟认为,作为我们的知识的唯一源泉的感觉材料,通过习惯,能够把我们引向信仰和期望,但不能引向知识,更不能引向对于那些合乎规律的关系的理解。到了18世纪后半期,康德试图调和历史上这两种传统。他明确区分了知识的内容和形式,并指出知识的内容来自经验,而形式是先天具有的。然而,在西方哲学发展过程中,“经验”长期意味着混乱、庞杂、孤立、无定,经验作为一个与理性相对立的概念而受到轻视,而理性则高高在上。

杜威认为,“经验乃是达到自然、揭示自然秘密的一种而且唯一的一种方法”①。对于“经验”,杜威是这样解释的:“经验”是一个詹姆士所谓具有两套意义的字眼。好像它的同类语“生活”和“历史”一样,它不仅包括人们做些什么和遭遇些什么,他们追求些什么,爱些什么,相信和坚持些什么,而且也包括人们是怎样活动和怎样受到反响的,他们怎样操作和遭遇,他们怎样渴望和享受,以及他们观看、信仰和想象的方式——简言之,能经验的过程。“经验”指开垦过的土地,种下的种子,收获的成果以及日夜、春秋、干湿、冷热等变化,这些为人们所观察、畏惧、渴望的东西;它也指这个种植和收割、工作和欣快、希望、畏惧、计划、求助于魔术或化学、垂头丧气或欢欣鼓舞的人,它之所以是具有“两套意义”的,这是由于它在其基本的

① [美]约翰·杜威:《经验与自然》,傅统先译,江苏教育出版社,2005年,第1页。

统一之中不承认在动作与材料、主观与客观之间有何区别，但认为在一个不可分析的整体中包括着它们两个方面。① 所以，在杜威看来，经验包含双重意义：经验的事物和经验的过程。

杜威强调教育与个人经验之间的有机联系，在《我的教育信条》中，他说，"教育应该被认为是经验的继续改造，教育的过程和目的是完全相同的东西"②。在《民主主义与教育》③中，他指出，"教育就是经验的改造或改组。这种改造或改组，既能增加经验的意义，又能提高指导后来经验进程的能力"。对于经验的性质，杜威认为，"经验包含一个主动的因素和一个被动的因素，这两个因素以特有的形式结合着。只有注意到这一点，才能了解经验的性质。在主动方面，经验就是尝试——这个意义，用实验这个术语来表达就清楚了。在被动的方面，经验就是承受结果。我们对事物有所作为，然后它回过来对我们有所影响，这就是一种特殊的结合。经验的这两个方面的联结，可以测定经验的效果和价值。单纯活动，并不构成经验。这样的活动只是分散的、有离心作用的、消耗性的活动。作为尝试的经验包含变化，但是，除非变化是有意识地和变化所产生的一系列结果联系起来，否则它不过是无意义的转变"。这里，杜威强调了经验的两个特征：其一，经验中的反思。所谓思维或反思，"就是识别我们所尝试的事和所发生的结果之间的关系"。杜威指出："没有某种思维的因素便不可能产生有意义的经验。""我们的一

① [美]约翰·杜威：《经验与自然》，傅统先译，江苏教育出版社，2005年，第8页。

② [美]约翰·杜威：《学校与社会·明日之学校》，赵祥麟、任钟印、吴志宏译，人民教育出版社，1994年，第12页。

③ [美]约翰·杜威：《民主主义与教育》，王承绪译，人民教育出版社，2001年。

切经验，都有‘试验’的一面——即心理学家所谓尝试错误法。”其二，经验即实验。杜威理论中的“经验”克服了经验与理性的对立。经验的过程就是一个实验的过程、运用智慧的过程、理性的过程。杜威说：“经验不再仅仅总结概括过去多少用偶然的方法做的事情；经验是对所做的事情的审慎的控制，使我们自身所发生的事情和我们对事物所做的事情尽可能富于暗示的意义，同时又是试验这些暗示效度的手段。”从而，在杜威看来，“经验主义和理性主义的对立丧失了一度使这种对立有意义和得到证明的人类情境的支持”。

许多人从不同的侧面对经验进行了广泛的论述。例如，对于经验的意义，卢梭认为，感官是获得知识、经验的门户，感觉与观察是形成知识、经验的基础。他说：“由于所有一切都是通过人的感官而进入人的头脑的，所以人的最初的理解是一种感性的理解，正是有了这种感性的理解做基础，理智的理解才得以形成。所以说，我们最初的哲学老师是我们的脚、我们的手和我们的眼睛。”①夸美纽斯(Johann Amos Comennius)也强调感官的作用，他说：“一切知识都是从感官的感知开始的；然后才由想象的媒介进入忘记领域；随后才由具体事物的探讨对普遍生出理解；最后才有对于业已领会的事实的判断。这样，我们的知识才能牢实地确定。”②又如，泰勒(Ralph Tyler)特别重视“学习经验”，他认为，“学习经验”这个术语既不同于一门课程所要传授的内容，也不是教师所开展的各种活动。“学习经验”这个术语是指学习者与使他起反应的环境中的外部条件之间

---

① [法]卢梭：《爱弥儿——论教育》(上)，李平沤译，人民教育出版社，2005年，第148页。

② [捷]夸美纽斯：《大教学论》，傅任敢译，北京教育科学出版社，1999年，第97页。

的相互作用。学习是通过学生的主动行为而发生的；他学到什么取决于他做了什么，而不是教师做了什么。并指出选择学习经验的一般原则：第一，为了实现既定目标，学生必须有这种经验：它提供机会让学生去实践该目标所隐含的行为；第二，学习经验必须使学生在从事目标所隐含的相关行为时获得满足感；第三，教育经验想要引起的反应是在学生力所能及的范围之内；第四，有许多特定的经验都能用来实现同样的教育目标；第五，同样的学习经验常常会产生多种结果。泰勒(Ralph Tyler)还认为，经验定义涉及学生与环境之间的互动，这意味着：学生是一个积极的参与者，而且其环境中某些特征吸引着他的注意力，他正是对这些特征产生了反应。……那么教师可能在多大程度上为学生提供教育经验呢？教师可以通过营造环境、构建情境来提供教育经验，以激发所期望的那种反应。这就是说，教师必须对学生的种种兴趣和背景有所了解，这样他就能对以下可能性有所预见：即给定情境是否可能使学生产生反应，也进而是否可能引起他们产生对期望的学习而言必要的反应。这一学习理论并不因为它承认学生所学到的取决于学习者自己的反应就减轻了教师的责任。① 再如，基于脑的学习出发，雷纳特·N·凯恩提出基于脑的教育包括：为学习者设计和编排类似生活的、丰富的和合适的经验；保证学生以增加意义抽取的方式加工经验。②

(二)数学经验

从总体来看，“数学课堂教育是由来自不同文化和语言背景的

① [美]泰勒：《课程与教学的基本原理》，罗康、张阅译，中国轻工业出版社，2008年，第55～56页。

② [美]雷纳特·N·凯恩、杰弗里·凯恩：《创设联结：教学与人脑》，吕林海译，高文审校，华东师范大学出版社，2004年，第8页。

学生、教师构成的。数学教育是一种文化交融的过程，在这个过程中，每个学生和教师可能会经历来自社会和文化上的一定程度的冲突"①。对个体来说，数学经验则因人而异，涉及个人经历以及个人感受、感悟数学的水平和能力。在数学教育中，数学经验已引起国内外学者的广泛关注。

当学习发生在有意义的和熟悉的情境中时，儿童就能够在他们熟悉的环境中获得经验，主动建构知识，发现新关系。成人的作用就是以这些知识为基础，支持儿童向更高层次发展。美国数学教育家戴维斯(Philip J. Davis)认为，数学经验是建构、理解、运用数学理论的经验，数学经验是在创造与发现数学概念和数学理论的活动中、理解数学逻辑性的过程中、解决问题的过程中获得的②。在他看来，数学经验无处不在。他指出："在某种意义上，每个人都是数学家，都在有意识地做数学工作。在市场上买东西，量一张墙壁纸，或按规则图案装饰一个瓷罐，都是在做数学。"③皮亚杰从数学教学的观点出发，认为存在两种不同的经验：物理经验和逻辑数学经验④。一般来说，物理经验来自物体本身，而逻辑数学经验来自主体对客体施加的动作，逻辑数学经验标志着数学抽象的开始。

美国学者查尔斯沃斯(Rosalind Charlesworth)在《3～8 岁儿童

---

① Paulus Gerdes. On Culture and Mathematics Teacher Education. *Journal of Mathematics Teacher Education*, 1998(1), pp. 33～53.

② 仲秀英：《学生数学活动经验的内涵探究》，《课程·教材·教法》，2010，30(10)：52～56.

③ [美]P·J·戴维斯、R·赫什：《数学经验》，王前、俞晓群等译，江苏教育出版社，1991 年，第 1 页。

④ [美]R·W·柯普兰：《儿童怎样学习数学——皮亚杰研究的教育含义》，李其维等译，上海教育出版社，1985 年，第 29 页。

的数学经验》①一书中，将儿童学习中的数学经验分为三类：最初由儿童控制的学习经验可称为自然学习（naturalistic learning），另外两种类型的经验分别是非正式学习（informal learning）和结构化学习（structured learning）。

自然经验是那些由儿童自主的选择和行为的经验；非正式经验是由儿童选择的活动和行为，但在某种程度上受到成人的干预；结构化经验是由成人为儿童选择的经验，并给予儿童行为一些指示。具体地说，自然经验是儿童在日常活动中自主萌发的经验。这些经验是感知运动阶段儿童主要的学习方式。自然经验同样也是年龄较大儿童的重要学习方式。在这种学习过程中，成人的作用是提供丰富、有趣的环境。这个环境必须提供大量事物供儿童看、摸、尝、闻和听。成人应当观察儿童的活动，注意活动的进展并给予一定反馈，如眼神交流、点头、微笑，对儿童的行为做言语描述，对儿童言语加以拓展和丰富，或以言语表扬鼓励儿童等。儿童需要知道他们什么时候做了适宜的事情。例如，一个 4 岁小孩坐在地毯上，把彩色指环分类放进塑料杯子中；又如，一个 7 岁女孩正在绘画，画笔盒的每个孔里放一支画笔，小孩发现有一个笔孔里没有笔，她说：“肯定丢失了一支。”这些都是自然经验。

非正式的学习经验是由成人在儿童进行自然学习过程中引发的。这种经验不是事先计划好在某个特定时间进行的，而是发生在成人根据自己的经验或他的直觉告诉他该提供支架时。这种经验的发生可能出自多种原因。例如，儿童可能需要帮助，或在正确解决问题的过程中可能需要一些提示或鼓励，也可能是成人发现某一

① [美]查尔斯沃斯：《3～8 岁儿童的数学经验》，潘月娟译，人民教育出版社，2007 年。

教学契机可以强化某些概念学习。当教学机会偶然出现时，非正式学习经验就发生了。例如，一个3岁小孩举起3根手指说："我6岁了。"爸爸说："我们来数数这是几根手指。1,2,3,3根手指。你几岁了?"又如，一个二年级学生在玩积木。她向母亲展示自己摞了3摞积木，每摞有4块。她问："我有3摞4,是不是就是哥哥说的'4的3倍'啊?"母亲回答说："当你有3摞4时，就是4的3倍。"于是，她发现了一些最初的乘法概念。

结构化经验是预先计划好的教学或活动，可以在计划好的特定时间或适当时机面向个体或人数不等的小组开展，可以遵循学习循环的顺序，也可以是直接教学。例如，辛迪已经4岁了，她的老师认为她需要做一些计数练习。老师说："辛迪，我这里有些积木，你来数一数，这些一共有多少?"可以说，在平时的数学教学中，这些的结构化经验大量存在。显然，这里的自然经验与皮亚杰的观点密切联系，而非正式和结构化经验则与维果茨基的观点相联系。

长期以来，我国基础教育强调"双基"，即基本知识和基本技能。但从人的发展角度考虑，特别是从培养创新人才的角度考虑，"双基"已经不能满足基础教育的发展需要。所以，有学者建议，把中小学教育目标由"双基"变为"四基"，即"基本知识、基本技能、基本思想和基本活动经验"①。对于数学教育来说，也就是基本数学知识、基本数学技能、基本数学思想和基本数学活动经验。

张奠宙先生在《"基本数学经验"的界定与分类》②一文中认为，

---

① 史宁中、柳海民:《素质教育的根本目的与实施路径》,《教育研究》,2007年第8期。

② 张奠宙、竺仕芬、林永伟:《"基本数学经验"的界定与分类》,《数学通报》,2008年第5期。

所谓基本数学经验，是指在数学目标的指引下，通过对具体事物进行实际操作、考察和思考，从感性向理性飞跃时所形成的认识。并指出，数学经验，专指对具体、形象的事物进行具体操作和探究所获得的经验，以区别于广义的抽象数学思维所获得的经验；数学经验，是人们的“数学现实”最贴近的部分。数学经验，依赖所从事的数学活动具有的不同的形式。并且分为以下几种类型：

直接数学活动经验：直接联系日常生活经验的数学活动所获得的经验；

间接数学活动经验：创设实际情景构建数学模型所获得的数学经验；

专门设计的数学活动经验：由纯粹的数学活动所获得的经验；

意境联结性数学活动经验：通过实际情景意境的沟通，借助想象体验数学概念和数学思想的本质。

在《需要研究什么是“基本数学活动经验”》①一文中，张奠宙教授认为，数学经验大致可以分为：“日常生活中的数学经验，社会科学文化情境中的数学经验以及从事纯粹数学活动累积的数学经验。”在《论数学活动经验》②一文中，马复教授认为，就数学活动经验而言，它属于那种内省的而非外部动作可观察到的“内部经验”，其形成便含有推理的成分，如概括、归纳、类比等。究其原因，主要在于数学活动内容，如现象，概念，原理，法则等多为现实抽象物，而数学活动方式又主要是思维动作，因而，数学活动经验除去具备明显的共性以外，又带有强烈的个性色彩，可以说，个体的数学活动经验

① 张奠宙、赵小平：《需要研究什么是“基本数学活动经验”》，《数学教学》，2007 年第 5 期。

② 马复：《论数学活动经验》，《数学教育学报》，1996 年第 5 期。

是对以往数学活动经历在认知方面的感性概括(自觉或不自觉)。同时又自然地(自觉或不自觉)迁移到新的数学活动之中(通过影响其认知方式和思维方法等)。

数学知识不仅应该包括客观性知识,而且应该包括具有鲜明个性特征的主观性知识。《普通高中数学课程标准(实验)》指出,数学教学活动必须建立在学生的认知发展水平和已有的知识经验基础之上。也就是说,数学教学要把学生已有知识、直接经验和生活世界作为数学教育的重要资源。从而,在笔者看来,数学经验,既包括学生的日常生活经验,又包括在学校数学课程中已获得的知识、技能等,是保证学生顺利掌握数学知识、形成数学思想、把握数学观念的重要条件和学生心理活动必要的前提。所以,数学经验具有重要的教育意义。

二、数学经验的价值

所有的学习都涉及原有经验的迁移。数学教学中交往和理解的失败,常常是由于教师没有能力或者不愿意通过他们对理论知识的认识了解学生的数学经验。杜威认为,一盎司经验之所以胜过一吨理论,只是因为只有在经验中,任何理论才具有充满活力和可以证实的意义。就数学来说,"量的概念是先于数的,以数为开端的数学教育是对概念真正起源的忽略"①。弗赖登塔尔认为,"经验的数学即为自由发现的数学,比那些为教师或教科书作者强加的,局限

① Jean Schmittau, Binghamton. The Development of Algebraic Thinking A Vygotskian Perspective. *ZDM*, 2005, 37(1).

于公理范围的数学更为重要"①。这些论述都充分肯定了数学经验(或经验)的价值。

其实,教育学、心理学等理论都十分重视数学经验(或经验)的重要价值。早期心理学派之一的格式塔学派,突出地强调了心理现象在意识经验中所显现的整体性或结构性,这就是所谓的"完形"(gestalt)。该学派的一个主要观点就是:知觉起源于整体。

例如,对于数学问题:已知三个圆 O_1,O_2,O_3 具有相同的半径 r,且通过同一点 O,另外,O_1 和 O_2 相交于点 A,O_2 和 O_3 相交于点 B,O_3 和 O_1 相交于点 C。证明:A,B,C 三点确定的圆的半径也是 r。

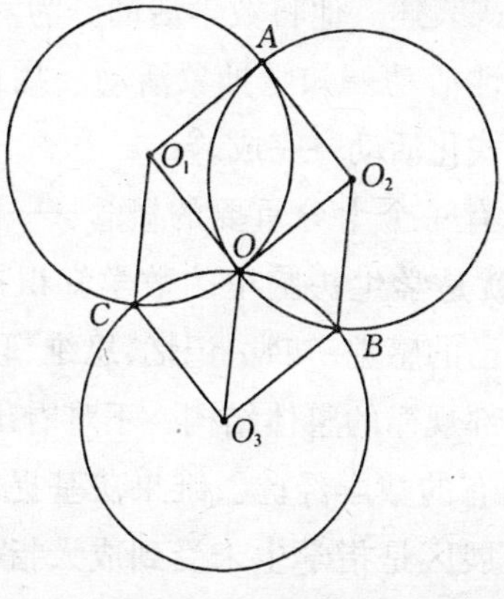

我们要顺利地解决该问题,必须抓住图形的主要特征,消除无关因素的干扰,充分利用已有的数学经验——正方体的知识。所以,从数学教育的角度来看,要体现格式塔学派"知识的整体总是大于局部之和"的观点,关键在于充分利用已有的数学经验。

从数学概念的形成来看,英国数学教育家斯根普(R. Skemp)认

① [荷兰]弗赖登塔尔:《作为教育任务的数学》,陈昌平、唐瑞芬等译,上海教育出版社,1995年,第139页。

为，概念是我们从大量例子中抽象出某些具有共同性质的东西时得到的智力产物。显然，儿童形成初级的数学概念是建立在感知的经验基础上的，而高级数学概念是初级数学概念的组合。所以，斯根普认为数学概念的学习有两个关键原则：其一，较高层次的概念不能总是通过定义由一个人交流给另一个人。只能让他接触大量合适的例子才能很好地认识这个概念；其二，在数学例子中经常有些不变的其他的概念，必须让学习者事先就在头脑中形成这些例子中的概念。从数学活动来看，丹尼斯(Dienes)认为，数学教学的一个重要部分就是多样具体化原则。也就是说，学习数学应该尽可能多地用多种例子和情境来表述。他将数学活动分为六个阶段：开始→初步自由活动→结构性活动→知觉抽象活动→描述活动→测试和记述活动→公理的公式化活动→完成。①

数学教育学中有一个十分重要的概念——数学认知结构。所谓数学认知结构，就是学生头脑里的数学知识按照自己的理解深度、广度，结合着自己的感觉、知觉、记忆、思维、联想等认知特点，组合成的一个具有内部规律的整体结构。不难看出，数学认知结构离不开学生头脑中已有的数学经验。维果茨基提出了最近发展区的概念。所谓最近发展区是指学生未受到成人指导能达到的水平与接受指导能达到的水平之间的区域。根据维果茨基的观点，好的数学教学应当基于学生现有数学经验，呈现稍微高于儿童当前发展水平的材料。从皮亚杰的同化和顺应的理论来看，最近发展区就是原有认识结构最易同化和顺应的新认知结构，即俗话说的："跳一跳，够个桃。"

---

① [英]J. L. Martin:《教与学的新方法·数学》，王嵘等译，北京师范大学出版社，2004年，第45～46页。

建构主义认为，知识并不能简单地由教师或其他人传授给学生，而只能由每个学生依据自身已有的知识和经验主动地加以建构。在建构主义看来，教学最好的方法是让学生在现实世界的真实环境中去感受、去体验。在美国《数学论坛》网站上对“什么是建构主义?”的回答是：学生需要对每一个数学概念构造自己的理解，使得教的方式不再是演讲和解释，或者企图去传送知识，而是为了促进学生进行心智建构，创设学习环境和条件。这种方法的关键是将每一个数学概念按皮亚杰的知识理论分解成许多发展性的步骤，这些步骤的确定基于对学生的观察和谈话。也许不同的人对这一定义有不同的认识和评判，但是，作为对当代数学教育影响深刻的建构主义，对数学经验价值的重视是显而易见的。所以，数学教学的关键在于创设一定的数学情境。

什么是情境？杜威认为，所谓情境，就是具有直接和立即性质的(directly and immediately qualitative)。……情境激起探究；情境的直接性质是混乱的、冲突的和比较杂乱的，所以这个情境便是有问题的；而在探究结束的时候，便有了判断。① 杜威又说，“从经验方面讲来，情境大致好像这样：教诲、告诫、忠谏以及忠实的思辨的用处或意图，就是要使得过去所未曾知觉到的意义为我们所觉察，因而构成对于这些意义的观念。”②也有学者认为，“情境”……并不意味着某种具体的和特定的东西，或是不能加以概括的东西，也不是想象的东西。它意味着，在特殊性和普遍性的许多层面上，一个特

---

① [美]约翰·杜威：《人的问题》，傅统先、邱椿译，江苏教育出版社，2006年，第259页。

② [美]约翰·杜威：《经验与自然》，傅统先译，江苏教育出版社，2005年，第202页。

定的社会实践与活动系统中社会过程的其他方面具有多重的交互联系。① 所以,情境与个人经验是紧密联系的,超越了学生经验的情境是没有价值的,不会引起学生共鸣,更不会给学生震撼。J·莱夫和E·温格不是将学习定义为命题知识的获得,而是将学习置于社会性合作参与的特定形式之中。在《情境学习:合法的边缘性参与》一书中,他们以"助产士、裁缝、海军舵手、屠夫、戒酒的酗酒者"为例,说明知识是在学习情境中建构的。

建构主义提出了抛锚式教学模式,这一切都是基于学生已有的数学经验。抛锚式教学的"锚"是数学教学中的真实事例或真实问题,它的关键环节在于创设好问题情境,即"抛锚"。行和知是交互的——知识是情境化的,通过活动不断向前发展。关于个体如何看待知识或"识知"(或认识,knowing about),情境理论认为,识知是指一个活动——不是一个物;识知总是境脉化的——不是抽象的;识知是在个体和环境的互动中交互建构的——不是客观确定的,也不是主观创造的;识知是对于互动的功能性观念——而不是"真理"。这种情境理论强调所有人在实践共同体中的建构,而不是简单的"识知"②。其实,从数学教育来看,抛锚式教学与情境性教学实则是同一内涵,都是基于真实情境下的数学问题解决教学。反之,在脱离情境脉络的条件下获得的数学知识,经常是呆滞的和不具备实践作用的。由此学校的学习产生了呆滞的知识,学习者只是知道这些知识,而出了校门却不会用。从而,学生很难将学校数学的学习与

① [美]戴维·H·乔纳森:《学习环境的理论基础》,郑太年、任友群译,高文审校,华东师范大学出版社,2002年,第55页。

② [美]戴维·H·乔纳森:《学习环境的理论基础》,郑太年、任友群译,高文审校,华东师范大学出版社,2002年,第27页。

他的生活和职业联系起来。这也就导致了不少学生认为:数学很抽象,数学无用。

随着现代计算机技术的深刻发展和广泛应用,多媒体辅助教学作为现代化的教学手段,它以图文并茂、声像俱佳的表现形式,让原来枯燥的、抽象的数学知识变得生动形象。在课堂上利用多媒体辅助教学可以提供虚拟现实,达到完成真实性任务的目的。所以,从虚拟文化与数学教育关系的视角,有人认为,"新的虚拟工具,不只是改变了学生通常的数学思维,而且它也能够处理出现在我们周围各种不同的新现象。""在虚拟文化中,数学经验和学生广泛的社会经验有着密切的联系。"①

《普通高中数学课程标准(实验)》明确提出,高中学生已经具有丰富的生活经验和一定的科学知识。因此,应该选择学生感兴趣的、与生活实际密切相关的素材、现实世界中的常见现象和其他学科的实例,展现数学的概念、结论,体现数学的思想、方法,反映数学的应用。在《普通高中数学课程标准(实验)》修订过程中,史宁中教授把"数学基本活动经验"提到与"数学基本知识、数学基本技能、数学基本思想"同样重要的地位,是对数学经验价值的充分肯定,说明数学经验在数学教育中的地位和价值不容忽视。其实,无论是学生数学学习的心理活动水平,还是数学知识的形成过程都离不开恰当的数学经验。

① David Williamson Shaffer and James J. Kaput. Mathematics and Virtual Culture: An Evolutionary Perspective on Technology and Mathematics Education. *Educational Studies in Mathematics*, 1999(37), pp. 97~119.

三、数学经验对数学发展的影响

从数学发展来看，数学经验一直影响着数学发展。数学经验对数学发展的影响既有积极的一面，也有消极的一面。下面分别通过微积分、非欧几何以及集合论的创立加以论述。

（一）数学经验的积极作用

数学经验的积极作用主要是：当一种数学理论还不成熟时，数学经验往往支持数学理论由不成熟走向成熟；当一种数学理论在逻辑上通行无阻，但尚未找到实际应用时，数学经验因素起到支持理论继续发展，逐步找到实际应用的作用；当一种理论已经有了严格的逻辑体系，并已在实践中得到充分应用的时候，它的进一步发展仍然需要数学经验。17世纪下半叶，牛顿和莱布尼茨创立的微积分很不完善，它突出地表现在对微积分中重要的概念"无限小量"表述不清，从而导致微积分的推理过程出现了逻辑矛盾。荷兰物理学家、几何学家贝尔纳·纽文蒂(B. Nieuwentyjt)公开攻击牛顿的工作阐述不清，莱布尼茨的高阶微分根据不足。法国数学家M·洛尔(Roll)也认为，新体系破坏了数学的严谨性特征，应该立即把它从这门学科中驱逐出去。英国大主教贝克莱(George Berkeley)说，牛顿首先给x一个增量，然后又让它是零，这违背了背反律，而且所得的流数实际上是0/0。他又说，微分是干什么？就是速度渐近于零的增量。然而什么是渐近于零的增量呢？它既不是有限量，也不是无限小，又不是零。但我们又更不能称之为僵死的量的鬼魂。意大利比萨大学数学教授格兰弟(Guido Grandi)就级数的收敛、发散含混不清的情况，提出了"从虚无到创造万有"的怪论来攻击微积分学中的无穷级数。但是，由于微积分具有明显的实际意义，在物理和其他领域得到十分广泛而又成功的应用，因而数学家和物理学家们毫不犹豫地接受了这个理论，并努力将其进一步发展。卡瓦列里说，“只要计算结果有用就行了”。莱布尼茨认为，把无穷大量和无穷小量作为一种工具就像在代数里用虚根有极大好处。可以说微积分的进一步发展的动力主要来自数学经验的影响。微积分概念的历史表明，定性的东西必须通过定量的东西来解释。数学理论的突破是以数学经验的支持为前提的。

(二)数学经验的消极作用

数学经验的消极作用主要是由于人们恪守在旧理论过程中获得的数学经验，当新理论出现时，往往不接受，或不敢对旧理论进行突破。非欧几何的创立充分地说明了这一点。在17世纪末和18世纪，几乎所有的哲学家都相信，数学定理和欧氏几何一样，是宇宙设计中所固有的。巴罗就对欧氏几何的肯定性列举了八项理由：概念清晰，定义明确，公理直观可靠而且普遍成立，公设清楚可信且易于想象，公理数目少，引出量的方式易于接受，证明顺序自然，避免未知事物。可以说，欧氏几何长期以来被人们奉为神明，被视作绝对真理。然而，欧氏几何的创立者欧几里得，是第一个向欧氏几何发出挑战的人。他对第五公设存有疑惑，因此尽量避免使用这一公设，而将未用这一公设的内容放在整个体系的前面。尽管如此，由于人们深深地被欧氏几何的数学经验、思维、常规所束缚，在非欧几何创立的过程中还是留下了很多遗憾。萨开里甚至在已取得了即将导致非欧几何的结果，却发现这个结论与其他结论是不太合情理的而放弃了。高斯虽然最早得到了非欧几何方面的成就，而且根本不为传统观念所束缚，但鉴于自己的巨大声望，怕遭到众人的反对，因此一直没有勇气公开自己的成果。在罗巴切夫斯基完成非欧几何的概念表述、逻辑推理和理论构造等一系列工作后，非欧几何的支持者寥寥，反对者、攻击者却大有人在，有人甚至宣布罗巴切夫斯基的学说是邪说。然而，非欧几何的创立，是数学史上最光辉的篇章，也是人类历史上一次伟大的思想解放的典范。

我们来看看人类对于集合的认识。集合论的中心难点是无穷集合这个概念本身。自古希腊以来，无穷集合的本质以及看来是矛盾的性质，使得对这种集合的理解，没有任何进展。漫长的中世纪，关于是否存在无穷多个对象的集合问题，哲学家们各执一词。

伽利略与无穷集合作过斗争，最后因为觉得它们不可理喻而放弃了。伽利略反对亚里士多德的"潜无穷"的看法，认为自然数的全体是存在的，它们组成一个实在无穷，他希望具体比较实无穷的大小，有穷的数是可以比较大小的，那么实无穷之间如何呢？他考虑两个集合 $A=\{1,2,3,4,\cdots\}$，$B=\{1,4,9,16,\cdots\}$。一方面(直观上看，自然数多)，完全平方数在自然数中如沧海一粟，占的分量极少极少，另一方面

$1,2,3,4,\cdots;$

$1^2,2^2,3^2,4^2,\cdots。$

把自然数排成一行，每个自然数肩膀上添上小小的 2，怎么把自然数变少了呢？这样看，自然数又应当和平方数一样多。伽利略没有解决这个矛盾，他承认，比较实无穷大小时遇到了无法克服的困难。当伽利略注意到正整数可以和它们的平方构成一一对应时，伽利略说这是不可能的：所有无穷大量都一样，不能比较大小。

康托在 1874 年考虑一条直线上的点和整个 $\mathbf{R}^n$(n 维空间)中的点的对应关系，并企图证明这两个集合不存在一一对应关系。三年后，他证明这样的对应关系是存在的，他写信给戴德金说："我看到

了它，但我简直不能相信它。"

在1831年，高斯就反对把一个无穷量当作实体，并称无穷只是一种说话的方式，当人们确切地说到极限时，是指某些比值可以任意地趋近它，而另一些则允许没有界限地增加。数学家柯西也不承认无穷集合的存在，因为部分能够同整体成一一对应这件事，在他看来是矛盾的。然而，19世纪在分析中建立严密性的问题时，关于无穷集合的许多问题，人们不得不面对了。尽管康托集合论的创立解决了不少长期以来悬而未决的问题，但也颠倒了许多前人的想法，因而招致一些人的批评。最激烈的反对与攻击来自康托的老师克罗内克，在克罗内克看来，康托的超限数理论是无法接受的，称康托"走进了超限数的地狱"，康托的思想是"近10年来最具兽性的见解"，这个理论"无疑有助于把康托送进精神病收容所"。F·克莱因对集合论的新观点也不表示赞赏。庞加莱则将无穷集合论比作有趣的"病理情形"。

然而，许多卓越的数学家深为这新的理论已经起的作用所感动。1897年，在第一次世界数学家大会上，德国数学家希尔德斯海姆(Adolf Hurwitz)与法国数学家阿达玛(Hadamard Jacques)指出超限数理论在分析中的重要应用。到了20世纪初，集合论在创立20余年后，最终获得了世界的公认。希尔伯特说，"没有人能把我们从康托为我们创造的乐园中开除出去"。并称超限数理论为"数学思想的最惊人的产物，在纯粹理性的范畴中人类智力的最美的表现之一"。"数学精神最令人惊羡的花朵，人类理智活动最漂亮的成果。"罗素把康托的工作描述为"可能是这个时代所能夸耀的最伟大的工作"。在康托生活的时代，他的思想的接受与其说是像新的科学理论，不如说更像是新的艺术流派，如印象主义或无调音乐流派。它受到了带有强烈感情色彩的批评，从全盘的否定(克罗内克的"青年的堕落”)到高度的赞扬(希尔伯特的“令人惊羡的花朵”)。在1900年的第二次国际数学家大会上,庞加莱兴高采烈地宣布:借助集合论概念,我们可以建造整个数学大厦,今天,我们可以说绝对的严格性已经达到了。这在一定程度上代表了当时数学家的共同心声。无穷集合成了数学的伊甸园。总之,应该充分认识到数学经验在数学发展中的价值,它可以使数学“保持清新和活力”,“避免退化的危险”。

所以,“我们应该铭记于心的简单的教训是:如何并且是否能够理解集合、数学实体或者数学特征的这个经验性的问题,是一个严肃的科学问题,这需要我们在解决这个问题之前,有一个在认识论的哲学讨论背景下的科学态度”①。

四、数学的经验性

尽管数学结论具有很强的逻辑严格性,数学推理的精密性对于每个懂得它的人来说,都是无可争辩和确定无疑的。然而,在每个数学分支中,那些最初、最老的问题肯定是起源于经验,是由外部的现象世界所提出。数学来源于日常生活中出现的问题,这是无可争议的事实。数学的概念与思想并非完全从数学家的头脑中长出来。数学经常从自然界的各种模式中获得灵感。

(一)亚里士多德学派的影响

在数学悠久的历史中,一直存在着柏拉图主义和经验主义。在

① Michael J. Shaffer. Some Recent Existential Appeals to Mathematical Experience. *Principia*, 2006, 10(2), pp. 70～143.

柏拉图主义看来，理念世界和现实世界分隔于一条宽阔而不可逾越的鸿沟两边。数学对象和数学理念不属于感性世界，数学与感性经验是分离的。杜威评价道：“古希腊的柏拉图和亚里士多德都把知识和经验不恰当地对立起来，认为经验是纯事务性质的，而知识是与事务无关的；经验表现为对物质的兴趣，而知识则是精神和理性的；经验是附属于感觉器官的低级认识，而知识则是理智的、高超的；经验在于满足一时一事的欲望和需要，知识则探求永恒的普遍的真理。”①经验主义认为，数学不过是又一个科学分支，所以得出这样的结论：数学是直接与现实世界打交道的。例如，亚里士多德认为，数学是研究抽象概念的，而抽象概念则来自实物的属性。从认识论的角度看，亚里士多德学派强调感觉是认识的基础，而感觉又必须从客观存在的具体事物出发。从而，亚里士多德强调常识在数学中的作用。亚里士多德把公理和公设加以区别，认为公理是一切科学所共有的真理，而公设则只是为某一门科学所接受的第一性原理。公理是不言自明的，公设无需是不言自明的，但其是否属于真应受到所推出结果的检验。这就是说，数学受经验的检验。亚里士多德不像柏拉图那样把一条几何的线看做一种先于和独立于实际经验的观念。

受亚里士多德学派的影响，《几何原本》的逻辑出发点就是一些没有定义的概念、公理和公设，它们完全是从直观意义上加以解释的。尽管《几何原本》在推理过程中不自觉地运用了一些没有定义的概念和方法，如几何图形运动的概念、重合法的使用、顺序关系和连续关系等，影响了它的严谨性。但是，直到 19 世纪大半段时间以

① [美]约翰·杜威：《民主主义与教育》，王承绪译，人民教育出版社，2001 年，第 27 页。

前，数学家都把《几何原本》看成是严格性方面的典范。亚里士多德学派对数学发展的影响，总体说来是积极的。强调经验和常识对数学发展的作用，强调数及几何形状是实物的属性，这有助于人们充分发挥感性直观能力，大量搜集、观察和整理来自生产实际活动的素材，进行初步的理论综合。实践证明，几何学的初期发展需要有这样一个比较依赖经验和常识的阶段。

(二)数学经验性的近代认识

近代数学家的认识与亚里士多德学派则不同。近代的数学家们主要不是从感性直观和常识的角度来理解经验，而更多地着眼于数学理论的应用效果。实际应用的成功被看做是最主要的经验证明。17、18 世纪的微积分就具有这种经验的性质。希尔伯特曾多次强调经验与应用对于数学理论发展的重要意义。他认为，理论与实践，思维与经验是最紧密地交织着。有时理论走在前面，有时实验走在前面，总是相互证实，互相补充，互相激发。M·克莱因指出，直到 1859 年前后，数学有两个显著的且互相矛盾的特点。一方面，数学的展开不是逻辑的。把直觉、巧妙的推测、纯粹形式上的运算和一些物理论证拼凑起来，便引导着数学家们肯定他们所谓的定理。另一方面，甚至于数学家们自己也相信数学已经建立了理论的总体。

英国哲学家穆勒(J. S. Mill)认为，数学是一门自然科学，它同实验科学一样依赖于感性观察，数学理论是通过归纳推理而获得的经验性概括。对于穆勒来说，数是日常对象的数。“所有数必定是某物的数:不存在抽象的数这样的东西。10 一定意味 10 个物体，或者 10 个响声，或脉搏的 10 次跳动。但是，尽管数是某物的数，它们也可以是任何事物的数。因此，有关数的命题有着引人注目的特殊性，它们是关于所有事物的，关于我们经验所知的所有对象、所有种类的存在。"①数学命题只是近似真实，没有符合几何定义的实在的点、线和圆。如果命题不能由经验推理出来，这种论证没有用处。一事物之不可思议，并不能证明我们对它的确信没有经验上的来源。显然，穆勒指出不可思议事物未必没有经验来源，这个观点是有积极意义的。还有一些数学家，从根本上相信任何纯粹数学成果最终都会找到现实原型，具有现实意义。罗巴切夫斯基在他的《新几何原本》里指出，"大家知道，直到今天为止，几何学中的平行线理论还是不完全的。从欧几里得时代以来，两千年来的徒劳无益的努力，促使我怀疑在概念本身之中并未包括那样的真情实况，它是大家想要证明的，也是可以像别的物理规律一样单用实验(譬如天文观测)来检验的。最后，我肯定了我的推测的真实性，并且认为困难的问题完全解决了。"②然而，随着非交换代数，特别是四元数和矩阵的创立，有人明确地提出了这样的问题：怎样能判断普通数具有它是真实世界的真理这种特权般的性质呢？事实表明，尽管像虚数、四元数等结果并非经验归纳的产物，然而，它们在作为形式化的数学对象后来也找到了现实原型。某些数学知识并不直接起源于应用，过了多年后才被应用上，这就是数学的超前性。

(三)数学经验性的现代认识

集合论悖论的出现，导致了数学基础三大学派的产生，即逻辑

---

① [美]斯图尔特·夏皮罗：《数学哲学——对数学的思考》，郝兆宽、杨睿之译，复旦大学出版社，2009 年，第 91 页。

② [苏]亚历山大洛夫：《数学——它的内容、方法和意义》(第三卷)，孙小礼、裘光明、王元译，科学出版社，2006 年，第 97 页。

主义、直觉主义和形式主义。它们对数学发展中的经验因素采取了完全排斥的态度。哥德尔不完全性定理说明,希尔伯特的计划是无法实现的。逻辑主义试图把数学还原为逻辑也因为遇到各种困难而行不通。直觉主义反对非构造数学的存在证明,主张一切存在性证明都必须是构造的,反对使用反证法和排中律,也是大多数数学家无法接受的。怎样使数学基础研究再现昔日的辉煌呢?首先要改变对数学性质的看法,即数学并不是一门纯粹的演绎科学,而是与自然科学一样,是一门经验科学,这就是所谓数学经验论的复兴。

匈牙利数理逻辑学家L·卡尔马(Kalmar)在《数学基础——今向何方》一文中提出,数学是一门经验科学的观点。他指出,我们必须正视以下事实:其一,从事数学基础的探索至今仍是基于数学是一门纯演绎科学的假设,出于我们将表明它是一门基础牢固的纯演绎科学的希望。其二,这个希望事实上从未实现。其三,我们大多数形式系统的协调性是一个经验事实;甚至在协调性已被证明的场合,证明中所用的元数学方法的可接受性也还是一个经验事实。尽管数学家不考虑经验事实,只考虑那些属于数学范围的抽象的概念的性质,不再追问它们的经验来源。然而,任何有意义的数学分支,其公理起初都是或多或少直接从经验事实抽象出来的。L·卡尔马宣称:"为什么我们不公开申明数学同其他科学相仿,归根结蒂建基于实践之上,并且必须在实践中受检验呢?许多体面的科学并不自称是'纯演绎科学',也有极好的名声。宣传数学是一门有经验根据的科学,并不排斥用演绎方法,因为其他许多经验科学也成功地运用着这些方法!"①

---

① 中国社会科学院哲学研究所逻辑研究室:《数理哲学译文集》,商务出版社,1988年,第33~34页。

拟经验主义是英国数学哲学家拉卡托斯(Imre Lakatos)提出的一种数学哲学观。这里所说的拟经验是指,数学理论是一个半经验的演绎系统。该观点认为,数学是数学家做的或做过的事情,它具有任何人类活动或创造所固有的不完善性。拟经验主义主要有五个论点:数学知识是可误的;数学是假设——演绎的;历史是核心;断定非形式数学的首要性;包括知识创造理论。在拉卡托斯看来,欧几里得方法论已经逐步形式了某种强制性的表述风格,即“演绎主义风格”。这一风格是从缜密地制定一个公理、引理或定义开始。公理和定义常常看起来像是人为的和神秘复杂的。人们从未被告知那些复杂的东西是怎样出现的。公理和定义之后跟着就是小心措词的定理。这其中含有艰难进展的条件,看起来任何人都不可能猜测出它们。定理后面跟着的就是证明。然而,人们可能认为,欧几里得式的理论是真的;而拟经验理论充其量不过是被充分地实证过的,但总是猜测性的。总体来看,按照欧几里得方式重组数学也许是不可能的;至少最有意义的数学理论,像自然科学理论一样,是拟经验的。从理论的发展来看,拉卡托斯认为,欧几里得式理论的发展是由三个阶段构成的:试错法这种朴素的前科学时期;从事整理规则、修整模糊的界线、建立具有可靠核心的演绎结构阶段;解决系统内部问题。而拟经验理论的发展是完全不同的。它是从问题开始,接着是大胆解决问题,然后是严格的检验、反驳。进步的媒介是大胆的推测、批判和对立理论的竞争、问题的转换。对于数学拟经验的特殊性,拉卡托斯指出,“如果数学和自然科学都是拟经验的,那么它们之间的根本差别(如果有的话)必定存在于它们的‘基本语句’(或者‘潜在证伪者’)的性质之中”①。

---

① [匈]拉卡托斯:《数学、科学和认识论》,林夏水等译,商务印书馆,1993年,第49页。

赫什在《数学哲学中的一阵清风》①一文中，他把拉卡托斯等人的基本观点概括为：

①数学是属于人类的，它是人类文明的一部分并与之相适应；(不是弗雷格所认为的抽象的、非时间的、非感知的客观现实。)

②数学知识难免有错。和科学一样，数学可以通过犯错误、改正、再改正而得到发展；(这一"错误主义论"在拉卡托斯的《证明与反驳》中有精彩的论述。)

③根据时间、地点和其他情况的不同，存在不同形式的证明或严密性，证明中采用计算机属于非传统形式的严密性；

④经验性证据、数值的实验和概率的证明都有助于我们决定在数学中应该相信什么，亚里士多德逻辑并不总是做决定的最好方法；

⑤数学对象是社会——文化——历史对象的一种特殊类型。我们能够分辨文学或宗教与数学的区别，但无论如何，数学对象是人们共享的概念。

赫什认为，数学既不是物质的也不是精神的，而是一种社会实体，在此基础上他提出了评价数学哲学优劣的标准。这些标准是通过回答如下 7 个问题而体现出来的。①什么使得数学与众不同？②数学是研究什么的？③数学为什么会近乎普遍的认同？④除了证明，我们如何获得数学知识？⑤尽管数学具有社会属性，但为什么数学结果与时间、地点、民族、种族、性别无关？⑥无限是否存在？若存在，是怎样的？⑦为什么纯数学常常会变得那样有用？

在论文《经验论的两个教条》中，奎因向逻辑经验主义的两个教

① Reuben Hersh:《数学哲学中的一阵清风》,《数学译林》, 1996 年第 4 期。

条提出挑战。这两个教条是:“相信在分析的或以意义为根据而不依赖于事实的真理与综合的或以事实为根据的真理之间有根本的区别。”“相信每一个有意义的陈述都等值于某种以指称直接经验的名词为基础的逻辑构造。”在奎因看来,这两个教条都是没有根据的。逻辑经验主义试图把科学知识分解为一系列命题,这些命题又被划分为“分析的”与“综合的”两类,在数学哲学上则表现为逻辑主义。所以,奎因说:“所谓的知识或信念的整体,从地理和历史的最偶然的事件到原子物理学甚至纯数学和逻辑的最深刻的规律,是一个人工的织造物。它只是沿着边缘同经验紧密接触。或者换一个比喻说,整个科学是一个力场,它的边界条件就是经验。”奎因的真理论是实用主义的。他认为,检验理论真伪的标准,不是经验的证实或证伪,而是在应付环境中有用还是无用。有用的就是真的,无用的或有害的就是假的。他说:“作为一个经验论者,我继续把科学的概念系统看做根本上是根据过去经验来预测未来经验的工具。”他又说:“我否定这样一条分界线因而赞成一种更彻底的实用主义。每个人都被给予一份科学遗产,加上感官刺激的不断袭击;在修改他的科学遗产以便适合于他的不断的感觉提示时,给他以指导的那些考虑凡属合理的,都是实用的。”①

美国数学哲学家普特南提出了经验实在论的数学哲学观。在数学真理问题上,他采取了数学实在论的立场。普特南认为,经验科学的主要特征是:每一种理论通常都有在竞争中的替代理论,或者至少是在争论中即将产生替代理论。然而,对于数学来说,只要

---

① [美]W·V·O·蒯因:《从逻辑的观点看》,陈启伟、江天骥、张家龙、宋文淦译,中国人民大学出版社,2007年,第47页。

经典逻辑、数论和分析的主要部分还没有在竞争中的替代者，就不意味着数学变成了通常意义上的经验科学。但是，普特南接着指出：我们接受经典命题演算或皮亚诺数论之所以是正确的，并非因为有关的陈述“原则上是不可修改的”，而是因为大部分科学预设这些陈述，并且没有真正的替代者在与之竞争。按照这种观点，由于允许尝试提出替代者参加竞争，数学确实成了“经验”科学。数学可能是错误的，但这并不是因为那些证明可能靠不住，或者那些公理可能不是真正自明的。数学之所以可能是错误的，是因为“自明”的公理可能为假，而为真的公理可能根本不“明”①。

冯·诺伊曼指出，数学学科远离它的经验来源，或者说，如果仅是间接地来自“现实性”，是由现实激励生成的第二和第三代学科的话，这是一个最大的危险。远离经验来源，一直处在“抽象的”近亲交配之中，一门数学学科将有退化的危险。仅有的补救是回复到源泉去：把它或多或少地重新对应到经验概念中去。R·柯朗认为，数学必须从具体特定的实质得到启发，而且再面向某种层次的“现实”。飞向抽象决不能只是一种逃避；从地上出发和再次回到地面都是不可少的，哪怕不可能由同一个驾驶员掌握各段航程。最纯粹的数学事业的实质时常是由可以捉摸的物理现实提供的。也就是说，飞向抽象的一般性高空必须从具体和特殊出发，而且还要回到这里。按照莫斯托夫斯基的观点，数学就是一门自然科学。数学的概念和方法都是扎根于经验之中的，不考虑数学起源于自然科学而试图建立数学基础是注定要失败的。

---

① [美]保罗·贝纳塞拉夫、希拉里·普特南：《数学哲学》，朱水林、应制夷等译，商务印书馆，2003 年，第 352 页。

五、基于数学经验的教学意蕴

“学生是从他们的家庭、社区文化获取的假设、观点、视角作为背景来观察和解释知识的。”①因为，主体间共有的生活世界构成了交往行为的背景，意义是通过新旧知识经验之间的相互作用而建构起来的。从而，如果学生的学习始于一个植根于日常生活的真实问题，那么无论学习什么事实和原理，对他来说都是十分有意义的。尽管数学知识具有某种完备的形式，但是，教师的教学不能始于数学内容的完善形式。数学活动是一个组织经验领域的活动，只是它的经验领域和组织方法都十分特殊。从数学教学来看，好的教师往往能够利用学生带到班上来的背景和信息展开教学。学生不是知识的消极接收器，不是消极地等待数学知识的传授，而是基于自己与现实世界相互作用的已有经验去建构和内化数学知识并赋予新的经验以意义。从数学来看，数学具有经验性和拟经验性。所以，数学学习应该是基于学生数学经验的学习，基于数学经验的学习是意义的学习。

(一)回归生活世界

意义缺失的教育，从根本上远离了学生的生活。如果学生没有被教会如何去生活，那么教育根本是没有意义的。生活世界是科学及其世界观的根基。数学理论归根到底起源于最初在生活世界中获得的质朴的与直接的观察。在数学教学中，师生交往依赖的是具

① Carol E. Malloy and William W. Malloy. Issues of Culture in Mathematics Teaching and Learning. *The Urban Review*, 1998, 30(3).

体的语境，而这些语境又是师生双方生活世界的片断。所以，生活世界的回归是现代课程发展的重要理念。交往行为的主体总是在生活世界的视野内达成共识。只有用生活事件来丰富、润泽数学知识，数学意义才会向我们敞亮。从而，数学课程不能作为一种与学生生活经验无关的符号来掌握，数学课程不能让学生远离生活世界，数学课程不能成为隔离学生与生活世界交往的屏障。因为，“真实世界的数学有益于学校数学的学习，也有益于工作所需的数学与学校数学的关联”①。历史上，数学课程一度与现实生活相分离甚至相背离。古希腊的先贤智者十分重视数学对心灵的启迪，目的是为了陶冶情操、追求真理和训练心智，数学教育最高的目标是为了培养“具有道德理性的智者”。新中国成立后，我国数学教育受苏联的影响，走上了与中国传统数学相反，追求严密化、形式化的道路。

当前，世界各国课程改革有一个共同趋势就是“生活世界”的回归，教育重返生活世界，把学生置于实际生存的世界中去体验。“生活世界”的回归作为现代课程发展的一个重要理念，已经渗透到各国的课程改革实践之中。现代课程之所以强调回归生活，是因为学生的生长家园中，生活世界被严重地剥离了，科学世界成了唯一的生长家园。在学校教育中，因为教育过程被冰冷的知识接受和机械的理智训练所取代，生活世界里那种“生动的主观性”荡然无存，人的主体性失落了，所以为了克服科学世界带来的教育危机，必须重返生活世界。郭元祥教授指出：“种种迹象表明，儿童的生活世界成为被课堂教学遗忘的角落。书本世界的独尊，使学生沉浸在各种符

① Leone Burton. Recignising commonalities and reconciling differences in mathematics education. *Educational Studies in Mathematics*, 2002 (50), pp. 157～175.

号的逻辑演算之中，使教学缺乏生活意义和生命价值，学生成为书本知识的奴隶，成为片面生活的奴仆。"①所以，郭元祥教授深有感触地说："说实话，记忆里的小学、初中时候所学的那点知识，以及数千节课，早就被有趣的童年生活所掩盖，还能够记起的课堂教学寥寥无几。"②

正是由于学习与认知具有交互特征和实践的重要性，所以从知识的情境性来看，关注知识的情境性是揭示知识本质的一个新视角。数学问题不应该都是"结构良好的"问题，而应该是"非结构良好的"问题。因为真实的问题往往是"非结构良好的"，"非结构良好的"问题才会更多地发生于日常生活之中。只有在"非结构良好的"困境中，学生才能自己形成问题和过程。例如，李东每年夏天都坐汽车去野营。还有 8 个同学和他一起去。汽车每小时开 36 千米，共开了 4 小时。请问野营地离出发地的距离是多少？

数学发展表明，数学的发展一方面来自现实社会发展的需要，另一方面源于数学自身发展的需要。有些数学问题是由应用直接引导出来的。例如，几何学的古代起源是经验的，微积分的起源显然也是经验。又如，十进位制同我们十个指头的密切关系，也足以说明人们是受到经验的激发而创造出数的概念。数学活动不是一项孤立的活动，在数学教学中只有将数学与学生所体验的具体情境结合起来，数学教学才更有效。特别地，对于低年级学生来说，数学教育中的每一个数学化都应该从日常经验和语言开始。也就是说，

① 郭元祥：《生活与教育——回归生活世界的基础教育论纲》，华中师范大学出版社，2002 年，第 23 页。

② 郭元祥：《教师的 20 项修炼》，华东师范大学出版社，2008 年，第 201 页。

数学教育应该基于身边的现象，对这些现象加以组织、条理化。事实上，“孩子们刚开始学习‘集合’、‘数’、‘加法’的意义和接受基本的算术事实是通过收集和整理的活动”①。所以，对于数学教育来说，“没有什么比一个将学生与他们发现事实的环境相隔离的学校教育更糟糕的了”②。

《普通高中数学课程标准(实验)》下的课程观所强调的“从学生已有的生活经验出发，让学生亲身经历将实际问题抽象成数学模型并进行解释应用的过程”也反映在以下几个方面③：

第一，“学生是数学学习的主体”，要求在设置课程时，要考虑到学生在课程实施过程中的主观能动性，充分认识到学生在学习课程的同时，也在创造着课程，“课程”一词本身就具有“过程”与“发展”的含义，只有当学生在与课程的接触中，将自己原有的生活经验与被称之为“课程”的内容进行信息交流时，才会使自身的知识体系与经验得到变化与发展。

第二，将数学课程的范畴扩展到学生所生活的整个世界，以前课程设置的最主要的问题就是脱离学生的生活背景，而将他们定格在“书本世界”或“科学世界”之中，数学学习活动丧失了生命活力，这样是难以培养学生的综合实践能力的。雅斯贝尔斯指出，人的回归才是教育改革的真正条件。所以，在数学课程中，必须以“生活世

---

① Kitcher, Philip. *The nature of mathematical knowledge*. Oxford University Press, 1983, p. 107.

② Afzal Ahmed, Alison Clark-Jeavons and Adrian Oldknow. How Can Teaching Aids Improve the Quality of Mathematics Education. *Educational Studies in Mathematics*, 2004(56), pp. 313～328.

③ 胡典顺、田正勇：《对新课程理念下农村初中数学的几点思考》，《数学通报》，2006 年第 2 期。

界”作为数学知识的背景和来源，给学生呈现人类群体的生活经验，并将其纳入到学生的生活世界中，让数学进入到学生的“生活经验”或“履历情境”，使之真正成为沟通学生的现实生活和可能生活的桥梁。

例如，2008年，在某市举行的中青年数学教师教学比赛中，五位教师在讲授“对数”时，分别设置了如下情境：

设计1：①$5=3+2,3=5-2,2=5-3$；②$6=3\times2,3=6\div2,2=6\div3$；③$16=4^2,4=16^{1/2},2=?$

设计2：假设2002年我国国内生产总值为a亿元，如果每年平均增长8%，那么经过两年国民生产总值是多少？经过多少年国民生产总值是2002年的2倍？

设计3：据报道，中央国家机关公务员考试报考人数2008年是80万人，若增长率不变，从2008年起经过多少年报考公务员的人数会翻一番？

设计4：我把一万元存入银行，假设银行的年利率为5%，那么经过多少年我可以得到两万元？

设计5：从2008年开始，石家庄市实施城市“三年大变样”工程，同时拉动本市经济增长，2007年石家庄市生产总值为a亿元。①如果每年平均增长8%，那么三年后石家庄市生产总值是多少？②如果本市的目标是到2010年生产总值达到$1.331a$亿元，为实现这个目标每年平均增长率为多少？

可以肯定地说，这五个不同的情境设置给学生的印象是不一样的，对教学效果的影响也是不一样的。教育学和心理学的研究表明，学生是在动态的反思和创造的过程中成长与发展的。数学课程应为学生提供与人类群体的生活经验，以及学生个体的“生活经验”或“履历情境”相关的数学内容。特别地，对于农村学生来说，现行数学教材中反映农村生活经历和联系农村中学实际的问题材料太少,而与农村生活有较大距离的背景内容又太多。如:经营利润问题,超市购物问题,这对于大部分只有小卖部购物经验的农村学生而言,可能已经远离了他们的生活经验,忽视了“学生是数学学习的主体”,还定格在“书本世界”,没有让数学进入到学生的“生活经验”或“履历情境”,使之真正成为沟通学生的现实生活和可能生活的桥梁。这些与《普通高中数学课程标准(实验)》强调的“从学生已有的生活经验出发,让学生亲身经历将实际问题抽象成数学模型并进行解释应用的过程”的理念是不相适应的。

从数学教学来看,如何更好地回归“生活世界”,一定程度上在于如何处理好“生活化”与“数学化”的关系。“数学生活化”是基于“课程生活化”等说法提出的。“课程生活化”指的是课程内容要联系学生的生活世界。从而“数学生活化”是:从学生已有的生活背景和生活经验出发,创设学生熟悉的生活情境或为学生提供可以实践的机会,从而把抽象的数学知识化为生动的现实原型,并运用到实际生活中去。“数学生活化”可以从建构主义的情境性教学等理论中找到其理论依据。一些建构主义者认为,学习者具有大量的与学校学习有关的生活世界的知识,具有积极的、自我调节的学习能力。美国心理学家瑞斯尼克认为,学习就其本质而言,应该是处于复杂的社会情境之中,多数的意义都是从情境中获得的。教育心理学家格里诺等人更是提出了“情境是一切认知活动的基础”的观点。情境学习理论强调在教学中把所学的知识与一定的真实任务情境挂钩,认为知识是分布于它所生长的环境之中,若要建构对它的意义的理解,就必须了解与之有关的所有因素。

事实上,数学来源于现实生活,扎根于现实生活,应用于现实生活,数学教育应该与现实生活密切联系。如果过于强调数学的抽象形式，忽视生动的具体情境，过于强调数学的逻辑推理与逻辑联系，割裂数学与生活实际的密切联系，数学将会成为无源之水，无本之木。在传统数学教育中，正是由于过分注重数学学科的逻辑结构和技能训练，造成了数学课堂与生活世界的分离。因而，《普通高中数学课程标准(实验)》提倡"数学生活化"具有积极的意义和较强的合理性。因为数学只有在生活中才能赋予活性与灵性。数学来自于大众，它又必须回归于大众，数学只有在大众中才能得到完善与发展。因此，抽象化与形式化数学需要生活化与大众经验化数学作支撑。在数学教材编写中，联系学生熟悉的生活情境。在数学教学中，创设一系列与生活相关的问题，让学生身临其境地解决一个个具体的生活问题，已经成为新一轮数学课程改革一道亮丽的风景，"数学生活化"成为数学课程改革的一个重要理念。密切联系学生的生活实际，选择学生身边的事物，让学生感受数学与生活的密切联系，对数学产生亲切感，让学生初步用数学的眼光观察生活，用数学的思维思考生活，感受数学的魅力，从而使数学走进学生的生活。然而，数学教育中"数学生活化"存在着一些误区①。

其一，"生活化"的泛化。数学教学中创设源于学生生活的情境，尽量贴近学生的日常生活，这已经是广大教育工作者的共识。现代教学论表明：充分利用学生的生活经验，有助于他们更好地理解与掌握抽象的数学概念等相关的数学知识。然而，当前在大量生活化的素材进入数学教育之后，也出现了另一种情形。在教材编写和教学过程中，为了迎合新课程理念，一味地追求"生活化"，过分淡化数学知识的研究，缺少数学理性的思考与分析，其实这是对"数学

① 胡典顺：《"数学生活化"的误区及其反思》，《中学数学教学参考》，2006年第12期。

生活化”的片面理解，导致“数学生活化的口号化”、“数学生活化的普适化”、“数学生活化的表面化”。

其二，“生活化”素材远离现实生活。新数学课程中的一些内容设置，体现了时代气息，富有挑战性、创造性和开放性。但是，有些生活背景的素材，远离学生的现实生活，问题零散，展现突然。如教材中水库储水、银行利息和速度等问题。又如在我们的课本中，在学习有理数减法的时候提及了一下温度计，这虽然也是一个很好的模型，但是学生只有一个直观的感受而已，毕竟不能亲自来摆弄它，这样的认识效果就会大打折扣。现行数学教材相对城市学生比较适合，有的内容对于农村学生来说似乎是“天外来客”，课程中的城市文化气息太浓，乡村文化缺乏体现。新教材中反映农村生活经历和联系农村中学实际的问题材料太少，而与农村生活有较大距离的背景内容又太多。

其三，“生活化”素材人为编制。实际生活情境中的信息应符合客观实际，问题要更好地关心当代社会热点问题，数据尽可能地真实可信。但是在数学教学中，有些教师为找生活原型挖空心思、绞尽脑汁。生活化素材的人为编制，问题结论不符合实际情况的比比皆是。请看下列问题：某县位于沙漠边缘地带，人与自然长期进行顽强斗争，到1998年底全县的绿化率已达到30%，从1999年开始每年将出现这样的局面：原有沙漠面积的16%改造为绿洲，而同时原有绿洲面积的4%又被侵蚀变为沙漠。设1998年底该县绿化率$a_0=30\%$，经n年后绿化率为a_n。①写出1999年起以后任相邻两年年底该县绿化率的关系式；②判断$\{a_n-4/5\}$是否成等比数列？③至少经过多少年努力才能使全县的绿化率超过60%？

防沙治沙、绿化祖国是这是一个很好的设计对象，但是这一素材存在太多的人造痕迹。我国森林覆盖率低，仅有13.92%，森林分布不均，许多地方基本没有树，由此看来某县已不是位于沙漠边缘地带了。题意中的每年“原有绿洲面积的4%又被侵蚀变为沙漠”可信吗？问题解决之前就会感受到 a_n 与 4/5 一定有某种关联，现实生活有这样的巧合吗？显然为了应用而捏造事实，缺乏科学依据。这样牵强附会，完全可能误导学生。这就是数学教育中普遍存在的“伪应用(pseudo-applications)”①现象。其实，讲到充满着联系的数学，应该是联系学生亲身经历的现实，而不是生造的虚假的现实。

其四，“生活化”走向形式。很多教师在教学过程中，生活素材情境简单化，甚至走向形式。例如讲正负数时，不是从“买东西”引入，就是从“卖东西”开始。内容虽然现实了，但意义不大，缺少思考性和挑战性。为了让数学教学精彩，有些教师冥思苦想创设生活情境。好像数学教学脱离了生活情境就不是新课程理念下的数学教学。事实上，并不是每节课都需要创设生活情境，也不是每节课创设的生活情境都能起到较好的教学效果。立足于数学的内部矛盾，开门见山、类比猜想等方式也可以起到很好的作用，过分依赖生活情境，难免会掩盖数学的本质，削弱数学本身的魅力。在数学教学中，多媒体提供的某些生活化情境停留在表面上的热闹，实质上并没有带给学生智力的挑战和认知的冲突，并没有改善学生的认知环境，增强学生对抽象事物与过程的理解与感受，更没有将数学课堂教学引入一个全新的境界，学生仅仅掌握了某些表面的东西，而对其内在实质却知之甚少。

其五，“生活化”取代“数学化”。在数学教学中，有些教师在实际教学中把联系生活作为唯一的方法，数学课变成了讲故事、做游

① Ole Skovsmose. Mathematical Education and Democracy. *Educational Studies in Mathematics*, 1990(21), pp. 109～128.

戏、模拟表演、直观演示课。数学教学变成单纯地研究学生的实际生活，片面追求数学的“生活化”，削弱“数学化”，甚至用“生活化”取代“数学化”。如果学生的探索停留在生活阶段，缺少抽象化、数学化的提炼，忽视了数学学科本身所具有的抽象性和严谨性，是不利于学生的智力成长的。以生动活泼、富有趣味性卡通画来增加数学的趣味性无可厚非，然而，将数学知识淹没在花花绿绿的画面和大量的生活实例中，就值得思考。

毫无疑问，我们既不能片面地提倡“生活化”，也不应唯一地强调“数学化”。因为，“‘2 ＋2 ＝’这句话不仅仅是句法结构上从左到右依次读出的 4 个语义成分、类别或物体，而是一个带有一些间接元素的充满活力的实际行动”①。同样，数学领域不能简化为使其得以出现的环境，因为，一旦知识采取了较高级的形式，它就相对自动地离开它的源头而运行。数的概念比数的例子具有更深层次的意义。所以，在数学教学中，不应该把“知识性”和“真实性”、“抽象性”和“故事性”对立起来。“新数学运动”的失败给了我们惨痛的教训，把严谨的演绎结构体系作为唯一的目标，不符合教学规律与学生的认识规律。同样，在数学课程中，只讲应用而不要数学思维和抽象也是对“数学生活化”的一种误解。在新一轮课程改革中，如何真正体现“生活化”和“数学化”的和谐统一，让数学教育在不失数学味的前提下恰当地生活化，这是值得我们广大数学教育工作者深思的问题。数学教育的基本出发点是促进学生全面、持续、和谐地发展。它不仅要考虑数学自身的特点，更应遵循学生学习数学的心理规

---

① Sigmund Ongstad. Mathematics and mathematics education as triadic communication? A semiotic framework exemplified. *Educational Studies in Mathematics*, 2006(61), pp. 247～277.

律，强调从学生已有的生活经验出发，让学生亲身经历将实际问题抽象成数学模型并进行解释应用的过程，让学生在更高层次上数学地理解问题。既重视数学的背景和数学的应用，也注意数学的抽象过程和证明；既强调现实基础，又重视逻辑思维；既密切注意数学的外部关系，也充分体现数学的内在联系。使学生在知识与技能，过程与方法，情感态度与价值观等多方面得到进步和发展。总之，数学源于生活，又高于生活，只有将“生活化”和“数学化”有机地整合，和谐统一，才能实现数学新课程关于“回归生活”的理念。

（二）重视数学经验

“经验性的概念自发地来源于每天的经历，常常通过比较和对比事物或现象的特征得到，它在学习中也频繁地发生。”①数学教育中，意义的协商并不是从零开始建构，而是从数学经验开始。经验按照自己过去的背景来反应，越善于诠释经验，反应就越多。关照数学经验的数学课程，才能进入学生的视野，才能为学生所理解，才能产生课程意义。那么，应该注意哪些问题呢？

其一，从学生现有经验出发组织教学。建构主义认为，学习是学习者在原有经验的基础上，在一定的社会文化背景中，主动对新的经验进行加工处理，建构知识或经验新的意义的过程。事实上，只有当数学思想、数学知识和数学技能作为一个环节归入一个人的个人经验中时，数学思想、数学知识和数学技能才能被他理解或掌握。数学是在已有经验的基础上掌握新知识的，这些经验不仅在校内，也可以在校外。学生将新知识与他们已有的知识结合起来，比

---

① Jean Schmittau, Binghamton. The Development of Algebraic Thinking a Vygotskian Perspective. *ZDM*, 2005, 37(1).

之将每一个新主题都当作要完全重新学习、与先前经验不相联系的东西，要容易得多，长期来看也要有效得多。“数学是一种普遍的活动，也就是说，它存在于所有的文化和人类的活动中。在所有的文化中，都可以找到数学的影子，不管它是自发的方式还是有组织的方式。”①对不同文化与种族的学生来说，形成数学问题的普通经验可以是多种多样的，如兜售篮球卡、手工折纸活动、商店购物或查阅价目表等。又如，“一些学生不能分辨三角形，而另外一些学生把它看成一个帐篷。同样地，一些学生把圆命名为‘面包卷’或是‘小面包’，适当的比喻来自于他们自己的亲身经历和语言资源”②。所以，民族数学和日常数学概念的提出就十分必要，它们的特点就在于其文化性和灵活性。对于在学校中进行更高级的数学活动和有意义地学习数学来说，民族数学和日常数学可以构成其坚实的基础。显然，它们也能够帮助我们认识如何将当前的学习建立在学生已经知道和理解的东西的基础上。其实，不同的学生就会有不同的数学经验。教师正是以学生的经验为起点，组织课堂教学活动。如果新知识完全脱离了已有的经验和理解，学生就无法理解，甚至学生就不会学到任何新知识。波利亚认为，“经验改变着人们的信念。我们是从经验里学习，或者更进一步说，我们应该从经验里学习。最充分地利用经验是人类的一项伟大的任务”③。对于数学家来说，他们

---

① Paulus Gerdes. On Culture and Mathematics Teacher Education. *Journal of Mathematics Teacher Education*, 1998(1), pp. 33～53.

② Charoula Stathopoulou and Fragiskos Kalabasis. Language and culture in mathematics education: Reflections on observing a romany class in a greek school. *Educational Studies in Mathematics*, 2006(64), pp. 231～238.

③ [美]G·波利亚:《数学与猜想》(第一卷)，李心灿、王日爽、李志尧译，科学出版社，2004年，第1页。

经常从已知的经验中引出最正确的信念来。数学家经常使用的经验方法,我们通常称为归纳法。对于学生来说,学生现有的数学经验,是学生学习数学的基础,是教师组织数学教学的逻辑起点。让学生从已有的知识来学习和理解数学,在已有的知识和经验的参与下获取知识,就不会形成新旧知识连结纽带的断裂,就不会给学生带来理解上的困难。泰勒(Ralph Tyler)指出,开发任何课程的教学计划都必须回答四个基本问题,即学校应力求达到何种教育目标?要为学生提供怎样的教育经验,才能达到这些教育目标?如何有效地组织好这些教育经验?我们如何才能确定这些教育目标正在得以实现?也就是,确定教育经验、选择教育经验(学习经验)、组织教育经验、评价教育计划。关于什么样的经验是适当的经验,基于案例的推理(case-based reasoning,CBR)的模式提出,“适当的经验能够提供具体的、可靠的、及时的反馈,以使学习者有机会面对它们蕴涵的观念并确定他们还需要学习什么,并使学习者有多次机会向前迈进,使自己的技能和概念得到更好的发展,直至在多种情境、多种条件下体验它们”①。从而,教师应该把握现实世界中数学和课堂上数学之间的联系,了解学生已经具备的个人数学知识和直接经验。正如杜威指出的,“教育者的部分责任是同等地研究以下两件事:第一,从现有经验的种种情况中提出问题,并且这种问题需是在学生们的能力范围之内;第二,这种问题能够激发学习者去自动地探索知识和产生种种新的观念”②。

---

① [美]戴维·H·乔纳森:《学习环境的理论基础》,郑太年、任友群译,高文审校,华东师范大学出版社,2002年,第205页。

② [美]约翰·杜威:《我们怎样思维·经验与教育》,姜文闵译,人民教育出版社,1991年,第295页。

其二，发挥经验在教学中的积极作用。经验和知识是统一的，不是两元的。数学有其自身的特征。数学不仅具有从最简单的出发点(不定义的元素和不定义的关系)出发，经过逻辑的演绎和证明表达出整个体系，而且还具有从具体情形上升为一般的概念和结论，又从一般返回到具体情形来加以印证和应用的特征。因为“每个学生都有其文化背景和实践经验，教师可以在此基础上进行更深层次的数学教学。只有融入了学生实践知识和实际经验的教学，才能激发学生的自信心和能动性，同时也能够让老师的经验变得更加的丰富”①。学生学习新的知识正是借助头脑中已有的经验，通过新知识与原有知识经验的相互作用，把新知识纳入自身的认知结构。遗憾的是，教师们通常把学生的脑子当成一块白板，或者是一张空白的计算机软盘，有能力的教师可以向盘中录入任何他们喜欢的信息。但是认知科学的研究成果显示恰恰相反：学生的大脑与其说像计算机软盘，倒不如说像是计算机程序更为合适。其实，每个学生带进数学课堂的是一整套丰富的数学经验，这些经验构成了一个独一无二的智力框架，使学生通过数学经验创造出新模式。从而，在数学教学中，要注意联系学生熟知的事例与经历，运用语言描摹唤起并组织学生头脑中的经验储备，通过复习、提示、铺垫、引申等方式在原有知识和新学知识之间架设起过渡的桥梁。

在学习函数的时候，由于现实生活中函数例子比比皆是。折扣是总量的函数，重量是体积的函数，飞机、火车的行程是时间的函数，利息是时间的函数，光强度是光源距离的函数等。如果发挥学生经验的积极作用，先让学生接触日常生活中的实例，再让学生去

---

① Paulus Gerdes. On Culture and Mathematics Teacher Education. *Journal of Mathematics Teacher Education*, 1998(1), pp. 33～53.

归纳什么是函数，这样学生心目中的函数就不再是枯燥的、无意义的。反之，如果先讲映射，再到函数的抽象定义，接着便是函数的性质，最后习题也是涉及定义域、函数值、对应法则之类的问题，由于缺少函数在实际生活中的例子，不少学生在学完了函数后，也会觉得函数是一个看不见、摸不着、很神秘的东西，对于函数的应用更是一无所知。其实，就智力与经验对概念的学习影响程度来看，经验的作用更大，丰富的经验背景是理解概念本质的前提。否则，将导致死记硬背概念的定义而不能领会概念的内涵。皮亚杰指出，在任何教学水平上，概念的形式乃是儿童活动和个体经验的结果。

其三，避免经验在教学中的消极作用。经验因素在数学教学中的积极作用是人们能够认识到的，但是，经验因素在数学教学中的消极作用是容易被人们忽视的。杜威指出，“每一种经验就是一种推动力。经验的价值只能由它所推动的方向来评断”①。“相信一切真正的教育是来自经验的，这并不表明一切经验都具有真正的或相同的教育性质。不能把经验和教育直接地彼此等同起来。因为有些经验具有错误的教育作用。”②

数学是一种精确的语言。有时候，日常生活中的某些语言会导致对数学语言理解的偏差。例如，在“简易逻辑”中，“或、且、非”的意义就与日常生活语言中的意义有区别。又如，学生对“集合”的概念的理解，会认为是有许多元素的物体群。其实，数学中的“集合”概念完全可以不含任何元素(即空集)。

---

① [美]约翰·杜威:《我们怎样思维·经验与教育》，姜文闵译，人民教育出版社，1991年，第263页。

② [美]约翰·杜威:《我们怎样思维·经验与教育》，姜文闵译，人民教育出版社，1991年，第253页。

一些局部的经验性认识往往制约人们对意义更为一般性的理解。例如，在学习三角形的高时，学生往往从顶点向下作垂线并视其为高。这与日常生活中对高的理解“它是到水平或直线的距离”有关。又如，平面几何的知识经验有时也会误导立体几何的学习。再如，在刚接触虚数单位 i($i^2=-1$)时，有些学生感到不可思议，显然受到 $a^2\geqslant 0(a\in \mathbf{R})$的影响。同样，在数学方法的运用和数学思维的活动中，经验有时也起消极作用。类比方法是数学中常用的方法。通过对两个以上类比对象的比较，常常能获得新思路和新结论。显然，类比的一个最基本的前提就是由已知事实(或经验)出发，才能发现新想法和新结论。同样，数学直觉也是一种有效的方法。事实上，直觉不是别的，直觉是以已经获得的知识或经验为依据的一种表现。但是，类比方法和数学直觉有时也起“负迁移”的作用。又如，思维定势是按照一种固有的思路去思考问题的思维形态。它有两个基本特征：一是将新问题归结为旧问题；二是扩大已有经验的应用范围。但是，思维定势有时也会抑制学生思维的创造性，妨碍学生去发现新的知识和探索能力，成为了思维的桎梏，起着消极作用。这些经验的消极作用在教学中是应该尽量避免的。

另外，数学经验的消极作用还表现在直观图形上。在处理数学问题的时候，凭经验随意地画出图形。其实，直观图形也可能给我们误导。例如，下面关于“任何三角形都是等腰三角形”的证明。在不等腰$\triangle ABC$中，作$\angle C$的平分线与边 AB 的垂直平分线交于 E 点，作 AC，BC 的垂线 EF，EG，则$\triangle CEF\cong\triangle CEG$，所以 $CF=CG$ (1)，又 $AE=BE$，所以 $\mathrm{Rt}\triangle EFA\cong\mathrm{Rt}\triangle EGB$，所以，$FA=GB$(2)。由(1)，(2)得：$AC=BC$，即$\triangle ABC$是等腰三角形。

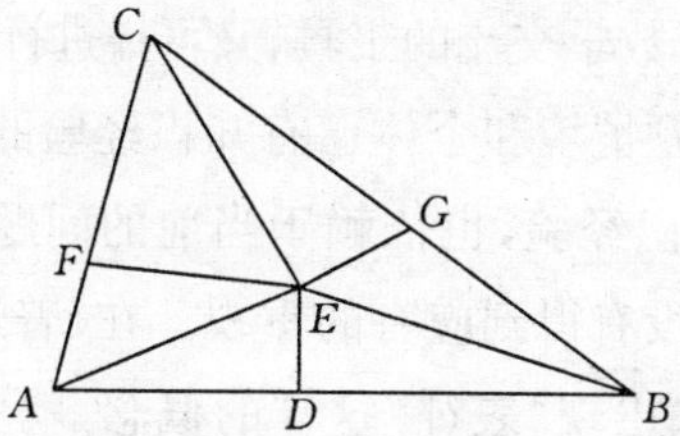

我们知道，命题：任何三角形都是等腰三角形，显然是错误的。上述“证明”过程错在不是精确的图形。如果准确地画出图形，那么点E应该在△ABC外。在数学教学中，两种倾向需要注意。其一，过分强调数学的逻辑性和抽象性，在教学中充塞了大量间接经验而没有把间接经验作为经验生长的工具，从而阻滞了学生心灵的成长。其二，过分陶醉于学生的直接经验而忽视系统知识的学习，这就从另一方向阻碍了学生的发展。

（三）关注数学表征

长期以来，我们以为数学的意义在于符号体系及对这些符号的操作，数学中的直觉、经验不被重视和承认。然而，现在越来越多的组织或个人认识到多种表征形式的意义。在全美数学教师理事会（National Council of Teachers of Mathematics，简称NCTM）出版的《学校数学教育的原则和标准》①（Principles and Standards for School Mathematics）中对“表征”（representation）是这样解释的：表征是从认知心理学的研究中借鉴过来的。这一概念的含义相当丰富，它既指人脑内部的心智活动的表现，又可指思维活动的外在表现形式；它既可指表达数学关系的过程，又可指对数学关系的表示

① 全美数学教师理事会：《美国学校数学教育的原则和标准》，蔡金法等译，人民教育出版社，2004年。

形式；它既可指进行数学交流的工具，又可指进行数学交流的内容。

表征是当前问题情境和个体已有知识经验的有效结合，它既依赖于个体已有的知识经验，也依赖于当前的问题情境。然而，表征在我国数学教育中没有得到应有的重视。在《普通高中数学课程标准(实验)》中甚至未出现"表征"这样的概念，就更谈不上对表征的作用、实施形式和评价等问题进行深入细致的分析。数学不是写在纸上的符号，数学是一种思维方式，它既包括问题情境的心理表征，也包括数学知识的心理表征。相同的情境和知识在不同的学生那里完全可能具有不同的心理表征。由于每个学生在认知风格上存在着较大的差异，有的学生擅长于直觉推理，有的学生擅长于逻辑推理，有的学生擅长运用图形表征，有的学生擅长运演代数表征，富有个性特征的表征正好满足了学生多样化的具体要求，可以适应学生多类型的思维方式，可以充分反映学生各自具有个性特征的数学经验。

数学学习中成人和孩子们同样都要经历三个表征阶段：动作性(表征)、映像性(表征)和符号性(表征)。例如，学生学习一个新概念时，都会依次在每一种水平上认知这个概念。在引入新概念时，开始应该用具体的材料，然后才是抽象的符号，让学生经历具体、半抽象、抽象三种发展水平。又如，对于学生来说，分数、小数、百分数很难计算，"因为它们有多重含义，任意给定一个数，如 3/5(0.6 或 60%)，可以有很多种正确的解读"①。所以，应该允许学生利用多种途径解决问题，如画图、列表、抽象符号等。同时，教师应该具备从

---

① Afzal Ahmed, Alison Clark-Jeavons and Adrian Oldknow. How Can Teaching Aids Improve the Quality of Mathematics Education. *Educational Studies in Mathematics*, 2004(56), pp. 313～328.

学生思维的角度引导他们进行思考的能力。教师应该给予学生各种机会来构建他们自己的关于数学概念、法则、定理和关系的表征。

其一，应该将表征作为教学的重要活动。表征是实施数学教学的重要手段。在数学教学中，教师和学生应该经常创设具体的表征，然后继续到图像的和抽象的表征。例如，教师用玩具和硬币等真实的东西表示整数，在这样的情境下，学生能够在具体实物层面上学习和认识整数的概念，并理解整数的性质。赫什说：“要获得关于计算的观念，就要有数硬币、砖头或卵石的经验；要获得角度的观念，就需要有在纸上或沙箱上画相交直线的经验。这些经验在头脑中的反映或实例计算为新的观念准备条件。一种适当的共有的实践经验——先是物质操作，后是纸和笔的计算——创造出一个人们共有的概念。”①一般来说，在数学教学中，用某种方式表征数学问题比不用表征更能看出重要的数学关系。

其二，表征是把握数学规律的基本方法。在数学教学中，教师应该经常展示和探索各种表征理解数学规律，把握数学特征。例如，函数的性质可以应用表格形式来表征，便于学生从数字角度考察其变化；也可以用图像来表征，便于学生直观把握；还可以用符号表征来表示，便于学生把抽象符号与函数意义联系起来。又如，对于 5－2＝3 这个式子，可以用下列不同的表征方式：从 5 个物体中拿走 2 个以后还剩多少；一个用 5 个小方块搭的塔比一个用 2 个小方块搭的塔高多少；一个盒子中已经有 2 个球，假如里面一共需要装 5 个球，还应该再放几个进去等。这样能够帮助学生认识不同情境下出现的有共性的数学特征。事实上，数字“2”确实不是事物，而是过

① Reuben Hersh：《复兴数学哲学的一些建议》（下），《数学译林》，1981 年第 2 期。

程——当你把2枚硬币或2只绵羊与反复吟诵的符号"1,2"相联系时所实现的过程。所以,看到不同的情境的表征方式之间的相似性是达到抽象的一个重要步骤。当然,教师应该提醒学生针对不同的数学内容,识别不同表征的优势与不足,这样才能真正做到有效的表征,避免盲目的表征。有意义的数学教学不仅需要内容知识,而且需要足够的数学理念和相关的表征来促进学生的理解。

其三,应该注重不同表征间的相互转化。在数学教育中,表征的形式是多种多样的,既可以是语义的,也可以是表象的;既可以在头脑中编码,也可以利用纸、笔等其他工具编码。事实上,不同类型的表征有利于运用不同的方法去思考和操作数学对象。例如,文字表征通俗易懂,便于理解和思维操作。数式表征则可以减轻记忆负担,使问题变得清晰明了。图表表征可以清楚地呈现信息间的关系或规律,从而有利于发现解题的结果或方向。模型表征有助于把感性认识转化成抽象概括的理性认识。

不同表征的相互转化对于数学学习有着重要意义。一个重要的数学思想不可能在单一的表征系统中获得充分的和透彻的理解。由于数学内容和数学学习的复杂性,任何表征大多只能表达出部分信息而不是全部信息,或突出其中的一些方面而隐藏了另一些方面。然而,在数学教学中,不幸的事实是,教师所教的、学生所学的数学内容通常在一个表征系统中就已结束,而没有在不同的表征系统之间建立起联系。从而,在不同表征系统之间建立联系是必要的。

一题多解是反映表征的重要形式之一。例如,我国教师所认同的"一题多解"表现在基于学科知识的、算术或代数等方法上的解题方法多样性,倾向于使用抽象策略和符号表征。而美国教师更鼓励学生尝试从更广阔的层面来探索问题的解决方法,倾向于使用具体策略和基于图像的表征。如使用试误法、表格、图示法、描述性说明等这些中国教师看来不是“很数学”的方法。美国数学教师对一题多解的理解比中国教师对一题多解的理解要宽广得多。另外，中美教师都能预测学生可能用于解题的策略。美国教师比中国教师更喜欢预测图画和猜测——检验策略。中国教师比美国教师更喜欢预测代数方法。

事实上，每种表征展现出的是解决问题的不同思考方法，融合了学生不同的数学经验。对不同方法和不同表征的重视，会帮助学生看到从不同视角看问题的力量。不同表征的彼此组合使得各自的功能相互补充，学生就能够从不同的角度、用不同的策略去处理问题。当学生能够在代表同一问题的不同表征之间进行转换时，他们的理解和使用数学概念与步骤的能力就得到了进一步的完善。在不同的表征之间建立联系以及在自己的想法与表征这种想法的方法之间建立联系的过程，有助于加深学生对数学的理解。所以，“在确保学生数学发展的同时，考虑如何提供具有足够开放性的材料来鼓励学生用不同方式描述他们感知的事物，是一个更高效的观点”①。

其四，应该积极鼓励学生富有个性的表征。表征能够加深数学知识的内化，对数学内容的动作表征、图像表征和符号表征对数学的教与学起着重要作用。在学生的数学活动中，常常有如下几种形式的表征：形式化表征，如引进变量和常量，或者将事实翻译成等式与不等式；图像表征，如画草图、表格、图像等；动作表征，如把问题转换为某一具体行为，用事实模拟活动使用计算器，用一具体模式来解决问题；语言表征，如把问题翻译为日常用语。

---

① Afzal Ahmed, Alison Clark-Jeavons and Adrian Oldknow. How Can Teaching Aids Improve the Quality of Mathematics Education. *Educational Studies in Mathematics*, 2004(56), pp. 313～328.

学生在解答问题和深入学习数学观点时建立的具有个人特色的表征，在帮助学生理解和解答问题、提供有意义的方式表达解题方法和向他人描述其解答方法时，都起着十分重要的作用。通过考察学生所用的表征，教师能深入了解学生解释和思考数学的方式。然而，在数学教学中，部分教师往往用自己所拥有的数学思维方式进行教学，对自己的表征有一种强烈的优越感，不能耐心倾听学生的表征，甚至让自己的表征左右或影响学生的表征，目的是显示自己多么聪明，知识多么渊博。“儿童是有他特有的看法、想法和感情的；如果想用我们的看法、想法和感情去代替他们的看法、想法和感情，那简直是最愚蠢的事情”①。所以，真正的思考，不会发生在孤立的象牙塔中，只会通过交流才能产生。

其实，观察不同的学生怎样选择和应用表征也为教师提供了有关的评估信息，使教师弄清问题的哪些方面引起了学生的重视以及他们是怎样对表征中所揭示的规律和特征进行推理的。所以，教师应该鼓励学生以不同方式表征数学观念，交流为什么在某些问题上有些表征比其他的表征更有效。只有这样学生才能更深入地认识表征的过程并帮助他们评价表征的优劣。

总之，数学教育中应该重视表征。因为表征既是数学的一部分又是理解数学的一个教学手段，不同的表征形式体现着不同的思维方式，渗透着不同的数学经验。应该给学生提供运用多元表征的机会。认知数学的先驱戴维斯(R. Davis)指出，帮助学生去理解问题或目标，培养学生开发问题解决途径的能力，培养学生利用那些问题表征的能力，以及为解决新问题建构新表征的能力是教学研究的重点。

---

① [法]卢梭:《爱弥儿——论教育》(上)，李平沤译，人民教育出版社，2005年，第88页。

结语:走向意义的数学教育

在数学课程改革的背景下,数学意义已经成为数学教育关注的热点问题。然而,数学究竟是什么?我们为什么要学习数学?数学对学生的发展意味着什么?数学到底要塑造学生什么?数学究竟能塑造学生什么?等等。这些问题看似平凡,实则非凡;看似简单,实则复杂;看似浅显,实则深远。其实,每个问题都是我们教育工作者必须弄清的数学哲学或数学教育哲学的基本问题。

事实表明,无论是从人类文明的发展来看,还是从学生个人的发展来说,数学都是一个不容忽视的意义的领域。数学是人类最高超的智力成就,是人类心灵最独特的创造,是人类文明的核心部分。数学是了解世界及其发展的主要途径之一。作为人类文明发展标志的数学,在人的发展中扮演着重要的角色。数学已成为个人参与社会的基本条件,每个孩子都需要学习数学。数学应该走进学生的生活世界,成为每个学生生活的组成部分,激发他们对生活的热爱,体现更多的人文关怀。数学应该促进学生的发展,震撼学生心灵,体现数学的文化价值。数学应该发展学生的能力,体现数学的思维价值。数学应该培养学生对美的追求,体现数学的艺术价值。

意义的立场不是把事物作为独立客体,而是作为一种存在;不是一种客观性思维,而是一种关系性思维;不是把知识作为一种事实,而是作为一种实践。从而,数学教学不是把数学各个领域的片段知识灌输给学生,不是把数学作为一个封闭系统,从那些完美的数学结论开始,而是从学生熟悉的现实生活、已有的数学经验开始,把数学作为一项人类的基本活动。应该少些强制,少些令人厌恶的机械训练。让学生思考!思考!再思考!教师不是为考试而教,学生不是为考试而学。数学不是无意义的符号,数学不是无意义的公式游戏,数学不是无意义的运算和推理。数学是人的发展的意义的领域,数学不仅能提高学生的素质,培养学生的应用意识、创新能力,而且能培养学生的思维能力。

法国著名数学家拉普拉斯(Laplace Pierre-Simon)说过:"阅读欧拉,读懂欧拉,他是我们所有人的大师。"其实,拉普拉斯的名言我们可以解读为:"阅读数学,读懂数学,它是我们所有人的大师。"因为,数学教会我们思考问题,数学教会我们创造世界,数学教会我们欣赏生活,数学教会我们品味文化,数学教会我们体验意义。所以说,数学是我们当之无愧的大师。

著名数学家外尔和波利亚曾有一段对话①:

Pólya:你说数学定理应该不仅正确,而且还要有意义。什么叫有意义?

Weyl:那是个诚信的问题。

Pólya:在自然科学中混入哲学陈述是大错特错的。Weyl 的连续统是用感情用事的产物。

Weyl:Pólya 所谓的感情和巧辩,我称之为洞察力和真理;Pólya 所谓的科学,我称之为符号炒作。Pólya 对集合论的捍卫……是神

① David E. Rowe, Hermann Weyl:《一个不情愿的改革者》,《数学译林》,2004 年第 1 期。

秘主义。把数学从精神生活中分离出去的惯常做法,实际上就是扼杀数学,把它变成一具空壳。

由此看来,数学并非虚无缥缈,其中萌动着思想的生命。今天,数学教育中的种种困惑与迷茫都与数学意义的失落密切相关。走向意义的数学教育是时代的呼唤。在这里,数学意义不是一个逻辑概念,而是被理解为生命的表现。数学意义不是从文本中提炼出来的,而是从对话中创造出来的。数学意义蕴涵在运算和推理中,蕴涵在每一个数学概念的学习中,蕴涵在每一个数学定理的探究中,蕴涵在每一个数学问题的研究中。

走向意义的数学教育就是要给每一个学生一片阳光,唤醒他们的心灵,成为学生难忘的人生经历。它让学生领略现代数学思想中令人鼓舞的概念,像夏天喝冰水那样令人清新。它让学生欣赏数学,感受数学定理与数学概念的美妙,像艺术那样令人振奋。它让学生发现优美定理、概念的形成过程,创造出更有内涵、更有意义的数学文化,像呼吸那样顺乎自然。这是震撼心灵的数学教育,这是生成智慧的数学教育,这是发展潜能的数学教育,这是春风化雨的数学教育。因为,走向意义的数学教育所主张的"不是一种本体论立场,而是一种主体论立场;不是一种共识性立场,而是一种个性化立场;不是一种事实性立场,而是一种价值性立场;不是一种纯粹的科学立场,而是一种生命立场"①。维特根斯坦说,不要拔苗助长,你的努力是使它得到温暖、滋润和阳光,这样它必然会茁壮成长。走向意义的数学教育能让学生茁壮成长。

由于数学哲学和数学教育哲学本身就是一个艰深的领域,加上

① 郭元祥:《论知识的教育学立场》,《第六次全国课程学术研讨会论文集》,2008年。

自己对数学哲学和数学教育哲学认识不全面、不深入，特别是对意义哲学、文化哲学、教育哲学的理解非常肤浅。另外，本研究使用了问卷调查法和访谈等方法，对于调查和访谈的问题尽管笔者有所考虑，设法提高研究的信度、效度，但研究中还是存在一些不足之处。例如，研究中有效样本容量虽然超过了300，但在样本取样、对比分析方面做得还不够。从这些意义上来说，本书只是从数学意义的视角，对数学的价值，数学对人的发展，数学教育中存在的突出问题，数学教育如何回归数学意义等问题作了一个粗浅的尝试，充其量只是一个探索性的揭示，还有许多问题需要进一步研究。在以后的学习中，还将不断地思索。我认为，可以从以下几个方面将这一研究进行拓展：

(1)什么是意义？数学意义的内涵究竟是什么？随着数学的不断发展，我们如何拓展数学意义的内涵？

(2)在数学教育中，数学意义与数学知识、数学活动究竟有什么关联？

(3)在数学教学中，回归数学意义的路径除了文中研究的外，还有哪些切实可行的具体途径？它们又反映了怎样的数学哲学思想？等等。

在全书结束之际，我想利用这个机会，转述杰里·盖尔(Jerry Gale)在《教育中的建构主义》①中讲述的苏非的故事(苏非派禁欲神秘主义是中东的一个传统，学习、教授和实践各种各样的神秘深奥的知识)。

某天，阿布，一个从事精神教育的年轻教师，正划船横渡一个大

① [美]莱斯利·P·斯特弗：《教育中的建构主义》，高文等译，华东师范大学出版社，2002年，第401～402页。

湖。划船的时候,他的精神集中于静思,无意中他听到远处有一个年轻的学生在吟唱圣歌。在他倾听这位女子唱圣歌的时候,他注意到她的吟唱是不正确的。阿布认为教导那些学习少于他的人是他的职责,所以他决定花一些时间划船到那个女子唱圣歌的小岛。当他到达小岛时,他心里充满了能从帮助他人中获益的想法,很多伟大教师发掘出他人惊人才能的事迹在他的脑海里不断涌现出来。

他上了岛,作了自我介绍,将刚才的那些想法放在一边,就立即着手教导学生以正确的方式唱歌。这个年轻的信徒万分感激有教师愿意花费时间来教导她。上课时,她态度积极,并努力学习来记住这些正确的语句和韵律。

阿布花费时间来教这个年轻的女子。当她最终能够以正确的方式背诵这些词句时,他才离开。离岛时,他对自己的行为非常满意,并为自己能有益于他人而感到自豪。然而,当他聆听着年轻学生的歌声离岛越来越远时,他听出她又滑回了原来的祈祷的方式。阿布叹息道:"唉,这就是人的本质:尽管经过艰苦的工作和有能力教师的教导,人仍然返回老习惯。"阿布一面这么想着,一面考虑自己是否应该调转船头,重新划回小岛,这时,他惊奇地听到那女子的声音越来越响。

他十分惊讶地看到,这个年轻的信徒行走在水上,很快来到他的船前,这令他瞠目结舌。当这个学生来到年轻教师的船前时,她请求道:"仁慈的老师,请再教我一遍如何用正确的方式唱圣歌吧,我已经忘记了。"

今天,许多时候,"阿布们"只是关注于"愿意花费时间来教导她",而并不在意"她"最终是否能够"以正确的方式背诵这些词句",所以常有"她又滑回了原来的祈祷的方式"的状况发生。更令人遗憾的是,"她"已经忘记了如何用正确的方式唱圣歌。

在数学教育中，当做题、考试、成绩成为数学教育关注的焦点时，数学就变成了一种无意义的诸多公式、定义、过程的罗列，数学意义——无论是科学意义还是教育意义——就离我们远去了。然而，远离了意义的数学教育，也就从根本上远离了学生的生活。从而将数学知识局限于认识论的窠臼，片面强调数学知识的客观性、抽象性和确定性，遮蔽了数学知识所蕴涵的意义世界。所以，数学教育必须超越抽象的世界、符号的世界、逻辑的世界、知识的世界、绝对真理的世界以及升学工具的世界，迈向意义的世界。可以说，回归数学意义是每一个数学教育工作者神圣的使命。

总之，走向意义的数学教育理所当然应该成为新的教育方向，新的教育追求。

主要参考文献

1.[奥]约翰·L·卡斯蒂,维尔纳·德波利.逻辑人生——哥德尔传[M].刘晓力,叶闯,译.上海:上海教育出版社,2002.

2.[奥]维特根斯坦.哲学研究[M].李步楼,译.陈维杭,校.北京:商务印书馆,2007.

3.[巴西]保罗·弗莱雷.被压迫者教育学[M].顾建新,赵友华,何曙荣,译.徐辉,审校.上海:华东师范大学出版社,2001.

4.[德]A·恩格尔.解决问题的策略[M].舒五昌,冯志刚,译.上海:上海教育出版社,2005.

5.[德]G·弗雷格.算术基础[M].王路,译.王炳文,校.北京:商务印书馆,2007.

6.[德]H·外尔.诗魂数学家的沉思[M].袁向东,等,编译.南京:江苏教育出版社,2008.

7.[德]埃德蒙德·胡塞尔.欧洲科学危机和超验现象学[M].张庆熊,译.上海:上海译文出版社,2005.

8.[德]奥伊肯.生活的意义与价值[M].万以,译.上海:上海译文出版社,2005.

9.[德]博尔诺夫.教育人类学[M].李其龙,等,译.上海:华东师范大学出版社,1999.

10.[德]恩格斯.反杜林论[M].中共中央马克思、恩格斯、列宁、斯大林著作编译局,译.北京:人民出版社,2005.

11.[德]恩斯特·卡西尔.人论[M].甘阳,译.上海:上海译文出版社,2004.

12.[德]菲利克斯·克莱因.高观点下的初等数学(第一～三卷)[M].舒湘芹,陈义章,等,译.齐民友,审.上海:复旦大学出版社,2008.

13.[德]伽达默尔.诠释学Ⅱ:真理与方法[M].洪汉鼎,译.北京:商务印书馆,2007.

14.[德]哈贝马斯.认识与兴趣[M].郭官义,李黎,译.上海:学林出版社,1999.

15.[德]海德格尔.存在与时间[M].陈嘉映,王庆节,译.北京:三联书店,2006.

16.[德]海德格尔.林中路[M].孙周兴,译.上海:上海译文出版社,2008.

17.[德]赫尔曼·外尔.数学与自然科学之哲学[M].齐民友,译.上海:上海世纪出版集团,2007.

18.[德]康德.纯粹理性批判[M].邓晓芒,译.杨祖陶,校.北京:人民出版社,2004.

19.[德]马丁·布伯.我与你[M].陈维纲,译.北京:三联书店,2002.

20.[德]雅斯贝尔斯.什么是教育[M].邹进,译.北京:三联书店,1991.

21.[德]尤尔根·哈贝马斯.交往行为理论(第一卷)[M].曹卫东,译.上海:上海人民出版社,2004.

22.[俄]伊库纳契夫.数学的奥秘[M].左鹏,译.合肥:安徽人民出版社,2003.

23.[法]昂利·庞加莱.科学的价值[M].李醒民,译.北京:商务印书馆,2007.

24.[法]昂利·庞加莱.科学与方法[M].李醒民,译.北京:商务印书馆,2006.

25.[法]昂利·庞加莱.科学与假设[M].李醒民,译.北京:商务印书馆,2006.

26.[法]昂利·庞加莱.最后的沉思[M].李醒民,译.北京:商务印书馆,2007.

27.[法]布尔巴基.数学的建筑[M].胡作玄,编译.大连:大连理工大学出版社,2009.

28.[法]笛卡尔.谈谈方法[M].王太庆,译.北京:商务印书馆,2000.

29.[法]格雷马斯.论意义(上、下)[M].吴泓缈,等,译.天津:百花文化出版社,2004.

30.[法]列维-布留尔.原始思维[M].丁由,译.北京:商务印书馆,2007.

31.[法]卢梭.爱弥儿——论教育(上、下)[M].李平沤,译.北京:人民教育出版社,2005.

32.[法]让·迪厄多内.当代数学——为了人类心智的荣耀[M].沈永欢,译.上海:上海教育出版社,2001.

33.[法]塞吉·兰.做数学之美妙——三次公开讲演[M].李德琅,译.郑秋成,校.成都:四川大学出版社,2001.

34.[法]雅克·阿达玛.数学领域中的发明心理学[M].陈植荫,肖奚安,译.大连:大连理工大学出版社,2008.

35.[法]雅克·德里达.胡塞尔《几何学的起源》引论[M].方向

红,译.南京:南京大学出版社,2005.

36.[古希腊]柏拉图.理想国[M].赵斌和,张竹明,译.北京:商务印书馆,2002.

37.[古希腊]欧几里得.几何原本[M].兰纪正,朱恩宽,译.梁宗巨,张毓新,徐伯谦,校.西安:陕西科学技术出版社,2003.

38.[古希腊]亚里士多德.形而上学[M].苗力田,译.北京:中国人民大学出版社,2003.

39.[荷兰]弗赖登塔尔.作为教育任务的数学[M].陈昌平,唐瑞芬,等,译.上海:上海教育出版社,1995.

40.[加]弗拉第米尔·塔西奇.后现代思想的数学根源[M].蔡仲,戴建平,译.上海:复旦大学出版社,2005.

41.[捷]夸美纽斯.大教学论[M].傅任敢,译.北京:北京教育科学出版社,1999.

42.[美]L·A·斯蒂恩.今日数学[M].马继芳,译.上海:上海科学技术出版社,1982.

43.[美]L·A·斯蒂恩.明日数学[M].马继芳,译.武汉:华中工学院出版社,1987.

44.[美]M·克莱因.现代世界中的数学[M].齐民友,等,译.上海:上海世纪出版集团,2007.

45.[美]约翰·杜威.人的问题[M].傅统先,邱椿,译.南京:江苏教育出版社,2006.

46.[美]G·波利亚.数学的发现[M].刘景麟,曹之江,邹清连,译.北京:科学出版社,2007.

47.[美]G·波利亚.数学与猜想(第二卷)[M].李心灿,王日爽,李志尧,译.北京:科学出版社,2003.

48.[美]G·波利亚.数学与猜想(第一卷)[M].李心灿,王日爽,李志尧,译. 北京:科学出版社,2004.

49. [美]G·波利亚. 怎样解题[M]. 涂泓,冯承天,译. 上海:上海科学教育出版社,2002.

50. [美]Howard A. Ozmon,Samuel M. Craver. 教育的哲学基础[M]. 石中英,邓敏娜,等,译. 北京:教育科学出版社,2006.

51. [美]J·莱夫,E·温格. 情境学习:合法的边缘性参与[M]. 王文静,译. 高文,审校. 上海:华东师范大学出版社,2004.

52. [美]James A. Middleton,Polly Goepfert. 数学教学的创新策略[M]. 伍新春,张洁,等,译. 北京:中国轻工业出版社,2003.

53. [美]M·克莱因. 古今数学思想(第一～第四册)[M]. 张理京,张锦炎,译. 上海:上海科技出版社,1979.

54. [美]M·克莱因. 数学:确定性的丧失[M]. 李宏魁,译. 长沙:湖南科学技术出版社,2003.

55. [美]M·克莱因. 数学与知识的探求[M]. 刘志勇,译. 上海:复旦大学出版社,2005.

56. [美]M·克莱因. 西方文化中的数学[M]. 张祖贵,译. 上海:复旦大学出版社,2004.

57. [美]R·柯朗,H·罗宾. 什么是数学[M]. 左平,张饴慈,译. 北京:科学出版社,1985.

58. [美]S·M·乌拉姆. 一个数学家的经历[M]. 朱水林,吴炳荣,唐盛昌,蒋青,李国伟,译. 上海:上海科学技术出版社,1999.

59. [美]T·丹齐克. 数·科学的语言[M]. 苏仲湘,译. 北京:商务印书馆,1985.

60. [美]W·V·O·蒯因. 从逻辑的观点看[M]. 陈启伟,江天骥,张家龙,宋文淦,译. 北京:中国人民大学出版社,2007.

61. [美]阿尔伯特·H·贝勒. 数论妙趣——数学女王的盛情款

待[M]. 谈祥柏,译. 上海:上海教育出版社,2001.

62. [美]保罗·贝纳塞拉夫,希拉里·普特南. 数学哲学[M]. 朱水林,应制夷,等,译. 北京:商务印书馆,2003.

63. [美]布赖恩·H·本奇. 数学谬误与悖论[M]. 陈国君,姚竭,译. 徐霆,校. 呼和浩特:内蒙古人民出版社,1990.

64. [美]布鲁纳. 教育过程[M]. 邵瑞珍,译. 王承绪,校. 北京:文化教育出版社,1982.

65. [美]查尔斯沃斯. 3～8 岁儿童的数学经验[M]. 潘月娟,译. 北京:人民教育出版社,2007.

66. [美]大卫·布纳特纳. 神奇的 π[M]. 潘恩典,译. 汕头:汕头大学出版社,2003.

67. [美]戴维·H·乔纳森. 学习环境的理论基础[M]. 郑太年,任友群,译. 高文,审校. 上海:华东师范大学出版社,2002.

68. [美]杜普伊斯,高尔顿. 历史视野中的西方教育哲学[M]. 彭正梅,朱承,译. 北京:北京师范大学出版社,2006.

69. [美]菲利普斯. 学习的视界[M]. 尤秀,译. 北京:教育科学出版社,2006.

70. [美]冯·诺依曼. 数学在科学和社会中的作用[M]. 程钊,编译. 大连:大连理工大学出版社,2009.

71. [美]哈里·亨德森. 数学——描绘自然与社会的有力模式[M]. 王正科,赵华,译. 上海:上海科学技术文献出版社,2008.

72. [美]贾可·辛提卡. 维特根斯坦[M]. 方旭东,译. 北京:中华书局,2003.

73. [美]卡尔·B·波耶. 微积分概念史[M]. 上海:上海人民出版社,1977.

74. [美]卡尼格尔. 知无涯者:拉马努金传[M]. 胡乐士,齐民友,译.上海:上海科技教育出版社,2002.

75.[美]肯尼思 A·斯特赖克.教学伦理[M].洪成文,等,译.北京:教育科学出版社,2007.

76.[美]莱斯利·A·豪.哈贝马斯[M].陈志刚,译.曹卫东,校.北京:中华书局,2002.

77.[美]莱斯利·P·斯特弗.教育中的建构主义[M].高文,等,译.上海:华东师范大学出版社,2002.

78.[美]雷纳特·N·凯恩,杰弗里·凯恩.创设联结:教学与人脑[M].吕林海,译.高文,审校.上海:华东师范大学出版社,2004.

79.[美]利维奥.无法解出的方程:天才与对称[M].王志标,译.长沙:湖南科学技术出版社,2008.

80.[美]琳达·埃利诺,格伦娜·杰勒德.对话:变革之道[M].郭少文,译.北京:教育科学出版社,2006.

81.[美]麦克·扬.未来的课程[M].谢维和,等,译.上海:华东师范大学出版社,2003.

82.[美]莫里兹.数学的本性[M].朱剑英,编译.大连:大连理工大学出版社,2008.

83.[美]帕尔默.教学勇气:漫步教师心灵[M].吴国珍,等,译.上海:华东师范大学出版社,2005.

84.[美]史蒂芬·巴克尔.数学哲学[M].韩光焘,译.肖阳,校.北京:三联书店,1989.

85.[美]斯图尔特·夏皮罗.数学哲学——对数学的思考[M].郝兆宽,杨睿之,译.上海:复旦大学出版社,2009.

86.[美]泰勒.课程与教学的基本原理[M].罗康,张阅,译.北京:中国轻工业出版社,2008.

87.[美]威廉F·派纳,威廉M·雷诺兹,帕特里克·斯莱特里,彼得 M·陶伯曼.理解课程(上、下)[M].张华,等,译.北京:教育科学出版社,2004.

88.[美]韦拉.如何倾听,怎样沟通:成人对话教育的原理与实践[M].涂义才,译.北京:教育科学出版社,2007.

89.[美]维拉德-梅欧.胡塞尔[M].杨富斌,译.北京:中华书局,2002.

90.[美]希拉里·普特南.理性、真理与历史[M].童世骏,李光程,译.上海:上海译文出版社,2005.

91.[美]小威廉姆 E·多尔.后现代课程观[M].王红宇,译.北京:教育科学出版社,2000.

92.[美]小威廉 E·多尔,[澳]诺尔·高夫.课程愿景[M].张文军,张华,余洁,王红宇,译.北京:教育科学出版社,2004.

93.[美]伊夫斯.数学史概论(修订本)[M].欧阳绛,译.太原:山西经济出版社,1993.

94.[美]约翰·L·卡斯蒂.20 世纪数学的五大指导理论[M].叶其孝,刘宝光,译.上海:上海教育出版社,2001.

95.[美]约翰·杜威.经验与自然[M].傅统先,译.南京:江苏教育出版社,2005.

96.[美]约翰·杜威.民主主义与教育[M].王承绪,译.北京:人民教育出版社,2001.

97.[美]约翰·杜威.我们怎样思维·经验与教育[M].姜文闵,译.北京:人民教育出版社,1991.

98.[美]约翰·塔巴克.数学和自然法则——科学语言的发展史[M].王辉,胡云志,译.胡作玄,校.北京:商务印书馆,2007.

99.[美]约翰·塔巴克.数[M].王献芬,王辉,张红艳,译.胡作玄,校.北京:商务印书馆,2008.

100.[美]约翰逊.海德格尔[M].孙祥龙,林丹,朱刚,译.北京:中华书局,2003.

101.[美]周·道本.康托的无穷的数学和哲学[M].郑毓信,刘晓力,编译.大连:大连理工大学出版社,2008.

102.[日]池田大作,[美]杜维明.对话的文明:谈和平的希望哲学[M].卞立强,张彩虹,译.成都:四川人民出版社,2007.

103.[日]铃木正彦.实践性数学教育发展论[M].北京:教育科学出版社,2006.

104.[日]米山国藏.数学的精神、思想和方法[M].毛正中,吴素华,译.曾祥发,校.成都:四川教育出版社,1986.

105.[日]平山谛.东西数学物语[M].代钦,译.上海:上海教育出版社,2005.

106.[日]筑波大学教育学研究会.现代教育学基础[M].钟启泉,译.上海:上海教育出版社,2003.

107.[日]佐藤学.课程与教师[M].钟启泉,译.北京:教育科学出版社,2003.

108.[日]佐藤学.学习的快乐——走向对话[M].钟启泉,译.北京:教育科学出版社,2004.

109.[瑞典]L·戈丁.数学概观[M].胡作玄,译.北京:科学出版社,2006.

110.[瑞士]皮亚杰,加西亚.走向一种意义的逻辑[M].李其维,译.上海:华东师范大学出版社,2005.

111.[瑞士]皮亚杰.发生认识论原理[M].王宪钿,等,译.胡世襄,等,校.北京:商务印书馆,1981.

112.[苏]巴班斯基.教学教育过程最优化[M].吴文侃,译.北京:教育科学出版社,2001.

113. [苏]克鲁捷茨基. 中小学生数学能力心理学[M]. 李伯黍,洪宝林,等,译. 上海:上海教育出版社,1983.

114. [苏]斯涅普坎. 数学教学心理学[M]. 时戡,等,译. 重庆:重庆出版社,1987.

115. [苏]苏霍姆林斯基,B. A. 给教师的建议[M]. 杜殿坤,编译. 北京:教育科学出版社,1984.

116. [苏]苏霍姆林斯基,B. A. 帕夫雷什中学[M]. 赵玮,王义高,等,译. 北京:教育科学出版社,1983.

117. [苏]维果茨基. 维果茨基教育论著选[M]. 余震球,译. 北京:人民教育出版社,2004.

118. [苏]亚历山大洛夫. 数学——它的内容、方法和意义(第一~三卷)[M]. 孙小礼,裘光明,王元,译. 北京:科学出版社,2006.

119. [匈]拉卡托斯. 数学、科学和认识论[M]. 林夏水,等,译. 北京:商务印书馆,1993.

120. [匈]路沙·彼德. 无穷的玩艺——数学的探索与旅行[M]. 朱梧槚,袁相碗,郑毓信,译. 大连:大连理工大学出版社,2008.

121. [以色列]伊莱·马奥尔. 无穷之旅——关于无穷大的文化史[M]. 王前,武学民,金敬红,译. 上海:上海教育出版社,2001.

122. [印]克里希那穆提. 人生中不可不想的事[M]. 叶文可,译. 北京:群言出版社,2004.

123. [印]克里希那穆提. 一生的学习[M]. 张南星,译. 北京:群言出版社,2004.

124. [印]克里希那穆提. 重新认识你自己[M]. 若水,译. 北京:群言出版社,2004.

125. [英] Paul Ernest. 数学教育哲学[M]. 齐建华,张松枝,译. 上海:上海教育出版社,1998.

126. [英]A·J·艾耶尔. 语言、真理与逻辑[M]. 尹大贻,译. 上海:上海译文出版社,2006.

127. [英]G·H·哈代. 一个数学家的辩白[M]. 王希勇,译. 北京:商务印书馆,2007.

128. [英]G·豪森,[德]C·凯特尔,[美]J·基尔帕特里克. 数学课程发展[M]. 周克希,赵斌,译. 上海:上海教育出版社,1998.

129. [英]阿蒂亚. 数学的统一性[M]. 袁向东,编译. 大连:大连理工大学出版社,2009.

130. [英]戴维·伯姆,李·尼科. 论对话[M]. 王松涛,译. 北京:教育科学出版社,2007.

131. [英]怀特海. 教育的目的[M]. 徐汝舟,译. 北京:三联书店,2002.

132. [英]卡尔·波普尔. 猜想与反驳——科学知识的增长[M]. 傅季重,等,译. 上海:上海译文出版社,1986.

133. [英]卡尔·波普尔. 客观知识——一个进化论的研究[M]. 舒炜光,等,译. 上海:上海译文出版社,2005.

134. [英]拉卡托斯. 证明与反驳[M]. 方刚,兰钊,译. 上海:复旦大学出版社,2007.

135. [英]李约瑟. 中国科学技术史(第三卷数学)[M]. 北京:科学出版社,1978.

136. [英]罗杰·彭罗斯. 皇帝新脑[M]. 许明贤,吴忠超,译. 长沙:湖南科学技术出版社,2007.

137. [英]罗素. 教育与美好生活[M]. 杨汉麟,译. 石家庄:河北人民出版社,1999.

138. [英]罗素. 数理哲学导论[M]. 晏成书,译. 北京:商务印书馆,2005.

139.[英]罗素.我的哲学发展[M].温锡增,译.北京:商务印书馆,2006.

140.[英]罗素.西方哲学史(上、下)[M].何兆武,李约瑟,译.北京:商务印书馆,2005.

141.[英]麦克·F·D·扬.知识与控制[M].谢维和,等,译.上海:华东师范大学出版社,2002.

142.[英]诺曼·朗沃斯.终身教育在行动——21世纪的教育变革[M].沈若慧,汤杰琴,鲁毓婷,译.北京:中国人民大学出版社,2006.

143.[英]斯宾塞.斯宾塞教育论著选[M].胡毅,王承绪,译.北京:人民教育出版社,2004.

144.[英]泰勒.原始文化(重译本)[M].连树声,译.桂林:广西师范大学出版社,2005.

145.[英]休谟.人性论[M].张同铸,编译.西安:陕西人民出版社,2007.

146.[英]伊恩·斯图特尔.自然之数——数学想象的虚幻实境[M].潘涛,译.刘华杰,校.谈祥柏,审.上海:上海科学技术出版社,2007.

147.[英]伊萨克·牛顿.自然哲学之数学原理[M].王克迪,译.袁江洋,校.西安:陕西人民出版社,2005.

148.[英]约翰·D·布兰思福特.人是如何学习的[M].程可拉,等,译.上海:华东师范大学出版社,2002.

149.[英]约翰·亨利·纽曼.大学的理想[M].徐辉,顾建新,何曙荣,译.杭州:浙江教育出版社,2001.

150.[英]约翰·怀特.再论教育目的[M].李永宏,等,译.励达广,桑新民,审校.北京:教育科学出版社,1997.

151. A. Borel. 数学——艺术与科学[J]. 数学译林,1985,3.

152. Afzal Ahmed,Alison Clark-Jeavons and Adrian Oldknow. How Can Teaching Aids Improve the Quality of Mathematics Education[J]. Educational Studies in Mathematics,2004,56:313-328.

153. Al Cuoco. 教学用的数学[J]. 数学译林,2003,4.

154. Alan H. Schoenfeld. Assessing Mathematical Proficiency [M]. Mathematical Sciences Research Institute Publications,2007.

155. Alan H. Schoenfeld. 数学教育中的研究目标与方法[J]. 数学译林,2001,3.

156. Alba G. Thompson. 学会教求解数学问题:教师观念和信念的转变[J]. 数学译林,1999,4.

157. Allyn Jackson. 北京:2002 年国际数学家大会[J]. 数学译林,2003,1.

158. Andrew Edmondson. 牛津图解中学数学[M]. 希塘,文伟,晓瑜,译. 上海:上海教育出版社,2001.

159. Arthur Jaffe,Frank Quinn. "理论性数学":数学与理论物理的文化综合[J]. 数学译林,1994,2.

160. Arturo Sangalli. 算术的不完全性[J]. 数学译林,1993,2.

161. Bernhelm Booss-Bavnbek,Jens Høyrup. 数学与战争:重回往事[J]. 数学译林,2006,3.

162. Bert Van Oers. Educational Forms of Initiation in Mathematical Culture [J]. Educational Studies in Mathematics, 2001,46:59-85.

163. Bih-jen Fwu,Hsiou-huai Wang. Practice Makes Perfect on the Blackboard: A Cultural Analysis of Mathematics Instructional Patterns in Taiwan[J]. ZDM,2006,38(5).

164. Bryan R. Warnick, Kurt Stemhagen. Mathematics Teacher as Moral Educators: The Implications of Conceiving of Mathematics as a Technology[J]. J. Curriculum Studies, 2007, 39(3): 303-316.

165. Business Week. 数学将震撼你的世界[J]. 数学译林, 2007, 1.

166. C. Smorynski. 数学——一种文化体系[J]. 数学译林, 1988, 3.

167. Carol E. Malloy and William W. Malloy. Issues of Culture in Mathematics Teaching and Learning[J]. The Urban Review, 1998, 30(3).

168. Charoula Stathopoulou and Fragiskos Kalabasis. Language and culture in mathematics education: Reflections on observing a romany class in a greek school[J]. Educational Studies in Mathematics, 2006, 64: 231-238.

169. Cynthia Nicol. Learning to teach mathematics: Questioning, Listening and Responding[J]. Educational Studies in Mathematics, 1999, 37: 45-66.

170. D. Wagner, B. Herbel-Eisenmann. "Just don't": The suppression and invitation of dialogue in the mathematics classroom [J]. Educ Stud Math, 2008, 67: 143-157.

171. Dan Fendel, Diane Resek, Lynne Alper, Sherry Fraser. 交互式数学课程[M]. 邵勇, 译. 北京: 高等教育出版社, 2003.

172. David E. Rowe, Hermann Weyl. 一个不情愿的改革者[J]. 数学译林, 2004, 1.

173. David E. Rowe. 数学是(曾经是)一种艺术抑或一门科学[J]. 数学译林, 2003, 3.

174. David Williamson Shaffer and James J. Kaput.

Mathematics and Virtual Culture: An Evolutionary Perspective on Technology and Mathematics Education[J]. Educational Studies in Mathematics, 1999, 37: 97-119.

175. Doron Zeilberger. 标明价格的定理：明天的半严格数学文化[J]. 数学译林, 1995, 2.

176. Engene P. Wigner. 数学在自然科学中不可思议的有效性[J]. 数学译林, 2005, 1.

177. F. F. Bonsall. 切合实际的数学观[J]. 数学译林, 1985, 4.

178. F. Leung. In Search of an East Asian Identity in Mathematics Education—the Legacy of an Old Culture and the Impact of Modern Technology[C]. Japan: IC-ME-9, 2000.

179. Felix Browder. 关于数学未来的思考[J]. 数学译林, 2002, 4.

180. Fulvia Furinghetti. Teacher education through the history of mathematics[J]. Educ Stud Math, 2007, 66: 131-143 DOI 10.1007/s10649-006-9070-0.

181. Gerald A. Goldin (USA). Commentary on "The articulation of symbol and mediation in mathematics education" by Moreno-Armella and Sriraman[J]. ZDM, 2006, 38 (1).

182. Hayman Bass. 数学家应是教育家[J]. 数学译林, 1998, 4.

183. Helena Miranda, Mary Beisigel & Elaine Simmt. Consciousness, Collectivity and Culture: Experiences of Intimacy in Mathematics Learning[J]. Journal of the Canadian Association for Curriculum Studies, 2006, 4(2).

184. Helmut Neunzert. 数学：关键技术的关键[J]. 数学译林, 2000, 1.

185. Henri Poincaré. 数学上的创造[J]. 数学译林, 1986, 3.

186. Hyman Bass. 数学，数学家和数学教育[J]. 数学译林，2006，4.

187. I. M. Singer. 在 I. M. Gelfand 八十岁诞辰庆祝会上的颂词[J]. 数学译林，1997，3.

188. ICMI Study 14. Applications and Modelling in Mathematics Education-Discussion Document[J]. ZDM, 2002, 34(5)：229-239.

189. International Life Skills Survey (ILSS). Policy Research Initiative[M]. Statistics Canada, 2000.

190. J. Dieudonné. 我们应该讲授"新"数学吗？[J]. 数学译林，1980，3.

191. J. L. Bell. 纵观数学哲学与数学基础[J]. 数学译林，1991，3.

192. J. Leray. 教学与研究[J]. 数学译林，1986，2.

193. Jean Schmittau, Binghamton. The Development of Algebraic Thinking a Vygotskian Perspective[J]. ZDM, 2005, 37(1).

194. Judith V. Grabiner. 数学在西方思想史上的中心地位[J]. 数学译林，1995，1.

195. K. H. Kim, F. W. Roush, M. D. Intriligator. 数学社会科学概观[J]. 数学译林，1994，1.

196. Keith Devlin. 构造我们的场 Yang-Mills 理论和质量间隙假设[J]. 数学译林，2005，2.

197. Kitcher, Philip. The nature of mathematical knowledge [M]. New York: Oxford University Press, 1983.

198. Lave & McDermott. Estranged Learning[J]. Outlines, 2002(1)：19-48.

199. Leone Burton. Recignising commonalities and reconciling differences in mathematics education[J]. Educational Studies in Mathematics, 2002, 50: 157-175.

200. Lynn Arthur Steen. 面向新世纪的数学[J]. 数学译林, 1990, 2.

201. Lynn Arthur Steen. 模式的科学[J]. 数学译林, 1993, 2.

202. M. Atiyah. 数学:前沿与前瞻[J]. 数学译林, 2000, 3.

203. M. Atiyah. 数学的统一性[J]. 数学译林, 1980, 1.

204. M. F. Atiyah. 数学与计算机革命[J]. 数学译林, 1991, 1.

205. Max Dehn. 数学家的气质——他们的特征[J]. 数学译林, 1987, 1.

206. Michael A. B. Deakin (Australia). Using History to Teach Mathematics an International Perspective[J]. ZDM, 2001, 33 (5).

207. Michael J. Shaffer. Some Recent Existential Appeals to Mathematical Experience[J]. Principia, 2006, 10(2): 70-143.

208. Michele Emmer. Mathematics and Culture I [M]. Spring-Verlag Berlin Heidelberg 2004 Printed in Germany.

209. Miriam Amit and Michael N. Fried. Authority and authority relations in mathematics education: A view from an 8th grade classroom[J]. Educational Studies in Mathematics, 2005, 58: 145-168.

210. Mónica Vallejo-Ruiz, Antonio Fernández-Cano, Manuel Torralbo, Alexander Maz and Luis Rico. History of Spanish Mathematics Education Focusing on PhD Theses[J]. International Journal of Science and Mathematics Education National Science Council, Taiwan(2007).

211. Núria Gorgorió, Barcelona (Spain), Núria Planas, Barcelona (Spain). Cultural distance and identities-inconstruction within the multicultural mathematics classroom[J]. ZDM, 2005, 37 (2).

212. OECD. Measuring Student Knowledge and Skills[M]. The PISA 2000 Assessment of Reading, Mathematical and Scientific Literacy, 2000.

213. Ole Skovsmose. Mathematical Education and Democracy [J]. Educational Studies in Mathematics, 1990, 21: 109-128.

214. P. J. Davis. 三角形几何的兴起、衰落和可能的东山再起:微型历史[J]. 数学译林, 1998, 4.

215. Patricia S. Moyer. Are we having fun yet? How teachers use manipulatives to teach mathematics[J]. Educational Studies in Mathematics, 2001, 47: 175-197.

216. Paul R. Halmos. 应用数学是坏数学[J]. 数学译林, 1985, 4.

217. Paulus Gerdes. On Culture and Mathematics Teacher Education[J]. Journal of Mathematics Teacher Education, 1998, 1: 33-53.

218. Peter D. Lax. 数学及其应用[J]. 数学译林, 1988, 1.

219. Phillip A. Griffiths. 千年之交话数学[J]. 数学译林, 2000, 3.

220. Phillip A. Griffiths. 数学——从伙计到伙伴[J]. 数学译林, 1994, 3.

221. R. Thom. "新"数学是教育和哲学上的错误吗? [J]. 数学译林, 1980, 2.

222. René Thom. 从数学转向哲学[J]. 数学译林, 1995, 4.

223. Reuben Hersh. 复兴数学哲学的一些建议[J]. 数学译林,

1981,1.

224. Reuben Hersh. 数学哲学中的一阵清风[J]. 数学译林,1996,4.

225. Richard Noss. For a learnablemathematics in the digital culture[J]. Educational Studies in Mathematics,2001,48:21-46.

226. Richard W. Riley. 数学教育现状:为 21 世纪建立强大基础[J]. 数学译林,1998,3.

227. Roland W. Scholz. Game and decision theory in mathematics education: epistemological, cognitive and didactical perspectives[J]. ZDM,Mathematics Education,2007,39:51-61.

228. Ronald L. Graham. 94—95 美国数学会的国家政策报告[J]. 数学译林,1994,4.

229. Rudolf Sträßer, Giessen (Germany) and Luleå(Sweden). Introduction: Semiotics in Mathematics Education Research[J]. ZDM,2004,36 (6).

230. Ruth Dreifus. Ruth Dreifus 女士在国际数学家大会(ICM'94)开幕式上的讲话[J]. 数学译林,1995,1.

231. Sarah Schafer. 关键在于培养创造性[J]. 数学译林,2003,2.

232. Saunders Mac Lane. 数学模型:数学哲学概述[J]. 数学译林,1989,2.

233. Sigmund Ongstad. Mathematics and mathematics education as triadic communication? A semiotic framework exemplified[J]. Educational Studies in Mathematics,2006,61:247-277.

234. T. Eisenberg, M. N. Fried. Dialogue on mathematics education: two points of view on the state of the art[J]. ZDM,

Mathematics Education DOI 10. 1007/s11858-008-0112-1.

235. T·L·希恩. 阿基米德全集[M]. 朱恩宽,李文铭,译. 叶彦润,常心怡,校. 西安:陕西科学技术出版社,1998.

236. Tang Jing. The Popularization of China's Higher Education and Its Influence on University Mathematics Education [J]. Educ Stud Math,2007,66:77-82.

237. V. Tikhomirow. 二十世纪后半叶的数学[J]. 数学译林,2002,2.

238. W. J. Davis, Horacio Porta and J. J. Uhl. 我们所教的数学是我们所做的数学吗?[J]数学译林,1997,1.

239. W. T. Gowers. 两种数学文化[J]. 数学译林,2006,3.

240. Wilhelm Magnus. 数学的意义:在全部人类活动中数学家占有的份额[J]. 数学译林,1997,3.

241. William G. Faris. 数学哲学:对推理论证与图形论证领域的介绍[J]. 数学译林,2004,3.

242. William Mueller. 现在改革,不算太迟[J]. 数学译林,2002,3.

243. William P. Thurston. 数学的证明与进展[J]. 数学译林,1995,1.

244. Yuri Ivanovich Manin. 数学是一种比喻[J]. 数学译林,1998,3.

245. Б. В. Гнеденко. 苏联的数学与数学教育[J]. 数学译林,1989,4.

246. Владимир Арнольд. 为什么我们要学习数学——关于这一点数学家是怎么想的[J]. 数学译林,2002,1.

247. Владимир Игоревич Арнольд. 中学需要数学吗?[J]. 数学译林,2006,3.

248. 编辑委员会. 华罗庚科普著作选集[M]. 上海:上海教育出版社,1984.

249. 蔡金法. 中美学生数学学习的系列实证研究[M]. 北京:教育科学出版社,2006.

250. 陈序经. 文化学概观[M]. 北京:中国人民大学出版社,2005.

251. 邓东皋,孙小礼,张祖贵. 数学与文化[M]. 北京:北京大学出版社,2005.

252. 丁石孙,张祖贵. 数学与教育[M]. 长沙:湖南教育出版社,1989.

253. 饭高茂. 数学究竟是什么?——采访小平邦彦教授[J]. 数学译林,1986,1.

254. 范良火,黄毅英,蔡金法,李士锜. 华人如何学习数学(中文版)[M]. 南京:江苏教育出版社,2005.

255. 顾明远. 中国教育的文化基础[M]. 太原:山西教育出版社,2004.

256. 郭金彬,孔国平. 中国传统数学思想史[M]. 北京:科学出版社,2005.

257. 郭元祥. 教师的 20 项修炼[M]. 上海:华东师范大学出版社,2008.

258. 郭元祥. 生活与教育——回归生活世界的基础教育论纲[M]. 武汉:华中师范大学出版社,2002.

259. 韩宝育. 语言与人的意义世界[M]. 北京:中国社会科学出版社,2002.

260. 胡军. 知识论[M]. 北京:北京师范大学出版社,2006.

261. 胡作玄. 数学与社会[M]. 长沙:湖南教育出版社,1991.

262. 黄秦安. 数学哲学与数学文化[M]. 西安:陕西师范大学出版社,1999.

263. 贾可春. 罗素意义理论研究[M]. 北京:商务印书馆,2005.

264. 李继闵.《九章算术》导读与译注[M]. 西安:陕西科学技术出版社,1998.

265. 李继闵. 算法的源流——东方古典数学的特征[M]. 北京:科学出版社,2007.

266. 李文林,任辛喜. 数学的力量——漫话数学的价值[M]. 北京:科学出版社,2007.

267. 李文林. 数学的进化——东西方数学史比较研究[M]. 北京:科学出版社,2006.

268. 李文林. 数学史概论(第二版)[M]. 北京:高等教育出版社,2004.

269. 李心灿. 当代数学大师[M]. 北京:北京航空航天大学出版社,2005.

270. 李兆华. 中国近代数学教育史稿[M]. 济南:山东教育出版社,2005.

271. 联合国教科文组织国际教育发展委员会. 学会生存[M]. 北京:教育科学出版社,1996.

272. 廖哲勋,田慧生. 课程新论[M]. 北京:教育科学出版社,2003.

273. 林夏水. 数学的对象与性质[M]. 北京:社会科学文献出版社,1994.

274. 林夏水. 数学哲学[M]. 北京:商务印书馆,2003.

275. 林夏水. 数学哲学译文集[M]. 北京:知识出版社,1986.

276. 美国国家研究委员会. 人人关心——数学教育的未来[M].

方企勤，叶其孝，丘维声，译. 冷生明，校. 北京：世界图书出版社，1993.

277. 美国国家研究委员会. 振兴美国数学——90 年代的计划[M]. 叶其孝，等，译. 冷生明，校. 世界图书出版北京公司出版，1993.

278. 美国数学的现在和未来[M]. 周仲良，郭镜明，译. 谷超豪，等，校. 上海：复旦大学出版社，1986.

279. 美国温特贝尔特大学认知与技术小组. 美国课程与教学案例透视[M]. 王文静，等，译. 上海：华东师范大学出版社，2002.

280. 裴娣娜. 现代教学论(第一卷～第三卷)[M]. 北京：人民教育出版社，2005.

281. 齐民友. 世纪之交话数学[M]. 武汉：湖北教育出版社，2002.

282. 齐民友. 数学与文化[M]. 长沙：湖南教育出版社，1989.

283. 秦光涛. 意义世界[M]. 长春：吉林教育出版社，1998.

284. 丘成桐，刘克峰，季理真. 数学与生活[M]. 杭州：浙江大学出版社，2007.

285. 丘成桐. 数学与科技[J]. 数学译林，2004，2.

286. 全美数学教师理事会. 美国学校数学教育的原则和标准[M]. 蔡金法，等，译. 北京：人民教育出版社，2004.

287. 人人有份——致国家的一份关于数学教育之未来的报告[J]. 数学译林，1989，4.

288. 沈小培，郑苗苗，李宝庆. 对话教学[M]. 成都：四川教育出版社，2006.

289. 石中英. 教育学的文化性格[M]. 太原：山西教育出版社，2005.

290. 石中英. 教育哲学导论[M]. 北京：北京师范大学出版社，

2004.

291. 石中英.知识转型与教育改革[M].北京:教育科学出版社,2001.

292. 数学科学:一种统一的、大有潜力的资源[J].数学译林,1987,2.

293. 田淼.中国数学的西化历程[M].济南:山东教育出版社,2005.

294. 涂纪亮.维特根斯坦后期哲学思想研究[M].南京:江苏教育出版社,2005.

295. 涂荣豹.数学教学认识论[M].南京:南京师范大学出版社,2004.

296. 涂艳国.走向自由——教育与人的发展问题研究[M].武汉:华中师范大学出版社,1999.

297. 王策三.教学论稿[M].北京:人民教学出版社,1985.

298. 王道俊,扈中平.教育学原理[M].福州:福建教育出版社,1998.

299. 王前.数学哲学引论[M].沈阳:辽宁教育出版社,2002.

300. 吴振奎,吴旻.数学中的美[M].上海:上海教育出版社,2004.

301. 伍鸿熙.数学教育改革:为什么你要关心改革?你能做些什么?[J].数学译林,1999,2.

302. 夏基松,郑毓信.西方数学哲学[M].北京:人民出版社,1986.

303. 萧文强.数学证明[M].大连:大连理工大学出版社,2008.

304. 小平邦彦.数学的印象[J].数学译林,1991,2.

305. 小平邦彦.数学中没有捷径[J].数学译林,1998(3).

306. 谢明初. 数学教育中的建构主义:一个哲学的审视[M]. 上海:华东师范大学出版社,2007.

307. 徐本顺,殷启正. 数学中的美学方法[M]. 大连:大连理工大学出版社,2008.

308. 徐斌艳. 数学教育展望[M]. 上海:华东师范大学出版社,2001.

309. 徐利治. 数学方法论十二讲[M]. 大连:大连理工大学出版社,2008.

310. 徐利治. 徐利治论数学方法学[M]. 济南:山东教育出版社,2003.

311. 徐利治. 徐利治谈数学哲学[M]. 大连:大连理工大学出版社,2008.

312. 许良英,范岱年. 爱因斯坦文集(第一卷)[M]. 北京:商务印书馆,1976.

313. 严士健. 典型群·随机过程·数学教育[M]. 北京:北京师范大学出版社,2005.

314. 燕良轼. 解读后现代主义教育思想[M]. 广州:广东教育出版社,2008.

315. 叶澜. 教育概论[M]. 北京:人民教育出版社,1999.

316. 叶澜. 新编教育学教程[M]. 上海:华东师范大学出版社,1991.

317. 喻平. 数学教育心理学[M]. 南宁:广西教育出版社,2004.

318. 张岱年,程宜山. 中国文化论争[M]. 北京:中国人民大学出版社,2006.

319. 张奠宙,李仕锜,李俊. 数学教育学导论[M]. 北京:高等教育出版社,2004.

320. 张奠宙,宋乃庆. 数学教育概论[M]. 北京:高等教育出版社,2004.

321. 张奠宙. 数学教育经纬[M]. 南京:江苏教育出版社,2003.

322. 张奠宙. 中国数学双基[M]. 上海:上海教育出版社,2006.

323. 张景中. 漫话数学[M]. 北京:中国少年儿童出版社,2003.

324. 张景中. 数学家的眼光[M]. 北京:中国少年儿童出版社,2003.

325. 张景中. 数学与哲学[M]. 北京:中国少年儿童出版社,2004.

326. 张孝达,陈宏伯,李琳. 数学大师论数学教育[M]. 杭州:浙江教育出版社,2007.

327. 张志伟. 是与在[M]. 北京:中国社会科学出版社,2001.

328. 章国锋. 关于一个公正世界的"乌托邦"构想:解读哈贝马斯《交往行为理论》[M]. 济南:山东人民出版社,2004.

329. 赵汀阳. 论可能生活(修订版)[M]. 北京:中国人民大学出版社,2004.

330. 郑太年. 学校学习的反思与重构:知识意义的视角[M]. 上海:上海教育出版社,2006.

331. 郑毓信,梁贯成. 认知科学 建构主义与数学教育[M]. 上海:上海教育出版社,2002.

332. 郑毓信,王昌宪,蔡仲. 数学文化学[M]. 成都:四川教育出版社,2001.

333. 郑毓信,肖柏荣,熊萍. 数学思维与数学方法论[M]. 成都:四川教育出版社,2001.

334. 郑毓信. 数学教育哲学[M]. 成都:四川教育出版社,2001.

335. 郑毓信. 数学哲学新论[M]. 南京:江苏教育出版社,1990.

336. 郑毓信. 数学哲学与数学教育哲学[M]. 南京:江苏教育出版社,2007.

337. 中国科学院自然科学史研究所数学史组,中国科学院数学研究所数学史组. 数学史译文集[M]. 上海:上海科学技术出版社,1985.

338. 中国科学院自然科学史研究所数学史组,中国科学院数学研究所数学史组. 数学史译文集续集[M]. 上海:上海科学技术出版社,1985.

339. 中国社会科学院哲学研究所逻辑研究室. 数理哲学译文集[M]. 北京:商务印书馆,1988.

340. 钟启泉,吴国平. 革新中国教育[M]. 北京:教育科学出版社,2004.

341. 钟启泉. 为了中华民族的复兴　为了每位学生的发展——基础教育课程改革纲要(试行)解读[M]. 上海:华东师范大学出版社,2001.

附　　录

附录一：调查问卷 1

亲爱的同学们：你们好！我们正在做中学生数学学习状况的调查，你的回答对于我的调查非常重要。你的所有回答不会被用作他途，你的任何资料都不会外泄，你的回答并无对错之分。请你认真地、如实地选择各题中最接近自己情况的一项填写，并把代表该项的字母填写在右边括号内，感谢你的合作！请不要在问卷上写你的名字。

一、基本情况

1. 你的性别　（　）

(A)男　(B)女

2. 你对数学　（　）

(A)很感兴趣　(B)感兴趣　(C)一般　(D)不感兴趣

(E)很不感兴趣

注意 3 、4 可选做一题

3. 你对数学感兴趣的主要原因　（　）

(A)要升学　(B)有趣味　(C)数学是其他学科的基础

(D)老师教得好　(E)其他

4. 你对数学不感兴趣的主要原因　(　　)

(A)学了没用　(B)数学难学　(C)学习成绩不好

(D)上课听不懂　(E)其他

5. 你的数学成绩　(　　)

(A)优秀　(B)良好　(C)中等　(D)较差　(E)很差

6. 你的数学学习能力　(　　)

(A)很强　(B)较强　(C)一般　(D)较差　(E)很差

7. 你对学好数学的信心　(　　)

(A)很强　(B)较强　(C)一般　(D)较差　(E)很差

8. 你学数学的动因来自于　(　　)

(A)高考　(B)父母　(C)老师　(D)同学之间竞争

(E)其他

9. 你学数学的情绪是否容易受到下列因素的影响　(　　)

(A)老师的批评　(B)家长的压力　(C)考试成绩的反馈

(D)同学的议论　(E)没有

10. 你认为学习数学的目的是　(　　)

(A)就是为了高考　(B)符号游戏无用

(C)能解决实际问题　(D)发展智力　(E)其他

11. 你认为学数学　(　　)

(A)就是做数学题　(B) 主要靠理解　(C) 枯燥无味

(D) 很有趣　(E)其他

12. 在数学学习中,你更喜欢　(　　)

(A)独立学习　(B)与同学交流　(C)与老师交流

(D)与家长交流　(E)其他

13. 你将来选择职业时　(　　)

(A)希望与数学有关　(B)避开与数学的联系

(C)坚决不与数学打交道　(D)没想过　(E)其他

注意 14、15 可选做一题

14. 你数学学得好的原因是　(　)

(A)有天赋　(B)很用功　(C)他人的帮助　(D)有兴趣

(E)其他

15. 你数学学得不好的原因是　(　)

(A)没能力　(B)不用功　(C)没兴趣　(D)没人帮助

(E)其他

16. 你学习数学感到　(　)

(A)轻松　(B)较轻松　(C)有困难　(D)困难

(E)很困难

17. 你上数学课时的注意力　(　)

(A)非常集中　(B)比较集中　(C)一般　(D)分散

(E)非常分散

18. 你学习数学的方法注重于　(　)

(A)认真预习　(B)专心听课　(C)按老师的要求学习

(D)多做习题　(E)其他

19. 每天你花在数学课外作业上的时间　(　)

(A)1 小时以下　(B)1～2 小时　(C)2～3 小时

(D)3 小时以上　(E)不定

20. 你做数学课外作业经常是　(　)

(A)独立完成　(B)大部分独立完成　(C)一半独立完成

(D)小部分独立完成　(E)完全抄袭

21. 你在上数学课前　(　)

(A)充分预习　(B)有时预习　(C)较少预习

(D)不预习 (E)从不预习

22. 你对数学的学习感到 ( )

(A)很难 (B)较难 (C)适中 (D)较易

(E)很容易

23. 你最喜欢 ( )

(A)语文 (B)数学 (C)外语 (D)理化 (E)其他

24. 在家庭中比较多辅导你学数学的是 ( )

(A)家教 (B)父母 (C)亲友邻居 (D)同学

(E)其他

25. 你平均每天睡眠时间 ( )

(A)6 小时以下 (B)6～7 小时 (C)7～8 小时

(D)8～9 小时 (E)9 小时以上

26. 在升学问题上你感到的精神压力 ( )

(A)很大 (B)较大 (C)一般 (D)较小 (E)没有

附录二:调查问卷 2

亲爱的同学们:你们好！请说明这份问卷中有多少陈述符合你的情况。其中有的陈述是肯定句,有些陈述是否定句,请你判断这些陈述是否符合你的情况。答案没有对错之分,所以请按照真实情况作答。请不要在问卷上写你的名字。对于下列的观点给出你的答案,用相应的字母填空:

非常同意	比较同意	中立	反对	强烈反对
A	B	C	D	E

1. 数学是一堆数字和符号的运算。( )

2.数学是研究现实世界的空间形式和数量关系的科学。( )

3.数学不存在众多答案。( )

4.数学是一种探究活动,在活动中伴随着错误、尝试和改进。( )

5.从数学中学到的知识很少与现实有关系,实际生活中较少用到。( )

6.数学能促进人的思维的发展,品德的完善,人格的健全。( )

7.数学是一种文化体系,有重要的文化价值。( )

8.学习数学就是为了高考,除此之外无其他用途。( )

9.学数学就是要多做题。( )

10.观察和实验是不可靠的,在数学中它们没有价值。( )

11.数学就是计算和证明。( )

12.考试成绩是评价学生数学学习水平的唯一标准。( )

13.数学枯燥无味,没有什么意义。( )

14.数学很优美,能够陶冶情操。( )

15.数学学习的好坏会影响到将来的发展。( )

16.数学学习主要就是老师讲,学生听。( )

17.数学学习中不可能存在师生的交流和对话。( )

18.数学学习与日常生活经验无关。( )

19.数学学习离不开死记硬背。( )

20.数学非常抽象。( )

21.数学是绝对真理。( )

22.数学是一种符号游戏。( )

23.数学就是逻辑。( )

24. 每一个数学问题一定有唯一正确的答案。(　　)

25. 如果在做数学题时,有些条件没有用到,那么,做出的答案不会是正确的。(　　)

附录三:调查问卷3

亲爱的同学:你好! 我们正在做中学生数学学习状况的调查,所以你的回答对于我们的调查非常重要。你的所有回答不会被用作其他用途,你的任何资料都不会外泄,不用写你的班级和姓名。下面的每个问题,你只需根据自己的情况如实地作出简要回答,你的回答并无对错之分。谢谢你的合作!

1. 我________上数学课(填:喜欢或不喜欢),其原因是……

2. 我认为数学课应该这样上……

3. 我心目中的数学老师应该是这样的……

4. 对于学数学的目的,我的理解是……

5. 如果让我给数学下一个定义,我的定义是……

附录四:访谈提纲

访谈提纲1:关于数学文化

1. 请您谈谈对数学文化的理解。

2. 结合《普通高中数学课程标准(实验)》,请您谈谈数学文化与数学课程之间的关系。

3. 您认为在教学中如何体现数学文化?

4. 教师应该怎样加强数学文化修养?

5. 您认为函数中有哪些文化视点? 数学教学中如何渗透?

访谈提纲2:关于数学对话

1. 您所理解的数学对话是什么?
2. 数学教学中为什么缺乏师生间互动交流?
3. 数学教学中存在师生之间的数学对话吗?
4. 数学教学中数学对话如何体现?

访谈提纲3:关于数学经验

1. 数学与生活有关吗?
2. 为什么学生觉得数学很抽象?
3. 您所理解的数学经验是什么?
4. 数学教学中如何从学生的数学经验出发?

附录五:原始统计数据(调查问卷1)

	A	B	C	D	E	总计
1	155	182	0	0	0	337
2	48	101	117	35	21	322
3	91	82	37	36	10	256
4	15	63	31	16	31	156
5	13	56	136	113	2	320
6	16	58	185	52	5	316
7	54	75	148	42	7	326
8	145	37	46	41	58	327
9	49	52	133	26	70	330
10	122	24	51	119	4	320
11	56	169	48	21	15	309

（续）

	A	B	C	D	E	总计
12	112	101	30	16	61	320
13	36	54	49	170	8	317
14	39	31	29	38	30	167
15	13	94	55	11	16	189
16	24	92	134	38	26	314
17	32	134	108	21	24	319
18	22	129	73	68	37	329
19	151	126	32	12	3	324
20	89	110	63	34	15	311
21	13	60	131	114	6	324
22	41	96	134	44	14	329
23	49	85	65	32	79	310
24	70	22	32	38	142	304
25	53	140	70	19	48	330
26	64	118	97	20	29	328

附录六:原始统计数据(调查问卷 2)

	A	B	C	D	E	总计
1	38	65	120	66	31	320
2	26	40	110	86	59	321
3	91	89	89	19	2	290
4	13	6	81	131	87	318

(续)

	A	B	C	D	E	总计
5	48	89	87	65	30	319
6	30	17	111	74	82	314
7	43	31	123	82	43	322
8	66	89	102	32	24	313
9	28	23	115	97	55	318
10	60	110	107	22	14	313
11	39	82	140	38	24	323
12	103	83	79	32	23	320
13	75	100	88	47	12	322
14	56	34	143	57	32	322
15	39	61	107	84	33	324
16	52	113	101	39	17	322
17	99	103	84	21	15	322
18	64	127	70	40	22	323
19	42	96	98	54	32	322
20	34	56	143	77	16	326
21	92	80	100	38	12	322
22	47	82	126	49	17	321
23	33	62	120	81	22	318
24	79	106	84	32	21	322
25	67	89	96	37	25	314

附录七:中学生对数学的定义(调查问卷 3)

1. 数学是需要脑力,锻炼脑力的学科。

2. 1+1 为什么等于 2?

3. 考验人的思维的问题。

4. 考验逻辑思维强度的符号游戏。

5. 充实内在美的高难度方式。

6. 科学地将复杂的问题简单化,探求事实、真知、结果的一种重要工具。

7. 数学就是枯燥无味的数字游戏。

8. 数学是锻炼人的思维能力。

9. 数学是提高思维能力的一种工具。

10. 在考场和结账时用到的一种技术。

11. 数学是令某些同学感受困难的却令人发展思维的一种学科。

12. 数学就是为了锻炼我们的逻辑思维,让我们更全面地想问题。

13. 学数学就是为了高考,绝不是为了国家的繁荣,以后打死也不找跟数学有关的工作。

14. 魔鬼,难打败的憎恨者。

15. 数学是杀死脑细胞的工具。

16. 数学是一杯又浓又苦的黑咖啡。

17. 数学可学可不学,就算学也不用太深入。

18. 数学是逻辑推理,就是计算、证明。

19. 数学既是一种智力游戏,又是一种探索发现的过程。

20. 数学是锻炼人逻辑思维能力的工具。

21. 训练人思维的逻辑,一种游戏。

22. 数学在实际生活中没有什么用。

23. 数学是另一种乐趣。

24. 数学是活动大脑的有效途径,使人聪明。

25. 一个发展智力,放松心情的游戏,也是一个影响是否能进好大学的重要因素。

26. 高考的重要学科。

27. 数学是高考的必杀技。

28. 数学是强烈的逻辑推理。

29. 增强人的思维能力,提高办事效率。

30. 数学与生活有关联,但很难学。

31. 学数学是为了高考,学好数学就是要多做题。

32. 理解运用能力要很强才能学好。

33. 数学是一种工具。

34. 数学能提高人的思维能力,拓展视野的一门学科,但有点难学。

35. 严谨、深刻、锻炼思维的逻辑推理。

36. 数学就是高考工具。

37. 是抽象的,逻辑性强的一种知识。

38. 一堆数字,是我痛苦的根源。

39. 复杂的、严谨的思维考验。

40. 数学是培养人的思维能力,具有很强的趣味性的一门学科。

41. 数学是学不会的科目,很难,很难,难上加难。

42. 数学是走向成功的基石,是客观整体地了解世界的重要工具,但数学又是世界上最没用的最重要的工具。

43. 脑细胞的灭绝师太。

44. 让我喜欢让我忧。

45. 大量的计算证明，抽象而难懂，一堆数字、符号字母的运算。

46. 数学是一个可以开动大脑的科目，没有其他意义。

47. 数学是打开高考大门的一把钥匙。

48. 是一种思维，逻辑思维要强。

49. 数学很难。

50. 高考必考。

51. 难!!!

52. 数学是一堆数字和符号的运算。

53. 对数字和符号的学习和研究。

54. 数学是一种逻辑思维能力。

55. 一门学科，非学不可。

56. 一门学科，在生活中存在，有些用处，如果没有会影响生活。

57. 在讨论、思索中前进，能锻炼人的思维能力。

58. 数学是可以锻炼自己大脑思维的一种运动。

59. 很难玩的数字游戏。

60. 是一种解决问题的具有逻辑性的思维方法。

61. 我不认为数学是什么东西，现在是为了高考，没有想它的具体意义。

62. 如果说吃饭是成长的充要条件，那么数学则是人生的既不充分又不必要条件。

63. 是一种符合逻辑，开阔思维的学科。

64. 数学是开拓思维的学科。

65. 数字的运算和运用。

66. 数学是一种逻辑思维能力。

67. 高考所必须的，不能不学。

68. 满清十大酷刑。

69. 数学就是边做边学。

70. 1，2，3，4，5，6，7，8，9，…

71. 数学能促进人的思维发展、品德完善、人格健全、创造的能力，还可以提高逻辑思维，但也不排除数学是枯燥的。

72. 是逻辑。

73. 为了高考，不学也得学的一门学科。

74. 为了高考必修的科目。

75. 培养理解能力，没有太大的实用意义。

76. 很难学好的东西。

77. 数学很难，很难学好。

78. 与生活无关，学了没用。

79. 无聊＋无聊＝无聊至极。

80. 逻辑和探究。

81. 数学是对耐心的考验。

82. 数学就是数学。

83. 活学活用。

84. 数学是科学发展的基础。

85. 一个在生活中没实际用途却还要为了高考学习，但客观上可以培养逻辑思维。

86. 数学中的一部分对于以后的发展与数学无关的同学来说，没有很大的意义，那部分同学只用学一些基础与生活有关的知识就可以了。

87. 一种较为完善，并且逻辑性强的智力游戏。

88. 数学是对数字的一种灵活运用，对实际生活的一种总结。

89. 数学就像老奶奶的拐杖，没有它，老奶奶仍然可以行走，但是不安全，不方便，拥有它，则更加便利。

90. 一种体现自身空间想象和逻辑思维的学科，数学是一门对自身的发展很重要的学科，无论是从高考还是从个人能力。

91. 数学是使逻辑思维提高的学科。

92. 数学即数字学问，看似容易其实很难。

93. 研究现实世界的空间形式和数量关系的科学。

94. 数学是可以锻炼我们有思维和提高我们的逻辑思维能力，使我们可以从多方面想问题，和在为人处事时多替别人着想。

95. 一门能促进人的逻辑思维的学科。

96. 需要理解力的一大堆式子。

97. 逻辑思维的运用。

98. 复杂逻辑思维。

99. 是一种锻炼逻辑思维的能力。

100. 思维锻炼。

101. 数学是新领域，充满未知。

102. 数字与图像的结合。

103. 学有所用，开发智力，灵活运用。

104. 数学就是训练你的思维能力。

105. 神级的意识。

106. 数学是必不可少的，学习数学可以帮助你做好很多的事，少走很多弯路。

107. 数学是研究现实世界的空间形式和数量关系的科学，能促进人的思维的发展和创新的能力。

108. 培养逻辑思维。

109. 数与数之间的关系。

110. 数学是个有趣却很难学的东西。

111. 数学是开发智力的强力药品,学会了逻辑,让人更聪明。

112. 将空间几何与代数结合起来的学科。

113. 学习一种思维和逻辑方法,用理性的方法去研究事物。

114. 是逻辑,理解至上。

115. 数学就是一门培养我们的精密的逻辑思维和思考能力的科目。

116. 数学是一门很重要的学科。

117. 思维方式。

118. 考验智力的一门学科。

119. 数学是思维与内在的严谨。

120. 数学是思维的发散地,数学需要去实践和探究。

121. 有关数字的学习及探究,提高了我们的思维逻辑。

122. 数学是一门提高逻辑思维,大脑灵活程度的学科。

123. 数学学习与日常生活有关,但与现在所学相比较,数学与生活无关。

124. 数学就像脑筋急转弯转来转去的。

125. 数学就是一门逻辑思维很强的学科。

126. 思维的锻炼。

127. 数学就是计算。

128. 数学就是评价一个人智商和空间想象的课程。

129. 数学离不开生活。

130. 数学是复杂的逻辑。

131. 离不开数字和符号的学习。

132. 一个谜团,还没有解开。

133. 数学是一场高智商的对弈,决无胜负之分,关键在于你是否尽力了。

134. 看似简单，学起来难；听课容易，做题难；平时测验有高分，大型考试高分难；抽象难以变详细。

135. 应付考试的一种工具，打开大学门的敲门砖。

136. 是一门不得不学，却又怎么又学不好的枯燥的升学科目。

137. 数学是沟通社会的工具。

138. 数学就是培养思维能力。

139. 数学离不开我们的生活。

140. 计算思考和逻辑推理。

141. 数学就是数与数之间的学问。

142. 思维的发展。

143. 为了高考。

144. 数学＝高考。

145. 数学就是挑战我们的智商。做出来了你有一点智商，没做出来智商几乎被忽略，做出一半，你的智商值得重新考查。

146. 数学是生活的基础。

147. 圆中的圆心。

148. 数学就是数数的学科。

149. 解决生活中一些难题的一种形式，为了高考成绩够格必须学好的一科。

150. 数学是研究现实世界空间形式和数量关系的科学。

151. 数学不仅能提高我们的动手操作能力，还能激发我们的思维。

152. 数学是培养思维逻辑的学科，数学是我们理科生的基础学科。

153. 数学能激发个人的大脑思维。

154. 是抽象的题，难为人。

155. 数学是物理、化学、生物的基础，数学能锻炼人的逻辑性，使人做事有条理，做事更细心，思维更严谨。数学的定义是从大量实际问题中归纳出来以解决实际问题的工具。

156. 数学是一种思维，可以锻炼我们的思维能力；数学是一把钥匙，可以打开我们的知识的大门。

157. 可以活跃大脑的学科。

158. 为了父母和高考，更为自己的前途。

159. 不知道。

160. 数学是人们学习的一种能力，一种探究，发现真理的过程。

161. 数学是培养我们严谨思考问题的一门学科。

162. 数学是锻炼思维能力，增强逻辑推理能力的课程。

163. 数学是 150 分，没定义，为了高考，为了父母的期望，为了上个好大学，要不然，打死我，我也不学。

164. 数学学得好，语文也会学得好；语文学得好，数学不一定学得好。

165. 数学是一种锻炼人的思维、逻辑的科目，与我们有很大联系。

166. 数学是逻辑的串联。

167. 一种培养人应变能力和逻辑思维的严谨而具理性的学科。

168. 为了高考，赚大钱。

169. 能促进大脑思维的发展。

170. 数学是研究现实与数的关系。

171. 数学能锻炼人的思维。

172. 是给大脑思维能力上的体操课。

173. 数学能促进人的思维，品德的完善，创新的能力。

174. 数学能提高人的逻辑能力，能打开人的思维，能给人无限想象空间的学科。

175. 数学就是打开智力的钥匙。

176. 数学是研究现实世界的空间形式和数量关系的科学。

177. 逻辑的推理和数字的运算。

178. 开发大脑的逻辑思维和创新能力。

179. 学习数学是一种快感，解出一道题目，那种感觉很特别。

180. 数字与等号的学问。

181. 思维游戏，靠头脑去理解符号。

182. 数学是个问号。

183. 能提高人的思维逻辑。

184. 对于数字的学习。

185. 数学就是一种思维逻辑，既能够提高自己的思维能力，又能够实践自己；要多看多理解，多做多练习才能掌握得更好。

186. 是一门提高人类逻辑思维的学科。

187. 数学是研究世界的空间形式和数量关系的科学，是其他学科的基础。

188. 数学蛮抽象。

189. 逻辑的推理，数字的运算。

190. 高考学科。

191. 有趣。

192. 像是在玩一种数字游戏。

193. 工具而已。

194. 数学是研究现实世界的空间形式和数量关系的科学。

195. 用文字和符号处理的一种逻辑问题。

196. 数学是自然界中的一种规律。

197. 给生活带来方便。

198. 数学是一门历史深远而对人类发展有重要作用的学科。不论何时何地它都起着极其重要的工具作用。

199. 提高逻辑能力的基础。

200. 数学是一门古老的学科，是建立在生活应用于实践基础之上。不可否认，它的应用价值极大，所以，学习数学也是非常必要的，况且高考150分。

201. 人类为了让生活变得更精确，或者为了打发时间而创造出来的一种高深的学科。本意是让生活更加简洁、美好，却在无意中使生活变得更复杂，数学高深到诺贝尔都不好意思设一个数学奖。

202. 不想学却不得不学的一门课。

203. 数字学习。

204. 一门为其他学科而存在的学科，比如经济、金融，孤立地作为一门学科，数学没有意义，当把数学模型用于经济时，可以换取实际效益。

205. 让我头痛的学科，两个小时永远做不完的学科，作业最多的学科，唯一一门每天都有课的正课，痛苦。

206. 数学是一门让人头疼的学科。

207. 锻炼逻辑思维的一种途径，但不是唯一途径，却是被唯一公认的途径。

208. 以考试为评价手段，服务于高考的科目。太单一、太片面，且对大多数人来说不必这么深入，略懂即可。

209. 这个吗？我不知道。

210. 一门学科。

211. 数学是一门伟大而神奇的学科，对于一些人而言，它是天堂，对于我而言，它是地狱！（实话！）

212. 数学可以锻炼逻辑思维，培养细心程度的学科。

213. 万科之王，对以后工作有很大帮助。

214. 将具体化为抽象的学科。

215. 有关数字的学问。

216. 使人思维更有逻辑的工具。

217. 基础学科，辅助其他学科。

218. 现实社会数、图形的研究学科。

219. 可能应用在生活中的学科。

220. 以基础为主的学科。

221. 将麻烦的事变得简单。

222. 处理数字的工具。

223. 80%的人：做题，15%的人：工具，5%的人：享受。

224. 研究现实世界的空间形式和数量关系的科学，包括算术、代数、几何、三角、微积分等。

225. 理科的基础，勤奋人的工作。

226. 应该列入选修科目之中。

227. 学科的基石，正常人都能学好的学科。

228. 挑战智慧。

229. 人类窥视自然之奥妙的一扇窗。

230. 让人头疼的、作业多的、难题不会做、简单题又容易做错的、难上 140 分的学科。

231. 理科的基础。

232. 一种考验学生逻辑思维，考虑周密，良好行为习惯与心态的学科。

233. 数学是一门基础的学科，也是一门很有深度的学科。

234. 以计算为基础，从逻辑思维能力，空间想象能力等多方面对学生进行考查的学科。

235. 学习理科定量计算的基础学科。

236. 一门有意思，却被现代教育扼杀的学科。

237. 买菜时最广泛的语言。

238. 一门很重要的学科。

239. 高考为中心，没有办法。

240. 数学，是培养逻辑的工具；数学，是迈向成功的阶梯。

241. 一门最基础的学科。

242. 数学是一门非常难学，拉分距离较大，非常重要且必须学好的学科。

243. 数学应该是一门让同学学着感到快乐、幸福，没有压力的学科。

244. 数学是解决生活中的难题的帮手。

245. 数字的海洋是数学。

246. 训练思维的一门课程。

247. 能解决语文不能解决的问题的学科。

248. 可以训练思维的重要学科。

249. 辅助其他学科的一门工具。

250. 数学是一门让人学得愉快的学科。

251. 数学是一门很有用的和实际生活紧密相关的学科。

252. 数的技巧。

253. 学习时，数学贯穿每门学科；生活中，数学贯穿每个方面。

254. 处理数据和空间几何图形的学科。

255. 活学活用，能让人容易掌握运用的学科。

256. 数学是一门拓展思维的有意义的科学。

257. 它是一门基础学科，只有学好数学才能学好物理、化学等学科。

258. 你觉得难，它就难；你觉得不难，它就不难。

259. 数学是一门深奥的学科，蕴涵着无数的秘密，但也是一门最难懂的学科。

260. 学好数学并不难，只要功夫深，只要肯刻苦。

261. 基本学科，一切学科的基础。

262. 一个思维的过程。

263. 数学是启迪智慧，开拓视野的学科。

264. 数与数之间的一系列复杂关系。

265. 自学自乐，自寻真乐。

266. 数学是游戏。

267. 基础学科。

268. 培养逻辑思维能力，高中乃至整个人生都非常重要的一门知识。

269. 数学是一门要需要兴趣进入其中，进入其中又觉得有趣的学科。

270. 数学是玩出来的。

271. 学习分析判断，提高思维能力的学科。

272. 代数和几何的总称，一门关于数和形的学科。

273. 表面解题，深层次是使思维深刻。

274. 研究现实世界的空间形式和数量关系的科学。

275. 就是研究数、形、体。

276. 逻辑思维性强的学科。

277. 一门重要的学科，所有学科的基础。

278. 生存的工具，是所有理科的基础。

279. 决不能缺少的工具，虽然有时候很枯燥。

280. 需要冷静、仔细的学科。

281. 符号、数字、逻辑、字母以及图形的综合体。

282. 数学是一个充满冒险的奇趣世界。

283. 一切学科的基础之一，社会发展不可少的动力，充满痛苦与快乐的精神世界。

284. 不是学数学，而是学思维。

285. 帮助学生培养理性思维，为生活奠基的一门学科。

286. 有趣、有广泛意义、运用广泛的综合学科。

287. 数学是一种有规则的游戏。

288. 培养人逻辑思维的学科。

289. 研究数量关系的学科。

290. 数字的学科。

291. 能够塑造一个人仔细、认真的品质，让一个人完美的学科。

292. 一门对考试，对生活都有帮助的学科。

293. 数学这门科目，其实是一门以动脑为基础的一门科目。

294. 数学能使人头脑更灵活、理智，以至于能更好地解决问题。

295. 学好数学要掌握好方法，勤练题，多思考。

296. 数学是一门基本学科。

后　记

本书系作者在博士论文《数学:意义的领域——数学教育的哲学审视》的基础上修改而成的。回顾过去几年的研究历程以及该研究得以付诸出版的机会,我深深地感受到在我成长的过程中需要感谢太多的人。

首先要感谢的是我的导师郭元祥教授。本研究从题目的选定到内容的构思都是在郭元祥教授的精心指导和悉心关怀下完成的。郭老师对论文逐字逐句地批改,对我遇到的困惑耐心细致地加以点拨。毕业论文能够完成,离不开郭老师的鼓励与指引。郭老师给予我的不只是学术方面的专业知识,还有春风化雨的教学风格、深邃丰厚的学术智慧、机智敏锐的洞察能力、宽广通达的人文情怀,这些都是我终生学习的楷模。对郭老师三年来给我学术的精心指导表示衷心的感谢和崇高的敬意!

感谢华中师范大学教育学院的郭文安教授!郭先生在"教育学原理"这门课上发人深省的观点,让我受益匪浅,拓展了我的研究视野。郭先生对学问的严谨态度、对问题的清晰思考、对学生的深切关怀等都深深地影响着我,让我获益颇深。毕业论文初稿送给郭先生,等我再去请教时,发现郭先生写下的批注和意见比比皆是,一个多小时的详谈,让我更深切地感受到郭先生深厚的学术功力。

感谢华中师范大学教育学院的周洪宇教授、王坤庆教授、涂艳国教授、杜时忠教授、陈佑清教授、范先佐教授、董泽芳教授、余子侠教授、李晓燕教授等多位教师，聆听老师们的教诲是我学习期间留下的最温暖的记忆。特别是陈佑清老师在《教学原理》等课程中，缜密的逻辑思维、严谨的科研思路、求实的治学态度、渊博的学术知识、和蔼的交流风格，让我十分钦佩。

在论文开题报告会上，郭文安教授、杜时忠教授、陈佑清教授、邓猛教授、李家清教授等都对论文开题报告提出了许多宝贵的建议。他们的建议如拨云见日，让我豁然开朗，重新审视论文的写作思路，提升了勇气与信心。

感谢华中师范大学党委副书记吴晋生，华中师范大学组织部部长覃红教授，华中师范大学历史文化学院姚伟钧教授，华中师范大学一附中原副校长、特级教师陈美英老师。感谢他们长期以来对我的无私关怀与热忱帮助。

感谢华中师范大学数学与统计学学院院长朱长江教授、党委书记李端阳对本书出版的支持！毕业论文写作中，华中师范大学数学与统计学学院副院长何穗教授给予了很多指导和意见，对此表示衷心感谢！感谢华中师范大学审计处处长万才新，华中师范大学数学与统计学学院原任院长李工宝教授，感谢他们在我读博期间给予我的支持和帮助。

在我的博士论文答辩过程中，华东师范大学崔允漷教授、河南大学刘志军教授、湖北大学靖国平教授、华中师范大学郭文安教授、陈佑清教授、涂艳国教授、何穗教授等提出了许多启迪我思维的宝贵意见。这些都成为我后来对博士论文进一步修改的重要参考。

感谢华中师范大学数学与统计学学院吴宪芳副教授——我的

硕士导师。吴老师不仅把我引入了数学教育这一领域，在我读博期间，还经常关心我、鼓励我。

感谢华中师范大学数学与统计学学院数学教育教研室的全体教师。他们分别是：梅全雄副教授、徐学文副教授、徐汉文副教授、江春莲副教授、熊惠民副教授。在我读博期间，给我提供了许多方便。

感谢师兄左明章博士，感谢同窗好友万东培博士、朱桂琴博士、乔翠兰博士、伍香平博士、郭敏博士、翟林博士、胡庆山博士、侯云汉博士、张业茂博士、汪楚雄博士、王卫华博士，感谢大学同班同学贺定修博士，感谢师妹陈丽华博士、杨钦芬博士。三年来我们共同交流学习的体会与经验，分享成功的喜悦与快乐！

感谢华中师范大学一附中高显政老师，武汉市洪山高级中学孔凡祥老师，华中师范大学数学与统计学学院 2004 级、2005 级在武钢三中、武汉市十五中、水果湖高级中学等学校实习的同学们，对我研究中的调查部分给予的帮助和支持。

感谢华中师范大学数学与统计学学院课程与教学论专业研究生李倩、周圆、田甜、杨琴、杨承根、胡玥、陈思思等同学，在英文资料搜集中给予了我不少的帮助。另外，胡小雪、李倩、杨琴三位研究生多次通读全文，全书的完善离不开她们的支持。

感谢我的家人。妻子乾凯在我论文写作过程中的体谅、包容和理解。在论文写作期间，担负家里的所有事务，帮我理清思路，帮我对论文文字进行校对、润色与加工，并且提出了许多合理建议。女儿胡冰心经常给我谈起学校的种种趣闻，文中许多材料均来自这样的交谈。

华中师范大学出版社总编室潘瑛老师、文编室主任冯会平老师及出版社袁正科老师仔细审阅书稿，并提出了宝贵的修改意见，为本书增添了不少亮色。

最后，衷心感谢所有帮助过我的人！

胡典顺于武昌桂子山

作于2009年5月

修改于2011年3月